Michael Fischer | Bruno Schrage

Kompetent, motiviert und auch noch religiös

Warum Menschen bei der Caritas arbeiten

LAMBERTUS

Michael Fischer | Bruno Schrage

Kompetent, motiviert und auch noch religiös

Warum Menschen bei der Caritas arbeiten

LAMBERTUS

Band 11 der Reihe „Identität und Auftrag“, herausgegeben von Michael Fischer

Bisher erschienen:
Alexis Fritz/Michael Fischer/Wolfgang Heinemann/Georg Beule (Hg.) (2016): Entscheidungen im Management christlicher Organisationen

Daniel Lins (2018): Altenhilfe braucht Spiritualität

Michael Fischer/Donatus Beisenkötter (2020): Kita als Lebensort des Glaubens

Regina Schwarz (2020): Religiosität in den Einrichtungen der Altenhilfe

Ines G. Hartmann (2021): Spiritualität im Pflegemanagement von Krankenhäusern

Christian Kroll (2022): Mehr Ethik durch Multirationales Management

Bruno Schrage/Leonie Jedicke/Anna Kohlwey/Boris Krause/Martin Stockmann (2022): Wert mal praktisch

Rainer Kinast (2023): Werteorientierte Führungskultur, 2. Auflage (1. Auflage 2020)

Uwe Hemmers (2024): Qualität und Dokumentation in der Krankenhausseelsorge

Gerlinde Kosits (2024): Ehrenamtliche Patient:innenbetreuung im Akutkrankenhaus – soziale Unterstützung durch Fremde

Bibliografische Information der Deutschen Nationalbibliothek

Die Deutsche Nationalbibliothek verzeichnet diese Publikation in der Deutschen Nationalbibliografie; detaillierte bibliografische Daten sind im Internet über http://dnb.d-nb.de abrufbar.

Karlstraße 40, 79104 Freiburg im Breisgau
www.lambertus.de, info@lambertus.de
Umschlaggestaltung: Nathalie Kupfermann, Bollschweil
Druck: Elanders Waiblingen GmbH
ISBN 978-3-7841-3622-6
ISBN eBook 978-3-7841-3623-3

Inhalt

TEIL III
DAS ETHOS DER BERUFE IN DER CARITAS – STUDIENERGEBNISSE

Michael Fischer, Bruno Schrage

„Aber natürlich ist es trotzdem so, dass man eigentlich immer eher dann erklären muss, warum man es aber gut findet, bei einem kirchlichen Träger zu arbeiten."

O-Ton Interview

Geleitwort

Michael Fischer

Die Frage nach der Identität der Caritas und Diakonie und ihrer Einrichtungen ist nicht neu. Lange Zeit wurde diese zu Recht auf einer normativen Ebene bearbeitet. In Leitbildern und Unternehmensverfassungen sind der Markenkern der Caritas und Diakonie formuliert. Die vorliegende Studie wechselt die Perspektive. Sie befragt die Mitarbeitenden caritativer Einrichtungen, welche Werte ihnen in ihrer Tätigkeit wichtig sind, was sie bewegt und motiviert.

Der Anlass der Studie war das Gerichtsurteil des Europäischen Gerichtshofs (Fall Eggenberger), in dem entschieden wurde, dass das christliche Ethos kirchlicher Einrichtungen an der Art der jeweiligen Tätigkeit und den Umständen ihrer Umsetzung sichtbar werden muss. Dieses Urteil lenkt den Blick unmissverständlich auf die berufliche Tätigkeit und damit auf das alltägliche Handeln der Mitarbeitenden.

Bei aller begründeten Kritik an dem unscharfen Begriff des Ethos, der dem Urteil des europäischen Gerichtshofs zugrunde liegt, ist darin deutlich geworden: In Zukunft muss präzisiert werden, was von den Mitarbeitenden in den Einrichtungen der Caritas und Diakonie im Hinblick auf ihre Tätigkeit erwartet wird. Eine allgemeine, christlich-normative Festschreibung als Unternehmensverfassung, die auf der Tätigkeitsebene nicht konkretisiert werden kann, reicht nicht aus. Sie hat ihre Berechtigung als Grundlage des jeweiligen Selbstverständnisses eines Trägers, einer Einrichtung oder Dienstes und bieten eine erste Orientierung. Es bedarf aber einer Konkretisierung im jeweiligen Handlungsfeld.

Daher wurden in dieser Studie Mitarbeitende aus verschiedenen Berufsgruppen gefragt, welche Werte und Haltungen ihnen wichtig sind. Dies geschah aus vier Perspektiven, die sich gegenseitig ergänzen und zu einem Gesamtbild fügen: im Blick auf die Organisation, in Bezug auf die eigene Tätigkeit, aufgrund ihrer Profession und im Hinblick auf ihr persönliches Leben. Alles vier Perspektiven stehen miteinander in Beziehung und formen die Identität der Caritas und Diakonie und ihrer Einrichtungen.

Dies geschieht unter dem Vorzeichen der Pluralität der Mitarbeitenden. Deren Vielfalt wird seitens der Caritas und der Diakonie inzwischen nicht mehr als Bedrohung der konfessionellen Kirchlichkeit empfunden, sondern als ein Reichtum für die Einrichtungen. In diesem Duktus können auch die zehn Zusagen der Caritas gelesen werden. Auch die Grundordnung des kirchlichen Dienstes im Rahmen kirchlicher Arbeitsverhältnisse der Deutschen Bischöfe vom 22.11.2022 hat dieser Entwicklung in Teilen bereits Rechnung getragen. Es zeichnet sich ein Paradigmenwechsel in der Fortentwicklung der christlichen Identität bei Caritas wie Diakonie ab. Die vorliegende Studie beschreibt diese Herausforderung und zeigt notwendige Schritte auf.

Die daraus folgenden Erkenntnisse können nicht ohne Konsequenzen bleiben. Daher sind im letzten Teil des Buches Thesen formuliert, in denen grundsätzliche und konkrete Aufgaben in den Blick genommen sind, die in nächster Zukunft bearbeitet werden sollten.

Ich freue mich, dass diese Studie in der Reihe „Identität und Auftrag“ erscheinen kann. Mit eben diesen beiden Begriffen ist das Anliegen der Studie prägnant gefasst.

Vorwort

Platz 14 für die Caritas, so steht es im Gemeinwohl-Atlas. So hoch steht die Caritas in der plural-säkularen Gesellschaft.[1] Die Menschen sehen sie als authentisch und professionell und schreiben ihr ein breit akzeptiertes Dienstleistungsspektrum zu. Das Wollen und Können vieler ehrenamtlich und beruflich Engagierter ist an vielen Orten deutlich spürbar. Die Caritas stellt sich dem Anspruch, das Evangelium glaubwürdig auf die Straße zu bringen. So wird sie als ein starkes Stück Kirche wahrgenommen.

Zeitgleich begegnet der katholischen Kirche reichlich Kritik. Vieles wird als nicht zeitgemäß und unglaubwürdig erlebt. Pastorale Angebote scheinen bisweilen wenig bedarfs- bzw. adressatengerecht. Offenbar treten hier unterschiedliche Annahmen bei Kirche, Gesellschaft und Mitarbeitenden zu Tage. Was bedeutet dies für eine Kirche, die sich in vier Grundvollzügen zeigt: Liturgie (Liturgia), Verkündigung (Martyria), praktizierte Nächstenliebe (Diakonia) und Gemeinschaft durch Teilhabe (Koinonia)? Es sind Wesensmerkmale des Glaubens, die innerhalb der Kirche ganz verschieden ausgeprägt sein können, da ihre Relevanz und ihre Bedeutung unterschiedlich eingeschätzt werden. Kennen wir die Erwartungen, die seitens der Gesellschaft und der Mitarbeitenden an kirchliche Träger bestehen? Unterscheiden sich diese je nach Handlungsfeld und Tätigkeit? Was sind die tragenden Haltungen und Werte, wie werden diese entwickelt in der beruflichen Tätigkeit bei kirchlichen Trägern? Wie kommt das Ethos (gelebte Selbstverständnis) eines christlichen Unternehmens in den Diskurs mit den verschiedenen beruflichen Rollenträgern und ihren spezifischen Herausforderungen im caritativen Handeln? Dabei ist bekannt, dass Spiritualitätsmuster recht bunt sein können.

---

1 Im Vergleich dazu steht die Kath. Kirche auf Platz 101. Siehe Gemeinwohlatlas (2020).

Waren in volkskirchlichen Zeiten noch viele Gläubige recht vergleichbar beheimatet, so ist dies heute nicht mehr der Fall. Die Kirchen, evangelisch wie katholisch, stehen beide vor der Herausforderung, zu klären, welche Form von Bindung oder Identifikation sie von ihren ehrenamtlichen wie beruflichen Mitarbeitenden künftig erwarten können und dürfen. Es geht hier nicht darum, möglichst viele Leute zur Mitarbeit zu gewinnen, sondern um die Herausforderung, mit Menschen unterschiedlicher kultureller, weltanschaulicher und religiöser Beheimatung gemeinsam einen christlichen Auftrag zu verwirklichen. Welche Vision und welche Mission schaffen es, dass die Leitideen des kirchlichen Trägers geschätzt, gelebt und weiterentwickelt werden? Das sind die Fragen, die sich das Management, die Personalentwicklung die Fort- und Weiterbildung künftig gemeinsam mit der Caritaspastoral stellen müssen. Erwartet werden Konzepte, die zeigen, warum der christliche Glaube gerade auch im Sozial- und Gesundheitswesen bedeutende und mitreißende Visionen entwickelt, für die sich Einsatz und höchste Professionalität lohnen. Mitarbeitende wollen hierfür gewonnen werden und zugleich ihre Vorstellungen von einem besseren Leben und einer besseren Welt aktiv einbringen.

Es braucht den Diskurs darüber. Was ist für die Kirchen und die jeweiligen konfessionellen Träger wesentlich? Womit möchten sich Mitarbeitende identifizieren und welche Werte und Haltungen motivieren sie, sich bei der Kirche und ihren caritativen Trägern zu engagieren? Was verbindet die Mitarbeitenden mit dem christlichen Auftrag der Nächstenliebe? Welche Unternehmenskultur, Kompetenzen und spezifischen religiösen Bildungsangebote sind hier förderlich?

Die Gegenwart in Kirche und Gesellschaft verlangt auch hier ein neues Verständnis bei den Verantwortlichen. Das christliche Selbstverständnis mittels des kirchlichen Arbeitsrechts abzusichern, trägt nicht. In einer säkularpluralen Gesellschaft braucht es hingegen Formate, die Menschen einladen, sich an einer Idee von Weltgestaltung zu beteiligen. Es ist darzulegen und zu erörtern, wie sich das Reich Gottes durch den Auftrag eines kirchlichen Trägers verwirklicht und welchen Anteil jede und jeder selbst daran haben kann. Nicht normative Absicherung ist gefragt, sondern motivierende christliche Visionen. Begeisterung statt Befolgung macht die Sympathiebewegung des Jesus von Nazareth und die von ihm glaubwürdig gelebten Ideale menschlichen Zusammenlebens aus.

An der Nahtstelle von Religion und Ethik und damit am eigenen und institutionellen Tun zu arbeiten ist ein lohnenswerter Prozess. Da gibt es noch viel zu entdecken. Daher braucht es mehr wissenschaftliche Forschung. Aus diesem Grund hat der Diözesan-Caritasverband für das Erzbistum Köln die vorliegende Untersuchung als Kooperationsprojekt mit der Privaten Universität UMIT in Tirol gerne finanziert.

Es ist Michael Fischer und Bruno Schrage zu danken, dass sie diese Entwicklung klar erkannt und zum Gegenstand einer umfänglichen Studie gemacht haben. Das Vorgehen und die Ergebnisse sind ohne Frage ein wichtiger Schritt, um künftig den kirchlichen Sendungsauftrag einer Dienstgemeinschaft beherzt mit engagierten Mitarbeitenden zu gestalten. Die Idee, die Studie in diesem Buch durch Fachverständige kritisch würdigen zu lassen, zeigt nicht nur das wissenschaftliche Verständnis der Autoren, sondern ihren Wunsch, das Anliegen in einem breiten interdisziplinären Diskurs weiterzuentwickeln. Diese thematische Befassung tut der evangelischen wie katholischen Kirche und ihren gesellschaftlich hochrelevanten Wohlfahrtsverbänden Diakonie und Caritas gut.

Dr. Frank J. Hensel
Diözesan-Caritasdirektor
Januar 2025

Einleitung

Die Frage nach der Identität der Caritas und ihrer Einrichtungen ist nicht neu. Insbesondere seit den 1960er-Jahren lassen sich hier unterschiedliche Etappen der Identitätsvergewisserung beschreiben. Derzeit stehen für die Einrichtungen der Caritas und der Diakonie als Teil ihrer Kirchen weitere Schritte auf diesem Weg an. Anlass sind Anfragen an die Glaubwürdigkeit der beiden Kirchen und die grundsätzliche Frage nach der gesellschaftlichen wie persönliche Relevanz von Religion. Infrage steht somit die derzeitige Plausibilität des kirchlichen Selbstverständnisses der Einrichtungen der Kirchen.

Letzteres ist zugleich ein Gestaltungsauftrag für die Caritas und die Diakonie. Über lange Zeit wurde dies allein aus der Perspektive der Kirchen und ihrer normativen Vorstellungen her betrachtet. Grundlage war die Sitten- und Glaubenslehre der Kirchen. Entsprechende Überlegungen folgten der institutionellen Perspektive und befragten Mitarbeitende zu ihrer Kirchlichkeit, der Befolgung der kirchlichen Lehre im beruflichen Handeln wie privaten Leben und fokussierten entsprechende Bindungsmuster (Taufe, Häufigkeit des Sakramentenempfangs, Besuch der Liturgie, Beteiligung am Gemeinde- bzw. Verbandsleben). Mitarbeitende wurden lange Zeit als Gläubige eingestellt und entsprechend in Bezug auf erwarteten Kirchlichkeitsparameter wahrgenommen. Dies geschah unter dem Schutz des kirchlichen Arbeitsrechts. In der Folge kamen die Mitarbeitenden in ihrer religiösen Autonomie, ihren Vorstellungen von christlicher Glaubwürdigkeit und deren Plausibilisierung sowie Realisierung in den jeweiligen Einrichtungen und Handlungsfeldern weniger in den Blick.[1]

Wir haben in der vorliegenden Untersuchung mit dem Arbeitstitel ‚Kompetent, motiviert und auch noch religiös. Warum Menschen in der Caritas arbeiten' bewusst einen Perspektivwechsel vorgenommen: Was sind die Werte

1 Bemerkenswert ist in diesem Zusammenhang die Würzburg-Studie, die einen Perspektivwechsel markiert und nach den spirituellen Ressourcen der Mitarbeitenden fragt. Ebertz, M., Segler, L., Die Würzburg-Studie 2016.

und Haltungen von Mitarbeitenden und wie zeigen diese sich in ihren jeweiligen beruflichen Kontexten. Was bewegt Mitarbeitende, wenn sie über das christliche Selbstverständnis in Bezug auf ihre Tätigkeit, ihre Motivation wie auch den kirchlichen Träger sprechen? Mit Hilfe dieser Untersuchung und den gewonnenen Erkenntnissen möchten wir einen Beitrag zu den anstehenden Transformationsschritten der Caritas und der katholischen Kirche in Deutschland leisten. Die zutage tretenden Herausforderungen betreffen gleichermaßen die evangelische wie die katholische Kirche und somit die Diakonie wie die Caritas.

Der Anlass der Studie und die sich daraus ergebenden Fragestellungen lassen sich in vier Punkten kurz umreißen:

(1) Der Europäische Gerichtshof hat durch seine Rechtsprechungen zum kirchlichen Arbeitsrecht in Deutschland zum Ausdruck gebracht, dass das christliche Ethos einer kirchlichen Einrichtung in der Art einer jeweiligen Tätigkeit und den Umständen ihrer Ausübung sichtbar werden muss. Bei aller begründeten Kritik an der unklaren Verwendung des Ethos-Begriffes in diesem Urteil ist in dieser Rechtsprechung die Aufforderung enthalten, dass die Einrichtungen der Caritas und der Kirche Rechenschaft darüber geben müssen, welches Verhalten und welche Wertehaltungen sie von ihren Mitarbeitenden für die Ausübung einer bestimmten Tätigkeit erwarten. Das ist eine Aufgabe, die bislang in einem unzureichenden Maß erledigt ist. Gefordert ist daher, das christliche Ethos einer Einrichtung in den konkreten Tätigkeiten zu verorten. Im Ergebnis ist zu fragen, welche Art von Identifikation und Kompetenzerwerb künftig nötig und förderlich ist, um ein christliches Ethos der Einrichtung glaubwürdig im Arbeitskontext zu leben.

(2) Die beiden Kirchen mit ihren Wohlfahrtsverbänden Caritas und Diakonie müssen ferner definieren, was den „kirchlichen Sendungsauftrag" ausmacht und erläutern, wie dieser mit einer religiös vielfältigen Mitarbeitendenschaft glaubwürdig umgesetzt wird. Lange Zeit schien der Sendungsauftrag durch die institutionelle Rückbindung der Caritas und Diakonie an die beiden Kirchen und mit der Mitgliedschaft der Mitarbeitenden in den Kirchen glaubwürdig gegeben zu sein. Diese Annahme greift in der Praxis kaum noch und war nicht nur theologisch fraglich. Im Rahmen der Debatte um Diversität- und Inklusion haben die Träger der Caritas diese als Markenkern ihres christlichen Selbstverständnisses beschrieben.[2] Sie haben aus einer diakonischen Spiritualität heraus die kirchlichen Türen für die Anstellung von fachlich geeigneten Personen

---

2 Caritas Deutschland: Zehn Zusagen für Mitarbeitende in der Caritas: Caritas Deutschland, Zehn Zusagen.

bereits weit aufgestoßen. Eine von der Deutschen Bischofskonferenz und des Deutschen Caritasverbandes gemeinsam getragene theologische Begründung dieses Verständnisses eines kirchlichen Sendungsauftrag hinsichtlich personeller wie institutioneller Glaubwürdigkeit steht noch aus.[3]

(3) Durch die Neuauflage der Grundordnung, die zweifellos viele wichtige Fragen geklärt hat, sind die Träger mit ihren Einrichtungen und Diensten aufgefordert, entsprechende Prozesse zur Identifikation und Identitätsentwicklung anzubieten und zu steuern.[4] Parallel wird seitens der Grundordnung weiterhin auf die Fokussierung der Mitgliedschaft der Mitarbeitenden in der Kirche zur Identitätssicherung abgehoben. So ist der Kirchenaustritt als Sanktionsgegenstand in der neuen Grundordnung für den kirchlichen Dienst wie auch in der Mitarbeitsrichtlinie der EKD genannt.[5] Die dahinterstehenden Konzepte der Identitätssicherung und -entwicklung sind in ihrer Tauglichkeit zu diskutieren. Zu fragen ist hier, welche Bedeutung hat in der Caritas je nach Erläuterung der Sendung der Kirche und der glaubwürdigen Ausübung der Tätigkeiten die Kirchenzugehörigkeit von Mitarbeitenden?

(4) Und schließlich erwächst daraus eine vierte Frage, genauer genommen die Aufgabe, was dies für die Gestaltung der Einrichtungen und Unternehmen der Caritas bedeutet. Die Entwicklungen der vergangenen vier Jahrzehnte[6] haben bereits den Blick dafür geschärft, dass es sich hierbei um eine Gesamtaufgabe der Leitung und des Managements handelt. Es geht um die Gestaltung der Einrichtungen aus einer theologischen und unternehmerischen Perspektive.[7] Eine weitreichende und überaus komplexe Gestaltungsaufgabe. Sie betrifft näherhin die Frage, wie fördert und entwickelt das Management die christliche Identität und die Identifikation mit dem kirchlichen Sendungsauftrag mit einer religiös und kulturell diversen Mitarbeitendenschaft auf dem Hintergrund einer sich in der Transformation befindlichen Kirche?

Es zeigt sich eine hohe Komplexität der Fragestellungen, deren Beantwortung nicht ohne die Mitarbeitenden selbst geführt werden kann.[8] Von ihnen wird ein organisationales Commitment mit der Kirche bzw. dem kirchlichen Träger und seiner Einrichtung erwartet. Dieses Commitment ist als ein

---

3 Der Deutsche Caritasverband hat hierzu bereits 2015 eine Position erarbeitet: Merkmale verbandlicher Caritasidentität für berufliche Mitarbeitende: Caritas Deutschland, Caritasidentität.

4 Die deutschen Bischöfe, GrO 2022, Art. 3 Abs. 3 u. 4.

5 Ebd. Art. 6. Abs. 5 und Art. 7 Abs. 4. Sowie EKD, Mitarbeitsrichtlinie EKD-Diakonie 2024.

6 Als ein markanter Punkt des Beginns der öffentlichen Diskussion kann hier die „Erklärung der deutschen Bischöfe zum kirchlichen Dienst“ vom 27.6.1983 (vgl. Die deutschen Bischöfe, Nr. 35) benannt werden.

7 Vgl. Fischer, M., Das konfessionelle Krankenhaus.

8 Vgl. Ansatz der GrO 2022 Art 3, Abs. 4.

motivationales und psychologisches Band zwischen Mitarbeitenden und Organisation zu verstehen, das im Gegensatz zur Loyalität eine aktive Beziehung beschreibt.[9]

Das Buch gliedert sich in vier Teile:

1. Der erste Teil (Hinführung) führt in die Thematik der vorliegenden empirischen Studie ein und verknüpft sie mit dem gegenwärtigen Stand der Überlegungen und Diskussionen.
2. Im zweiten Teil (Die Studie) wird in das Forschungskonzept und der Aufbau des Forschungsdesigns und das Ziel erläutert.
3. Im dritten Teil werden die Ergebnisse und erste Erkenntnisse (Studienergebnisse) aus den qualitativen Interviews, die mit Mitarbeitenden in unterschiedlichen Bereichen der Caritas geführt wurden, dargelegt.
4. Im vierten Teil (Resonanzen) werden die Ergebnisse der Studie aus der Perspektive unterschiedlicher Fachdisziplinen kommentiert und beleuchtet.
5. Der fünfte Teil (Ausblick) bündelt die gewonnen Erkenntnisse und benennt die sich daraus ergebende Konsequenzen.

Zur Entstehung dieses Buches haben zahlreiche Personen beigetragen, denen wir an dieser Stelle ausdrücklich danken möchten. Wir bedanken uns bei den 34 Kolleginnen und Kollegen aus den unterschiedlichen Bereichen der caritativen Arbeit, dass sie sich dem Interview mit den umfänglichen und von der Thematik her mitunter ungewohnten Fragestellungen so bereitwillig gestellt haben. Sie haben uns nicht nur Einblicke in ihre persönlichen Einstellungen und Haltungen gegeben, sondern sich noch den vertiefenden Nachfragen zum religiösen Bezug und Erleben im jeweiligen Arbeitskontext gestellt. Dies geschah oft trotz der hohen beruflichen Belastungen und der ausklingenden Corona-Situation!

Danken möchten wir Dr. Anna Storms, die an der Theoriebildung, der Durchführung der Interviews und ihrer Auswertung mitgewirkt hat. Ebenso Eva Neumann, die einen wesentlichen Beitrag zur inhaltsanalytischen Auswertung der Interviews geleistet hat.

Für ihre Resonanzen, die aus unterschiedlicher Perspektive die Ergebnisse der Studie beleuchten und vertiefen, danken wir: Prof. Dr. Ansgar Hense, Leiter des Instituts für Staatskirchenrecht der Diözesen Deutschlands (Bonn), Prof. Dr. Bernhard Bleyer, Lehrstuhl für Theologische Ethik (Passau),

---

9 Vgl. Felfe, J., Mitarbeiterbindung, 26.

Prof. em. Dr. Udo Fr. Schmälzle ofm, Pastoraltheologie (Münster), Dr. Astrid Giebel, Theologin im Vorstandsbüro der Diakonie Deutschland im Evangelischen Werk.

Benedikt Barnick für die Bearbeitung des Textes.

Uns ist bewusst, dass unsere Überlegungen nur eine Etappe in einem ständigen Prozess sind. Die Frage nach dem Ethos der Berufe in der Caritas bleibt eine beständige Herausforderung für die Mitarbeitenden wie für das Management kirchlich-caritativer Träger. Es würde uns freuen, wenn dieser Studie weitere folgen, die den sich öffnenden Diskursraum zum christlichen Selbstverständnis der Caritas wie der Diakonie weiter erforschen und in den verschiedenen Handlungsfeldern dessen Relevanz aufdecken. Auf dieser Grundlage können Konzepte, Verfahren und Formate entwickelt werden, die Mitarbeitenden wie Trägern helfen, ihr gemeinsames Verständnis von einer weiterhin authentischen Caritas bzw. Diakonie zu entwickeln. Aus solchen neuen Ansätzen wächst eine Identifikation und zugleich die Motivation, gemeinsam im Sinne der christlichen Botschaft das Zusammenleben unter dem Anspruch von Vielfalt und Inklusion in der Gesellschaft zu gestalten und fortzuentwickeln. Der barmherzige Samaritaner lebt heute in einer neuen Vielfalt von engagierten Mitarbeitenden fort. Sie realisieren täglich eine Liebe, die an das Leben glaubt, es beziehungsreich wachsen lässt und somit die Zivilisation der Liebe Gottes verwirklicht.

Michael Fischer, Bruno Schrage
Januar 2025, Münster/Köln

Teil I
Hinführung – Caritasidentität und Ethos der Berufe

Bruno Schrage, Michael Fischer

1 Wandel des Selbstverständnisses

1.1 Kirchlichkeit – Identifikation im Wandel

Nichts ist so beständig wie der Wandel. Dies wusste schon Heraklit (Heraklit von Ephesus, 535–475 v. Chr.). Heute sprechen wir von Megatrends und globalen Herausforderungen. Sie bedeuten technologische, soziale und ökonomische Veränderungen, die ganze Gesellschaften und Kulturräume erfassen. Stichworte variieren von Klimawandel, Mobilität, Digitalisierung, Globalisierung, Individualisierung, Pluralisierung, Wissenskultur. Weitere könnten hinzugefügt werden. Diese Treiber des Wandels kennen weder Länder noch Sprachgrenzen. Im Ergebnis zeigen sich komplexe und langfristige Wandlungsprozesse mit enormen Ausmaßen und Auswirkungen. Damit einher gehen Krisen, veränderte Lebens- und Wirtschaftsweisen und die Entdeckung neuer Potenziale.

Lange Zeit schien es so, als könne in dem beschleunigten Wandel und der Zunahme an Komplexität der christliche Glaube und somit die Kirche ein Ort der Orientierung und Sicherheit für den Einzelnen und die Gesellschaft sein. Doch die Kirchen selbst sind Teil des Wandels.[1] Die Erwartung an die Religionen ändern sich. Heute wird der Anspruch auf professionelle

---

1 So Michael N. Ebertz, wenn er sagt: „Wir leben mitten in einer gesellschaftlichen und kirchlichen Transformation, sind mitten in einem Epochenwandel, den man eigentlich nicht dramatisch genug beschreiben kann“: Ders., Epochenwandel.

Bearbeitung der individuellen spirituellen Bedarfe klar formuliert. Nicht mehr die Religion bestimmt das religiöse Leben und Erleben, sondern der Einzelne mit seinen jeweiligen Bedarfen nach Lebensorientierung und Sinnstiftung. Die Pastoral als Kerngeschäft der Kirchen verändert sich mit dem Wandel der Lebenseinstellungen und -haltungen der Menschen. Dies gilt ebenso für Mitarbeitende in Kirche und Caritas, wie die Würzburg-Studie exemplarisch herausgearbeitet hat. „Man ist Christin oder Christ, aber auch vieles andere, …"[2] Die Religion wird als ‚Verstehensreligion', nicht als ‚Gehorsamsreligion' und zugleich eher als ‚Erfahrungsreligion' und weniger als ‚Bekenntnisreligion' relevant.[3] Mitarbeitende erleben sich in der Spannung von einer sozialen intrinsischen Motivation und einer wenig greifbaren und gesellschaftlich angefragten postulierten Kirchlichkeit.

Die Plausibilität der Religion und subjektive Stimmigkeit bestimmen die Akzeptanz von kirchlichen Institutionen und von religiösen Angeboten. Die Kirchenautorität vermag nicht mehr qua Religion den Menschen sozial verbindlich Regeln vorzugeben. Die Autonomie des spirituellen Ichs regiert das religiöse Erleben und findet in der Privatisierung der religiösen Praxis ihre Entsprechung. So kommen Ebertz und Segler in ihrer Studie zu dem Ergebnis, dass weniger dogmatische stimmige Glaubensvorstellungen, sondern die moralisch-ethische Relevanz des Christlichen für die Arbeitsvollzüge von Mitarbeitenden der Caritas bedeutsam sind.[4] Identifikation mit der Kirche wächst damit dort, wo der Glaube als handlungsrelevant und somit als „Beitrag zur Lösung von Herausforderungen in ihrem beruflich-caritativen und vielleicht auch privaten Erfahrungsbereichen" erfahren wird.[5] Identifikation mit der Kirche und somit Kirchlichkeit unterliegen im beruflich-caritativen wie im gesamtgesellschaftlichen Kontext einem epochalen Wandel.[6] Dieser Wandel wird durch die Polykrise der Kirchen, wie sexueller und spiritueller Missbrauch, und katholischerseits u. a. durch die Ausgrenzung von Frauen aus den Weiheämtern oder queerer Menschen aus der Ritualpraxis massiv verstärkt. Hierauf versuchen die katholische wie evangelische Kirche zu reagieren. Hinsichtlich der Akzeptanz und Identifikation steht das Engagement der Kirchen für „Solidarität und Gerechtigkeit in der Welt und die Zukunft der Menschheit" bzw. der Einsatz „für Arme, Kranke und

---

2 Ebertz, M. N., Segler, L., Die Würzburg-Studie, 87.
3 Ebd., 133.
4 Ebd., 113 ff.
5 Ebd., 115.
6 Vgl. Fleischmann, C., Schmalenbach, M., Was hält Menschen in der Kirche?, sowie EKD, 6. KMU, 64: „Eine Mitgliedschaft qua Konvention –, „weil sich das so gehört" – wird überwiegend abgelehnt. Kirchenmitgliedschaft ist begründungspflichtig geworden, nicht mehr die Konfessionslosigkeit."

Bedürftige“ mit weitem Abstand an erster Stelle. Dagegen findet der Zugang oder Kontakt zum Heiligen die geringste Zustimmung. Gerade der „Bereich sozialen und solidarischen Handelns“ schafft Akzeptanzwerte.[7]

1.2 Der Wandel betrifft alle kirchlichen Träger

In seiner großen Studie ‚Der verlorene Himmel – Glaube in Deutschland seit 1945‘ kommt Thomas Großbölting zu dem Ergebnis: „Das Christentum an sich ist nicht tot. Wohl aber sind die spezifischen Sozialformen an ihr Ende gekommen, die v.a. der Katholizismus, in Teilen auch der Protestantismus in den vergangenen eineinhalb Jahrhunderten ausgebildet haben: die Kirche als Organisation, die auf zugeschriebener (nicht freiwilliger) Mitgliedschaft beruht und für ihre Angehörigen Rollen vorgibt, die diese weitgehend unabhängig vom eigenen Willen zu erfüllen haben.“[8]

Wenn diese Diagnose stimmt, dann betrifft es auch die bisherigen Instrumente kirchlicher Identitätsentwicklung und -bindung. Es verwundert daher nicht, dass mittlerweile jede Diözese in Deutschland schon mindestens einen Prozess zur künftigen Gestaltung der Pastoral angestoßen hat. Parallel laufen nationale und weltkirchliche Gesprächsformate wie der Synodale Weg in Deutschland oder der Prozess der Weltsynode (2021–2024) mit nationalen, kontinentalen Konsultationsformaten und finaler Synode in Rom. Gerungen wird um die Rolle in der Gesellschaft, den Daseinszweck der katholischen Kirche, um ihre Mission (Auftrag), um die heutige christliche Vision von gesellschaftlichem und globalem Zusammenleben.

Entsprechend müssen vielfältige Themen inhaltlicher wie struktureller Art neu justiert werden. Da geht es gesamtkirchlich um das Verständnis der Ämter, der Führung, der Partizipation, der Entscheidungsfindung und Kontrolle von Macht auf der einen Seite und das nur heterosexuelle Menschbild, Priesterweihe der Frau, Zulassung zu den Sakramenten, Ökumene, interreligiöser Dialog auf der anderen Seite.

Allzu lange wurde der Fokus auf die gemeindepastorale Wirklichkeit als mutmaßlichem Kerngeschäft gelegt. „Erst sekundär richtete sich der Blick auf die ‚Zweitstruktur‘, nämlich auf die Praxisfelder der organisierten Caritas und anderer Verbände, in denen Menschen in Krisensituationen beraten (..) begleitet und (…) unterstützt werden. (…) Rechnet man alle Menschen

---

7 EKD, 6. KMU, 64ff.
8 Großbölting, T., Der verlorene Himmel, 259.

zusammen, die im Raum der Kirchen in diesen Praxisfeldern ihre Arbeit leisten, dann sind (…) die meisten dieser Arbeitsplätze im Bereich von Caritas und Diakonie angesiedelt."[9] Beim größten sozialen Arbeitgeber in Deutschland, der Caritas, arbeiten etwas mehr als 690.000 Menschen beruflich in rund 25.000 Einrichtungen und Diensten bundesweit.[10] Durch eine große Zahl ehrenamtlich Engagierter überschreitet dies in Summe die Millionengrenze.

Gerade jetzt muss die katholische Kirche in Deutschland ihr Selbstverständnis in einer neuen Minderheitenrolle finden.[11] Sie erlebt sich in einer individualisierten, pluralen, multireligiösen und säkularisierten Gesellschaft, die das kirchliche Leben von außen neu justiert. Die ehemalige Volkskirche erlebt schmerzhaft das Ende der Nachwuchskirche (Ebertz) und muss sich der Rolle einer religiösen Dienstleistungsinstitution[12] als Hintergrundkirche (Joas) stellen. In moralischen Fragen durch spirituellen und sexuellen Missbrauch sowie Finanzskandale diskreditiert, verlassen zunehmend mehr Gläubige die Kirche. Die einen haben nie einen Zugang zur Kirche gefunden, andere bleiben der Ritualpraxis und den Gemeindeaktivitäten fern und wieder andere treten aus Enttäuschung oder fehlender Bindung aus.

Diese nur grob skizzierte Entwicklung bedeutet für (kirchlich) engagierte Christ:innen wie die Kirchenleitung eine enorme Herausforderung. Diese Herausforderung betrifft in gleichem Maße alle kirchlichen Träger, ob in sozial-caritativen, Bildungs- oder weiteren kultur- und gesellschaftspolitischen Bereichen. Sie stehen vor der Frage, wie sie künftig ihr christliches und explizit konfessionelles Selbstverständnis mit einer religiös vielfältigen Mitarbeitendenschaft leben und weiterentwickeln können. Im Zuge dieser Entwicklung wird bewusst, dass mit dem Ende der Volkskirche eine weitere Differenzierung notwendig geworden ist: Zwischen Gläubigen und Mitarbeitenden der Kirche bzw. zwischen Mitgliedschaft und Mitarbeitenden der Kirche.

---

9 Schmälzle, U., In den Armen, 57.
10 Vgl. Caritas Deutschland, Arbeitgeberin.
11 2021 lag die Zahl der Christ:innen lt. EKD und katholischen Kirche in Deutschlands erstmals unter 50 %. Lediglich 6 % gelten als praktizierende Christ:innen. Forschungsgruppe Weltanschauung, Religionszugehörigkeiten 2021.
12 „In der Konstitution ‚Lumen gentium' (LG 4) heißt es, dass die Kirche nicht nur communio ist, sondern auch ministratio, also Gemeinschaft und Dienstleistung. Neben dem starken Communio-Gedanken nach dem Zweiten Vaticanum wird häufig übersehen, dass die Kirche eine Art zweite Struktur hat, nämlich diese Dienstleistungsstruktur." Ebertz, M. N., Epochenwandel.

1.3 Der Wandel erfordert eine Theologie der Berufe der Kirche

Die Leitbegriffe dieser notwendigen Veränderungsdynamik in der katholischen Kirche lösen sich ab: War es einst das Aggiornamento (Verheutigung/Anpassung), dann die Inkulturation, so ist es jetzt die Transformation. Immer geht es um eine neue Wirksamkeit der christlichen Botschaft unter sich wandelnden gesellschaftlichen Bedingungen. Die jeweiligen gesellschaftlichen Megatrends bedingen einen notwendigen Veränderungsprozess, der eine kontinuierliche Reflexion der Dienlichkeit von Strukturen und Angebotsformaten der Kirche verlangt. Notwendig wird eine ständige Fortentwicklung der Theologie, der Lehre und des kirchlichen Lebens. Das II. Vatikanische Konzil hat dies in dem Auftrag zusammengefasst, die Zeichen der Zeit zu erkennen und darin Gottes Absicht zu erforschen.[13]

Das Ziel bleibt: Ein Relevanzgewinn durch Veränderung ohne religiösen Inhalts- und Substanzverlust der Kernbotschaft. In der funktionalen Sprache heißt diese ekklesiologische Hoffnung aktuell „Transformationsprozess". Die Transformation der Pastoral kann in interdisziplinärer Anlehnung beschrieben werden als eine Umwandlung vom Ist zum Soll durch gesteuertes Verhalten mittels entsprechender strukturierter Prozesse unter Aufnahme und Wahrung der ursprünglichen (religiösen) Impulse. Diese Veränderung zielt auf eine neue Wirksamkeit des Evangeliums.[14] Zu fragen ist, welche Bedeutung und Rolle in diesen Prozessen den beruflichen Mitarbeitenden der Kirche und ihren vielfältigen Caritasträgern zukommt? Welches Bild haben Verantwortliche in der Kirche vom Beruf und den vielfältigen Berufen in der Kirche?

In Bezug auf die berufliche Wirklichkeit hat schon Alfons Auer 1966 herausgearbeitet, woran die vielfältigen Versuche einer theologischen Berufsethik und somit eines kirchlichen Berufsverständnisses scheitern. Es ist die Negierung der „wesenhaften Dialektik des christlichen Weltverhältnisses", als eine theologisch-spirituelle „Verkennung der Eigenständigkeit und Eigenwertigkeit der

---

13 „Zur Erfüllung dieses Auftrags obliegt der Kirche allzeit die Pflicht, nach den Zeichen der Zeit zu forschen und sie im Licht des Evangeliums zu deuten. So kann sie dann in einer jeweils einer Generation angemessenen Weise auf die bleibenden Fragen der Menschen nach dem Sinn des gegenwärtigen und des zukünftigen Lebens und nach dem Verhältnis beider zueinander Antwort geben. Es gilt also, die Welt, in der wir leben, ihre Erwartungen, Bestrebungen und ihren oft dramatischen Charakter zu erfassen und zu verstehen." (GS 4).
Dies erfährt eine Konkretisierung im 11. Kap. „Im Glauben daran, dass es vom Geist des Herrn geführt wird, der den Erdkreis erfüllt, bemüht sich das Volk Gottes, in den Ereignissen, Bedürfnissen und Wünschen, die es zusammen mit den übrigen Menschen unserer Zeit teilt, zu unterscheiden, was darin wahre Zeichen der Gegenwart oder der Absicht Gottes sind." (GS 11).

14 Vgl. hierzu: Schrage, B., Seelsorge im kirchlichen Transformationsprozess, 211.

Welt und die Unterbewertung des tätigen Lebens."[15] Gerade einzelne Orden sorgten für eine solche Haltung. Dies geschah mittels der „rigorosen Abkehr von der Welt (...) durch eine eigene, dominant kontemplative Lebensform" als einem „Weg der Loslösung, des Verzichts, der Selbstüberwindung" mittels der „Einübung einer Moral, die den Blick ganz auf die ewigen Dinge gerichtet" hatte. „Von daher drohte jetzt freilich auch die ursprüngliche Tätigkeit des Menschen in der Welt, der Lebensvollzug der Arbeit, als etwas Minderes bewertet zu werden."[16]

Aber die Profanität der Welt ist Ausdruck des christlichen Gottes- und Weltbildes, nachdem im Schöpfungsakt „die radikale und ursprüngliche Freisetzung der Welt ins Eigene und Eigentliche, ins unverstellte ihrer nichtgöttlichen Wirklichkeit" sich ereignete.[17] In dem Maße, in dem der Mensch als Ebenbild Gottes die Verantwortung für die Fortführung dieser freigesetzten Welt hat, werden die Arbeit und der Beruf Teil der Weltgestaltung. Dies geschieht für Christ:innen in Verantwortung vor Gott als eine Mitgestaltung dieser Welt.

Alfons Auer kommt bereits vor 70 Jahren zu dem Schluss: „Theologie und Spiritualität haben den geistigen Sinngehalt der Arbeit bis in die neuste Zeit hinein meist nicht voll realisiert."[18] Bis heute fehlt eine Theologie der vielfältigen Berufe der Kirche. Der Fokus der pastoraltheologischen Diskussion hat sich entsprechend der Überhöhung der sakral-rituellen wie katechetischen Dimension auf die Ämter und Dienste der Pastoral beschränkt. Eine entsprechende Übertragung findet dies in der Forderung der notwendigen „Herzensbildung" für caritative engagierte Mitarbeitende in der Enzyklika Deus Caritas est. Hier zeigt sich eine spirituelle und glaubensbezogene Defizitanmutung gegenüber Mitarbeitenden. Umgekehrt wäre zu fragen, was bedeuten die vielfältigen beruflichen Erfahrungen von Menschen im Sozial- und Gesundheitswesen, in Bildungseinrichtungen und Verwaltungen für das kirchliche Selbstverständnis? Welche Bewältigungsstrategien, religiösen Deutungen, hoffnungsvollen Wege und kraftvollen Initiativen entwickeln Mitarbeitende und zeigen so mit ihrer intrinsischen Motivation zugleich ihre spirituellen Ressourcen? Diese bleiben ungesehen. Die Frage nach der pastoralen Dimension der vielfältigen Berufe in der Caritas der Kirche und der hierfür notwendigen Grundlagen sind vollkommen vernachlässigt worden. Mitarbeitende führen den kirchlichen Sendungsauftrag nicht nur folgsam

---

15 Auer, A., Christsein, 195. Die Autonomie der Welt und die Bedeutung menschlicher Arbeit wurde im II. Vatikanischen Konzil u.a. in der Pastoralkonstitution Gaudium et Spes im Kapitel III, Das menschliche Schaffen in der Welt, aufgegriffen und lehramtlich dargelegt.
16 Korff, W., Religion und Ethos, 169.
17 Zitiert nach Auer, A., Christsein: Metz, J. B., Weltverständnis.175.
18 Auer, A., Christsein, 236.

aus, sondern sind Gestalterinnen und Gestalter auf Grundlage von Überzeugungen, die kohärent sind mit dem christlichen Werten und Haltungen. Welche Erwartungen stellen künftig kirchliche Träger an Mitarbeitende und welche notwendigen Kompetenzen zur Erfüllung des kirchlichen Selbstverständnisses im beruflichen Handeln braucht es?

2 Wandel der Caritasidentität

2.1 Der arbeitsrechtliche Weg in der Identitätssackgasse

Lange Zeit konnten die Kirchen in Deutschland die Frage ihres konfessionellen Profils mittels des Arbeitsrechts absichern. „Irgendwie schien jede und jeder zu wissen, was ein konfessionell christlicher Träger ist und zu leisten hat. Die volkskirchliche Vorstellung sah in den katholischen Milieus eine unerschöpfliche Ressource an Mitarbeitenden, die als geeignet eingestellt werden konnten.“[19] Es griff die alte volkskirchliche Profilformel: 100 % katholische Mitarbeitende ergeben 100 % katholisches Profil.[20] Mitarbeitende waren konfessionell Gläubige.

Katholischerseits waren insbesondere die Loyalitätsobliegenheiten im § 5 der „Grundordnung des kirchlichen Dienstes im Rahmen kirchlicher Arbeitsverhältnisse“ (künftig GrO) der Gradmesser für die Anstellung. Es wurde Konformität in der Lebensführung mit der katholischen Morallehre und hier insbesondere im Kontext der Sexual- und Ehemoral erwartet. Neben der Zugehörigkeit zur Kirche und der konformen privaten Lebensführung wurde auch ein gemeindliches oder verbandskirchliches Engagement erwartet.

Solch ausgewiesene Personen erfüllten den Maßstab für das katholische Profil. Als besonders profiliert galten dann die Ordensträger, denn hier wurden Lebensführung und christlicher Glaube in Form der lebenslangen Berufung der Schwestern und Brüder zum vorbildlichen Zeugnis. Durch die bloße Präsenz von Ordensschwestern und -brüdern und ihre communitäre Lebensform wurde das katholische Image geprägt. So nährte sich das Idealbild der kirchlichen Dienstgemeinschaft und begründete für deren Mitglieder einen bis zum November 2022 gültigen Anforderungs- und Loyalitätskatalog der kirchlichen Grundordnung. Arbeiten bei der Kirche und ihrer Caritas

19 Schrage, B., Christlich Managen, 70.
20 Ebd.

hatte in der Berufung der Orden ihr unausgesprochenes und idealisierendes Vorbild. Sie bildeten das ideelle Verständnis für das wenig reflektierte Berufsverständnis bei katholischen Trägern.[21]

Mitarbeit in den Diensten der Kirche war also nicht einfach Beruf, sondern Berufung zum Dienst am Nächsten.[22] Die Identifikation mit dem christlichen Glauben und die Kirchlichkeit waren somit gegeben und Mitarbeitende mussten nur eingestellt werden. Das kirchliche Arbeitsrecht sicherte den Tendenz- bzw. Transzendenzbetrieb ab.

Schon in den 1990er-Jahren wurde immer deutlicher, dass es künftig einer Anstrengung der konfessionellen Träger selbst bedürfte, um eine christliche Identität in der Arbeitnehmerschaft zu fördern. Dies geschah aber weniger durch begleitendes und gewinnendes institutionelles Handeln, sondern durch die bewusstere Rekrutierung entsprechenden katholischen bzw. christlich sozialisierten Personals. So verlangte die Erklärung der Deutschen Bischöfe zum kirchlichen Dienst: „Träger und Leitung tragen die Verantwortung für den kirchlichen Charakter der Einrichtung. Sie haben auch dafür zu sorgen, dass in der Einrichtung geeignete Personen tätig sind, die bereit und in der Lage sind, den kirchlichen Charakter der Einrichtung zu pflegen und zu fördern. Nur wenn die religiöse Dimension des kirchlichen Dienstes beachtet und der kirchliche Charakter der Einrichtung durch alle Mitarbeitenden bejaht werden, kann die Kirche ihren Dienst an dem Menschen glaubwürdig erfüllen."[23] Es etablierte sich der Anspruch an die Führungskräfte, für die Identitätssicherung durch eine entsprechende Einstellungspraxis nach Konfession verantwortlich zu sein. Die Grundordnung für den kirchlichen Dienst von 1993 ging immer noch davon aus, dass ausreichend katholisch profiliertes Personal auf dem Arbeitsmarkt zur Verfügung stand.

2.2 Der Systemwechsel der Identitätssicherung

Parallel kam es mit dem enormen Wachstum der konfessionellen Träger im Wohlfahrtsstaat zu ersten eigenen Profilsanstrengungen der konfessionellen Träger. Hintergrund war aber eher ein marktökonomisches Interesse. Mit

---

21 Vgl. Schrage, B., Szillat, M., Arbeitsrechtsordnung, 19. So auch: Die deutschen Bischöfe, GrO 1993, 9: „Die Kirche muss deshalb Anforderungen stellen, die gewährleisten, dass sie [die Mitarbeitenden, Anm. des Autors] ihren besonderen Auftrag glaubwürdig erfüllen können." Die Urteile des BVerfG 1985 und 1986 zur Ausgestaltung des kirchlichen Selbstbestimmungsrechts im Arbeitsrecht (Art. 137 Abs. 3 der Weimarer Reichsverfassung mit Bezug zum Art. 140 des Grundgesetzes) zwangen die deutschen Bischöfe zu einer differenzierten Beschreibung hinsichtlich Kirchenzugehörigkeit und Tätigkeits- bzw. Verantwortungsmerkmalen im Rahmen der Grundordnung für den kirchlichen Dienst im Rahmen kirchlicher Arbeitsverhältnisse.

22 Schrage, B., Christlich Managen, 70.

23 Die deutschen Bischöfe, GrO 1993, 9.

dem Ziel, ein Alleinstellungsmerkmal auf dem Sozial- und Gesundheitsmarkt zu schaffen, wurde in den Managementetagen der Ruf hörbar: Wo Kirche draufsteht, muss auch Kirche drin sein! Die Wiedervereinigung Deutschlands markierte auch hier einen Wendepunkt, da nun konfessionelle Träger in verfestigten säkularen Milieus der neuen Bundesländer bei der Übernahme von Einrichtungen eine christliche Unternehmenskultur etablieren sollten. Was sich in Westdeutschland schon ankündigte, war hier bereits gesellschaftliche Realität. Das christliche Selbstverständnis konnte mit der Konfessionszugehörigkeit der Mitarbeitenden und den Loyalitätsobliegenheiten der Grundordnung der Mitarbeitenden nicht ausreichend beschrieben bzw. gesichert werden.

So begannen in den 1990er-Jahren katholische Träger durch entsprechende Beratungsdienstleister Leitbildprozesse durchzuführen. Ziel war es, das jeweilige christliche Selbstverständnis gemeinsam mit den Mitarbeitenden in Form von vereinbarten Werten und Zielen zu beschreiben und fortzuentwickeln. Nun kam die Organisation mit ihrer Entstehungsgeschichte, ihrer jeweiligen christlichen Mission, dem gewachsenen Daseinsverständnis und der Unternehmenskultur in den Blick. Sie wurde zum neuen Garanten des christlichen Profils bzw. Selbstverständnisses. Dies hatte in der Personalentwicklung Folgen. War bisher die Katholizität und personale Berufungsparadigma (Personenprinzip) das vorherrschende Grundmotiv der kirchlichen Identitätssicherung, trat nun die Träger- und Organisationsverantwortung (Institutionsprinzip) für das kirchliche Selbstverständnis hinzu.

Obgleich die zahlreichen Leitbilder wichtige Prozesse der Selbstvergewisserung in Gang gesetzt haben, blieb die Einstellungspraxis im Großen und Ganzen unverändert. Die Organisation als kirchlicher Tendenzbetrieb gibt Werte und Haltungen in Leitbildern vor und verlangte je nach Tätigkeitsebene nach dem alten Berufungsschema bis ins private reichende Loyalitätsobliegenheiten. Maßgeblich blieb eine differenzierte Loyalitätserwartung an (katholische) Mitarbeitende und eine entsprechend restriktive Einstellungspraxis. Diese Phase vollzog sich nach dem ‚Prinzip der Passung'.

2.3 Professionalisierung schlägt Leitbild

Die Leitbildprozesse blieben auf Grund ihrer normativ-ethischen sowie religiös-idealistischen Verankerung weitestgehend unverbunden zu der hohen Professionalisierungsdynamik im ökonomisierten Dienstleistungsdenken des Sozial- und Gesundheitswesens. Es trat in vielen kirchlichen Einrichtungen und Diensten ein, was der Pastoraltheologe Rolf Zerfaß schon 1993 zunächst für die verbandliche Caritas prophezeite: „Die Professionalisierung caritativer Arbeit beschleunigt die Säkularisierung der Einrichtungen, weil es an theologischen Gesprächspartnern fehlt, die den Bezug zur kirchlichen Tradition herstellen können."[24] Diese blieben eher in der oben dargestellten Dialektik von spirituell-religiöser Berufung gegenüber weltlich-praktischer Sozialarbeit verhaftet.[25]

Im Ergebnis entkoppelte sich die fachliche Arbeit immer stärker vom christlichen Selbstverständnis. Hier zeigt sich aus religiöser Sicht eine Dynamik der Fremd- und dann zunehmenden Selbstsäkularisierung durch Professionalitätsansprüche. Kirchliche Träger mussten sich entsprechend einer „korporatistischen Einflusslogik"[26] den notwendigen Standardisierungsprozessen in der Folge von Gesetzgebungsverfahren, Abrechnungsvorgaben, wissenschaftlichem Fortschritt und durch kontinuierliches Qualitätsmanagement stellen. Man kann von einer finalen Emanzipation der medizinischen, pflegenden und sozialen Arbeit aus dem kirchlichen Kontext sprechen.

Parallel haben sich die Kirchen und die Religion sukzessive aus der funktionalen Arbeitswelt verabschiedet und sich auf den gemeindlichen und somit auf den Freizeitsektor konzentriert.[27] Gleichzeitig nahm die Zahl der Ordensangehörigen als klassische Identitätsrepräsentant:innen des katholischen Propriums drastisch ab. Sie haben heute in den kategorialen Feldern kirchlicher Pastoral Seltenheitswert. Und so attestierte Rolf Zerfaß schon vor 30 Jahren, dass „der Caritassektor der am weitesten säkularisierte Bereich kirchlicher Arbeit" zu sein scheint.[28] Als Grund nennt er nicht die Glaubens- oder Kirchenfeindlichkeit der Mitarbeitenden und auch nicht ein Versagen von Führungskräften, sondern „die Unfähigkeit der Kirche zu sagen, was denn die Kirchlichkeit einer kirchlichen Einrichtung ausmacht."[29] Zu fragen ist somit: Was ist denn die Kirchlichkeit einer Einrichtung, eines Dienstes, eines Trägers im Jugend-, Sozial-, Bildungs- oder Gesundheitswesen?

---

24 Zerfaß, R., Lebensnerv, 21.
25 Hier sei ausdrücklich auf das Buch von Reiner Krockauer, Stephanie Bohlen und Markus Lehner hingewiesen, das hier bereits einen anderen Weg eingeschlagen hat und den Diskurs von Berufen im Sozial- und Gesundheitswesen mit der Theologie in vielfältigen Beiträgen realisierte: Krockauer, R., Bohlen, S., Lehner, M., Theologie und Sozialarbeit.
26 Schmälze, U., In den Armen, 60.
27 Vgl. Schrage, B., Mitarbeitendenpastoral. Der parallele Abbau von Stellen der Betriebsseelsorge in der evangelischen wie katholischen Kirche flankierten diese Entwicklung.
28 Zerfaß, R., Lebensnerv, 23.
29 Ebd.

2.4 Identitätsbildung als Aufgabe der christlichen Träger

Genau hier setzt nun die neue Grundordnung für den kirchlichen Dienst vom 22. November 2022 der katholischen Kirche in Deutschland (GrO 2022) an. „Es darf nicht nur um die Loyalität des Dienstnehmers gegenüber dem Dienstgeber gehen, sondern um die gemeinsame Loyalität der Dienstgemeinschaft gegenüber dem kirchlichen Sendungsauftrag."[30], so der damalige Münchener Generalvikar Peter Beer als Vorsitzender der arbeitsrechtlichen Begleitgruppe beim Verband der Diözesen Deutschlands. Die katholischen Träger werden nun aktiv aufgefordert, „die Verantwortung für den Schutz und die Stärkung des kirchlichen Charakters der Einrichtung" zu übernehmen.[31] „Die Arbeit an der christlichen Identität der Einrichtung ist eine Pflicht und eine Gemeinschaftsaufgabe aller und ein permanenter, dynamischer Prozess. Der Dienstgeber ist in Zusammenarbeit mit den Mitarbeitenden verpflichtet, das christliche Profil der Einrichtung fortwährend weiterzuentwickeln und zu schärfen."[32]

Bei den deutschen Bischöfen hat sich die Erkenntnis durchgesetzt, dass das christliche Selbstverständnis kirchlicher Träger kein Selbstläufer ist, welches durch die Einstellung von katholischen Mitarbeitenden einfach gegeben wäre. Stattdessen braucht es Leitbildprozesse, entsprechende Konzepte, eine gemeinsam gestaltete christliche Kultur in den Einrichtungen und entsprechende kirchliche Angebote.[33] Unklar bleibt, welches Ziel diese Konzepte haben sollen, was eine christliche Kultur in kirchlichen Unternehmungen ausmacht und welche kirchlichen Angebote denn für die heutigen Berufe und die Tätigen angemessen sind. Dies liegt nun ganz in der Verantwortung des Managements kirchlicher Träger.

Dass hier zugleich insbesondere Defizite bei Mitarbeitenden vermutet werden, zeigt der neue Artikel 5 der GrO 2022 zur „Fort- und Weiterbildung", auf die alle Mitarbeitenden Anspruch haben. „Diese umfasst die fachlichen Erfordernisse, ebenso wie die ethischen und religiösen Aspekte des Dienstes und Hilfestellungen zur Bewältigung der spezifischen Belastungen der einzelnen Tätigkeiten."[34] Die hier getroffene Trennung von fachlichen Erfordernissen zu ethisch und religiösen Aspekten lässt die alte Dialektik von

30 Laska, A., Wo Kirche drauf steht, muss auch Kirche drin sein.
31 Die deutschen Bischöfe, GrO 2022, Art. 3 Abs. 3.
32 Die deutschen Bischöfe, GrO 2022, Art. 3 Abs. 4.
33 Ebd.
34 Die deutschen Bischöfe, GrO 2022, Art. 5 Abs. 1.

Welt und Religion bzw. von nur sozialer Tätigkeit gegenüber spirituell-sakralem Handeln durchscheinen. Dabei sind heute ethische und religiöse Aspekte in einer plural-säkularen Welt Teil der Fachlichkeit.[35]

In diesem Sinne wird die Fort- und Weiterbildung im folgenden Absatz sowohl profilbildend als auch fachlich verstanden. Mitarbeitenden sollen Fort- und Weiterbildungen angeboten werden, mit denen sie „berufs- und tätigkeitsbezogen spezifische religiöse und ethische Kompetenzen erwerben können, um die Menschen, die die kirchlichen Dienste in Anspruch nehmen, in ihrer religiösen Praxis zu unterstützen und um das christliche Selbstverständnis der Einrichtung zu stärken."[36] Dies wird unterschieden von „freiwilligen Angeboten zu Spiritualität und Seelsorge, (…) um sich mit den eigenen Sinn- und Glaubensfragen des Lebens zu beschäftigen."[37]

Bei der berufs- und tätigkeitsbezogenen Weiterbildung wird somit vorausgesetzt, dass die spezifisch religiösen und ethischen Kompetenzen je nach Beruf und Tätigkeit bekannt, beschrieben und in Form von Fort- und Weiterbildungen angeboten werden können. Dies wäre weiter nicht nur für berufliche Mitarbeitende zu differenzieren, da die neue GrO 2022 ebenso ehrenamtlich Tätige sowie alle pastoralen Dienste umfasst.[38]

Sie alle sind versammelt unter dem „Sendungsauftrag der Kirche" in einer „Dienstgemeinschaft".[39] Entsprechend wird „von allen Mitarbeitenden (…) im Rahmen ihrer Tätigkeit die Identifikation mit den Zielen und Werten der katholischen Einrichtung erwartet."[40] Für besondere Tätigkeiten wie die Leitung, pastoral-katechetische und das Profil der Einrichtung prägende Aufgaben ist die katholische Konfession erforderlich. Der Kirchenaustritt stellt für Katholik:innen die Einstellung wie Weiterbeschäftigung in Frage.

Mit der neuen Grundordnung für den kirchlichen Dienst gesellt sich zum Personenprinzip für bestimmte Tätigkeiten das Institutionsprinzip mit entsprechenden Zielen und Werten sowie entsprechender Fort- und Weiterbildung.[41] Ohne Frage ist der vollzogene Paradigmenwechsel vom personen- zum institutionsbezogenen Ansatz im Kontext einer plural-säkularen Gesellschaft sachgerecht und notwendig. So bemerkt Ansgar Hense im Rückgriff

---

35 Hier sei z. B. im Gesundheitsbereich auf die Entwicklung von spiritual care hingewiesen. So ist das Qualifizierungsmodell „Spirituelle und existenzielle Kommunikation – interprofessionell" für Sozial- und Gesundheitsberufe von Diakonie, Caritas, Deutscher Palliativ Gesellschaft, Deutschem Hospiz- und Palliativ Verband, Pflegecharta u. a. hier Beispiel gebend: www.speci-deutschland.de.
36 Die deutschen Bischöfe, GrO 2022, Art. 5 Abs. 2.
37 Ebd.
38 Vgl. Die deutschen Bischöfe, GrO 2022, Art. 1 Abs. 3.
39 Die deutschen Bischöfe, GrO 2022, Art. 2 Abs. 1 u. 2.
40 Die Deutschen Bischöfe, GrO 2022, Art. 6, Abs.
41 Eine ausführliche Einordnung der neuen GrO 2022: Schrage, B., Reif für das 21. Jahrhundert.

auf Karl-Siegbert Rehberg, dass Institutionen eine „gemeinsame kognitive und normative Orientierung konstituieren" und somit die „Frage aufgeworfen wird, was ist handlungsleitend, handlungsorientierend im Hinblick auf die ‚katholische Identität' einer Einrichtung."[42] Die Beantwortung der oben gestellten Frage, was ist die Kirchlichkeit, und was der jeweilige Sendungsauftrag einer Einrichtung, wird künftig vom Management und den Mitarbeitenden als gemeinsam zu gestaltender Prozess erwartet. Aufbauend auf die je eigene kirchliche Tradition des Trägers wird die jeweilige Einrichtung zum Diskursort der Identitätsfindung und so zum Identifikationsort für Mitarbeitende mit dem jeweiligen kirchlichen Auftrag. Unklar bleibt, inwieweit die Art und Gestaltung der jeweiligen fachlichen Praxis selbst Ausdruck des kirchlichen Selbstverständnisses ist.

3 Gegenwärtige Herausforderungen

3.1 Wo stehen wir jetzt?

Die bisherige Diskussion hat sich vom personenbezogenen Ansatz mit entsprechenden moralischen Vorgaben der Lebensführung im Sinne der „Berufung" hin zum institutionsbezogenen Ansatz mit dem „Profilprinzip" der Unterscheidung im Markt entwickelt. In dem Maße, in dem die katholische Sozialisation und eine entsprechend katholische Personalressource bei wachsendem Bedarf katholischer Träger fehlte, stand die Frage der „Passung" zwischen Mitarbeitenden und kirchlichem Träger im Vordergrund. Entsprechend wird eine ethische und religiöse Zurüstung durch die kirchlichen Träger erwartet. Dieser verkörpert die kirchliche Sendung mit spezifischen Werten und Zielen der jeweiligen Einrichtung und bietet eine entsprechende Fort- und Weiterbildung sowie eine christliche Unternehmenskultur zur Zurüstung und Prägung der gegebenenfalls ethisch wie religiös nicht ausreichend identifizierten Mitarbeitenden.

Eingebunden bleibt der Prozess im größeren Rahmen des kirchlichen Selbstbestimmungsrechts und der damit gegebenen Möglichkeit eines spezifischen kirchlichen Arbeitsrechts.[43] Dieses Arbeitsrecht entwickelt sich mit der neuen GrO 2022 hin zu einem Schutzrecht für den Diskursort kirchlicher Identitätsfindung. Es soll hier nicht weiter erörtert werden, ob der Staat unter den

---

42 Hense, A., Arbeitsrecht, 272 f.
43 Zur Diskussion, inwieweit das spezifische kirchliche Arbeitsrecht in Deutschland notwendig und für die heutigen Identitäts- und Identifikationsprozesse mit katholischen Unternehmungen angemessen ist, siehe Schrage, B., Reif für das 21. Jahrhundert.

Bedingungen der pluralen und säkularen Gesellschaft das Arbeitsrecht den Kirchen zur Verfügung stellen muss, um ihr verbindendes Ethos nicht nur zu erhalten, sondern mittels des Arbeitsrechts zu entwickeln. Das kirchliche Arbeitsrecht dient unter heutigen Voraussetzungen nicht mehr dem Tendenzschutz, sondern der Tendenzentwicklung der kirchlichen Organisation.[44]

Im Rückblick wird bereits deutlich: Es muss heute aus Sicht der Kirche selbstkritisch gefragt werden, ob das Arbeitsrecht in der plural säkularen Gesellschaft noch ein taugliches Instrument zum Aufbau von Identitätsprozessen und Identifikation der Mitarbeitenden mit dem christlichen Selbstverständnis katholischer Träger sein kann. Beer hat bereits darauf aufmerksam gemacht, dass gerade die Urteile des EuGH im Fall Egenberger und im Fall des Düsseldorfer Chefarztes offenbar einen neuen zukunftsfähigen Weg gewiesen haben, denn „die Entscheidungen des Europäischen Gerichtshofs" können bzgl. des „kirchlichen Arbeitsrechts (...) im positiven Sinne zu dessen Klärung und damit zu einer nachhaltigen Tragfähigkeit beitragen."[45] Genau hier setzt die Studie zum Ethos der Berufe in der Caritas an.

3.2 Das Ethos – ein Schlüsselbegriff

Die Entscheidungen des Europäischen Gerichtshofs vom 17. April 2018 im Fall Egenberger und vom 11. September 2018 im Fall des Düsseldorfer Chefarztes beruhten wesentlich auf der Auslegung des Art. 4 Abs. 2 RL 2000/78/EG und des daraus folgenden deutschen Allgemeinen Gleichbehandlungsgesetzes (AGG). Danach kann „in Bezug auf berufliche Tätigkeiten innerhalb der Kirchen (...) eine Ungleichbehandlung wegen der Religion oder Weltanschauung einer Person keine Diskriminierung darstellen, wenn die Religion oder die Weltanschauung dieser Person nach der Art dieser Tätigkeiten oder Umstände ihrer Ausübung eine wesentliche, rechtmäßige und gerechtfertigte berufliche Anforderung angesichts des Ethos der Organisation darstellt."[46] Damit werden durch die europäische Richtlinie zwei Bezugsgrößen für die Bestimmung der Kirchlichkeit im Arbeitsrecht benannt: Die Art und der Umstand einer Tätigkeit sowie das Ethos der Organisation.

Das heißt: Eine aus dem religiösen Selbstverständnis sich ergebende Ungleichbehandlung von Bewerbenden oder Mitarbeitenden stellt keine Diskriminierung dar, wenn aus dem Ethos der kirchlichen Organisation eine wesentliche,

44 Zum Wechsel vom Tendenzschutz zur Tendenzentwicklung im edukatorischen Ansatz des kirchlichen Arbeitsrechts siehe ebd., 102 ff.
45 Beer, P., Loyalitätspflichten, 45.
46 EG, Gleichbehandlung.

rechtmäßige, gerechtfertigte und somit verhältnismäßige berufliche Anforderung in Bezug auf die jeweilige Tätigkeit abgeleitet werden kann. Ansgar Hense spricht hier von einem „ergebnisoffenen Rechtfertigungs-Quartett".[47] Dies ist künftig durch die Kirchen vor Arbeitsgerichten darzulegen.

Konfessionelle Anforderungen ergeben sich demnach aus dem Ethos der Kirche an die jeweilige Tätigkeit und begründen so Anforderungen an die Person von Bewerbenden oder Mitarbeitenden. Diese Anforderungen müssen notwendig (wesentlich und nicht willkürlich), sach- und fachlich begründet (rechtmäßig und keine sachfremden Ziele), bezogen auf den Einzelfall darstellbar (gerechtfertigt) und angemessen (verhältnismäßig) sein. Mit diesem Paradigmenwechsel vom Personen- hin zum Tätigkeitsbezug stehen die Kirchen vor der Herausforderung, den Transformationsprozess ihres Selbstverständnisses im Kontext des Arbeitsrechts umzusetzen. „Wo früher Sanktion die Option war, steht dann heute etwa die Pflicht zur positiven Aufgabenformulierung, zur Befähigung und Begleitung für den kirchlichen Dienst, aber auch die Verhaltenserwartung an den bzw. die Beschäftigten, ihrer Gestaltungsverantwortung in Bezug auch auf das Einrichtungsethos gerecht zu werden."[48]

Zu klären ist somit: Was ist das Ethos einer Organisation und wie ist das Ethos der katholischen Kirche und der Caritas als Anstellungsträgerin zu beschreiben? Was sind die Merkmale der Tätigkeiten, die als Anforderungen auf Grund dieses Ethos der Organisation zu stellen sind? Und welche Form von Identifikation mit der Organisation ist in der konkreten Tätigkeit von Mitarbeitenden bzw. an expliziter Kompetenz zu erwarten, damit das Ethos der Organisation zur Geltung kommt? Inwieweit dies dann wesentlich, rechtmäßig, gerechtfertigt und angemessen ist, entscheiden im Konfliktfall künftig Arbeitsgerichte.

Die Rechtsprechung des EuGH konkretisiert die Bedeutung des Ethos-Begriffs aus Art. 4 Abs. 2 RL 2000/78/EG und erweitert den Kontext zum personen- und institutions- um den tätigkeitsbezogenen Ansatz. Alle drei sind in ihrem Bezug zum Ethos der Organisation zu reflektieren und zu erläutern. In der Konsequenz müssen die Kirchen ihr spezifisches Selbstverständnis plausibel darlegen und begründen, warum eine spezifische Tätigkeit die Zugehörigkeit zur Kirche voraussetzt. Was erwartet die Kirche im Sinne ihres Sendungsauftrags von einem Erzieher in einer katholischen Kindertagesstätte, was von der Ärztin auf der Palliativstation, von der Leitung eines

47 Hense, A., Arbeitsrecht ändern, 43.
48 Ebd., 45.

Altenpflegeheims bzw. von der Pflegedirektorin auf Trägerebene oder der Caritasdirektorin? Wenn diese Erwartungen klar benannt sind, schließt sich die Frage an, ob die Erfüllung der Erwartungen die Zugehörigkeit zur Kirche voraussetzen. Laut EuGH macht der Art. 4 Abs. 2 RL 2000/78/EG hierzu das Ethos der Organisation einer Religion und Weltanschauung zum Maßstab.

3.3 Das Ethos – ein merkwürdig unbestimmter Begriff

Es gibt keine allgemein anerkannte Definition des Ethos-Begriffs und die meisten Kommentator:innen zu den genannten Urteilen des EuGH wie zur RL 2000/78/EG üben eine merkwürdige Abstinenz hinsichtlich der Definition. Eine ausführlichere Diskussion gibt es im Kontext der Pädagogik und hier des Lehrer:innenethos. Michael Zutavern kommt bei der Begriffsverwendung in dem deutschsprachigen Diskurs zu dem Ergebnis, dass es „sehr differente Konzepte" gibt: „Ethos als Wertorientierung, gelebte Tugenden, kognitive Fähigkeit zur moralischen Urteilsbildung, Kompetenz, moralische Identität oder Sensibilität."[49]

Meist wird der aus dem Griechischen kommende Ethos-Begriff als Synonym für den lateinischen Moral-Begriff genutzt.[50] Im Fernkurs für Theologie findet sich eine ausführliche Beschreibung: „Ethos (griech. Verhalten, Sitte) bezieht sich auf die Sitten, Gewohnheiten, Bäuche und Verhaltensregeln, die in einer bestimmten Gruppe oder in einer Gesellschaft tatsächlich gelten und befolgt werden. So spricht man vom Ethos eines bestimmten Berufstandes, etwa eines Arztes (Krankheiten heilen, Schmerzen lindern, Leben erhalten) oder einer Journalistin (aktuelle wahrheitsgemäße Berichterstattung, sorgfältige Recherche, Respekt vor der Privatsphäre Betroffener). Im Grunde handelt es sich in allen Fällen um sozial vermittelte Verhaltensregeln, die sich in der Praxis bewährt haben und deshalb zum allgemein anerkannten und verbindlichen Ethos geworden sind. Entsprechend haben sich in den verschiedenen Gesellschaftsformen und Kulturen durchaus unterschiedliche Ethosformen herausgebildet. Der Begriff Ethos wird also zunächst rein deskriptiv (= beschreibend) und wertneutral verwendet."[51]

Reinhard Turre zeigt, wie sich im christlichen Kontext mit dem Arbeitsverständnis auch das diakonische Arbeitsethos in der abendländischen Sozialgeschichte von Benedikt von Nursia über Martin Luther, Johann Hinrich

---

49 Zutavern, M., Professionsethos,16.
50 Michalke-Leicht, W., Sajak, C.-P., Vernünftig glauben, 468.
51 Fonk, P., Handeln aus christlicher Verantwortung, 13.

Wichern bis zu Max Weber entwickelte.[52] Vom Frühmittelalter bis zur Aufklärung, Industrialisierung bis in die Moderne wechseln die Aspekte von Berufung über Dienst und Nachfolge, Hingebung, Weg der Vervollkommnung, Fürsorge, Aktion und Kontemplation bis zur Selbstverwirklichung und Selbstsorge bzw. des Begleitens, Förderns und Unterstützens als Gemeinschafts- und Teamaufgabe.

Die Entwicklung des Ethos korrespondiert mit der Entwicklung der Arbeitswelt. Dies gilt auch für die Entstehung spezifischer Tätigkeiten, Professionen und Berufsbilder. Der ehemalige Verfassungsrichter Ernst Wolfgang Böckenförde erörtert exemplarisch, wie sich das Ethos der Jurist:innen geschichtlich mit der Herausbildung des Rechts, mit der Entwicklung der juristischen Profession und je nach Kulturraum und gesellschaftlichen Rahmenbedingungen dynamisch entwickelt und verändert. Er kommt zu dem Ergebnis, dass sich so eine Art „Kern des Ethos" für Jurist:innen herausbildet. Die damit gegebenen „Einstellungen und Haltungen" sind nicht von „Natur gegeben", sondern benötigen „entsprechende Bildung und praktische Anwendung", und müssen „habituell angeeignet und realisiert werden."[53] Er charakterisiert das Ethos „als konkrete bestimmte Handlungs- und Verhaltensform, die aus Lebenssituationen, Beruf und praktischer Arbeit, gegebenem Umfeld und der Befähigung zum sittlich-handelnden Wesen erwächst."[54]

Eine weitere Perspektive gibt Klaus Baumann, wenn er aus dem Kontext der Religion und einem kirchlich institutionellen Selbstverständnis den Ethos-Begriff beschreibt. Dieser kann, so Baumann, mit Bezug auf Gerd Theissen und Ninian Smart als der Anatomie der Religion und der Heiligen (Smart) zugehörig verstanden werden. Die Religion beruht dann auf vier Strukturprinzipien (Theissen): 1) Erfahrung, 2) Mythos und Lehre, 3) Riten und Gemeinschaft, 4) Ethos und Lebensregeln. [55] Aus kirchlicher Sicht geht es so Baumann und Beer bei den „Tätigkeiten spezifisch um Verhalten zur Verwirklichung des religiösen Lebens der Kirche, verstanden als ihre Sendung, mit Konsequenzen für die Anforderungen an die daran beruflich Mitwirkenden". Dies meint jedoch nicht die isolierte Betrachtung einer Einzelhandlung (gibt es die katholische Blinddarm-OP?) im Sinne einer technischen Ausführung (finis operis). Es geht vielmehr um die Handlungsabsicht im Sinne eines „finis operantis" – das Ziel oder die Absicht der Tätigen.[56] Die Anforderungen des Ethos beziehen sich auf „vorbewußte bzw.

---

52 Vgl. Turre, R., Hauptamtliche, 388 f.
53 Böckenförde, E.-W., Ethos, 38.
54 Ebd., 11.
55 Baumann, K., Europäische Antidiskriminierungsrichtlinie, 122 f. Vgl. Theissen, G., Religion der ersten Christen, sowie Smart, N., Dimensions of the Sacred.
56 Ebd., 132, mit Bezug auf Schockenhoff, E., Finis operis.

grundsätzliche Einstellungen und Haltungen", die von Mitarbeitenden im jeweiligen Handlungsfeld erwartet werden.[57] Baumann kommt folgerichtig zu dem Schluss, dass neben den relevanten Umständen der Tätigkeit das Ethos bzw. die Einstellungen und Haltungen „eng verbunden sind mit den jeweils handelnden Personen". Er folgert, die „EuGH-Urteile richten damit die Aufmerksamkeit auf die tatsächlichen Intentionen, Einstellungen bzw. Haltungen der Mitarbeitenden in ihren beruflichen Tätigkeiten, welche die Organisation mit ihrem religiös gegründeten Ethos als wesentlich und damit auch rechtmäßig und gerechtfertigt als berufliche Anforderungen von ihren Beschäftigten erwarten darf; (…)".[58] Klar ist für ihn, dass solch ein Ethos-Begriff dann nicht im Sinne einer formalen Kirchenzugehörigkeit oder Loyalität zur Organisation mehr verstanden werden kann, sondern als „commitment (…) – als innere Selbstverpflichtung, die sich im Verhalten ausdrückt." Insofern erwartet auch Baumann von den Kirchen bzw. den Religionen als Arbeitgeber eine „Transparenz ihres Selbstverständnisses und der damit verbundenen Anforderungen."[59]

Eberhard Schockenhoff weist auf die Entstehung eines modernen umfassenden Menschenrechtsethos, das er auf die Einflussfaktoren, „von klassischer Philosophie, christlicher Ethik und europäischer Aufklärung" zurückführt.[60] Mitarbeitende sind also aufgefordert, eine Kohärenz bzw. eigene Haltung zu den verschiedenen Ethos-Vorstellungen zu entwickeln, die im Kontext z. B. der Menschenrechte weite Überschneidungsflächen haben. Das Gesagte verdeutlicht einmal mehr die Komplexität und Wandelbarkeit des Ethos-Begriffs. Es ist bedauerlich, dass weder der Gesetzgeber (Europaparlament) noch die Gerichtsbarkeit (EuGH) ihr Verständnis des Ethos-Begriffs bisher dargelegt haben.

3.4 Das christliche Berufsethos – sein konkreter Bezugsrahmen

Wie gezeigt, nehmen verschiedene Kontexte Einfluss auf die Entstehung, Entwicklung und Fortschreibung eines Berufsethos. So wirken sich das professionelle Selbstverständnis (Ausbildung, Wissenschaft, Profession) als auch die Trägeridentität (Organisation), die tätigen Personen mit ihren Wertvorstellungen wie die konkrete Aufgabenstellung und deren Umstände auf

---

57 Ebd.
58 Ebd., 134.
59 Ebd., 138.
60 Schockenhoff, E., Christliches Ethos, 46. In diesem Zusammenhang ist auch auf das Projekt Weltethos von Hans Küng hinzuweisen.

das Ethos eines Berufs aus. So bringt jede dieser Ebenen bzw. Personengruppen selbst ein Ethos zur Geltung. In Anlehnung an Wolfgang Kluxen kann daher hinsichtlich der Ethosformen unterschieden werden in

- ein Rahmenethos (Werte und Normen der Organisation),
- ein Rollenethos (Werte und Normen in der Klientenbeziehung)
- ein Lebensethos (Werte und Normen aus der eigenen Biographie)
- ein Professionsethos (Werte und Normen des jeweiligen Berufsfeldes)[61]

Das Ethos der Berufe der Caritas speist sich aus diesen vier Ethosformen und erfährt in der Rede von einem christlichen oder kirchlichen Ethos eine besondere inhaltliche Bestimmung. Die in den vier genannten Ethosformen geteilten Wertevorstellungen und normativen Rahmenbedingungen sollten sich aus christlichen Vorstellungen speisen bzw. dort ihre Orientierung finden. Im Zusammenspiel entsteht dann ein Ethos der Berufe der Caritas. Konkret ergeben sich die spezifischen Orientierungen aus dem christlichen Menschen-, Gottes,- Welt- bzw. Schöpfungsbild in einer konfessionellen Formatierung.[62]

Dies findet seinen Ausdruck in einer christlichen Gesellschafts-, Sozial- und Morallehre (z. B. als unveräußerliche Würde des Menschen, als Solidaritäts- und Subsidiaritätsprinzip, als Option für die Armen oder als relationale Autonomie). Im Sinne eines schöpfungstheologischen und inkarnatorischen Religionsverständnisses des christlichen Glaubens sind diese Werte nicht einfach als ein vorgegebener deduktiv-normativer Rahmen anzusehen, der sozusagen von außen bestimmt, was christlich an einer professionellen Tätigkeit ist. Vielmehr spiegelt sich das christliche Ethos in der Tätigkeit als ein der Praxis immanenter Wertebezug wider, den es induktiv auf der Folie christlicher Überzeugungen zu reflektieren gilt, um damit einen ethischen Diskursraum zu eröffnen, welche Fähigkeiten und Tätigkeiten wie zu bewerten sind. Denn wie jedes Ethos ist auch ein christliches Ethos eine Praxis. Als Praxis ist sie zugleich nie abgeschlossen, sondern entwickelt sich dynamisch durch die sich wandelnden Anforderungen fort. Somit gilt es ein Ethos der Berufe in der Caritas diakonisch und kommunikativ stets weiter zu reflektieren, zu gestalten und zu entwickeln. Erst die persönliche Übernahme durch die

---

61 Kluxen, W., Ethik und Ethos, 519 ff. Kluxen unterschiedet zwischen a) einem Rahmenethos (Werte und Normen der Organisation/Institution/Kulturraum), b) einem geschlossenen Ethos (Weltverständnis, Auffassungen von Herkunft und Zukunft des Daseins, Element der Sinnorientierung) und c) einem Rollenethos (Übernahme gestimmter sozialer Funktionen und Erwartungen). Letzteres gilt es in Bezug auf den Forschungsgegenstand zu differenzieren in ein Rollenethos, das bestimmt ist von der Klientenbeziehung sowie dem Klientenbedarf und einem Professionsethos. Dieses ergibt sich aus den Handlungsregeln und normativen Grundannahmen der jeweiligen beruflichen Profession und ihrer Bezugswissenschaften.

62 Hier ist dann die spezifisch christologische, soteriologische und eschatologische Perspektive des christlichen Glaubens mit eingeschlossen.

Mitarbeitenden lässt es zur Realität werden und es zeigt sich als eine orientierende Handlungsperspektive und kann zur motivierenden Ressource z. B. eines Teams werden.

3.5 Berufsethos in der Caritas: Christlich, kompetent und auskunftsfähig

Eine Professionalität in christlicher Couleur expliziert demnach eine berufsspezifische Professionalität in Kombination mit einem christlichen Selbst-, Gesellschafts- und Weltverständnis. Es geht um ein christlich reflektiertes fachliches Handeln. Die Professionalität darf im Sinne der Autonomie der Sachbereiche nicht einfach „christlich" vereinnahmt werden. Allerdings braucht es im Gegensatz zu einem „anonymen Christentum" in der pluralsäkularen Gesellschaft eine bewusste Auskunftsfähigkeit. Diese wird nun vom EuGH gefordert. Die Mitarbeitenden einer christlichen Organisation bzw. eines Trägers müssen unter den heutigen gesellschaftlichen Bedingungen sprach- und diskursfähig sein, um ein professionelles Selbstverständnis im Sinne eines Ethos der Berufe in der Caritas darlegen und entwickeln zu können. Dieses ist kein zusätzliches Add-On, sondern integrativer und inhärenter Bestandteil eines christlich geprägten Professionalitätsverständnisses. Dieses wiederum existiert nicht für sich, sondern ist eingebettet in vier Dimensionen:[63]

a) die Organisation (hier im Sinne einer christlichen Unternehmensidentität mit entsprechenden Leitbildern),
b) die Klientenbeziehung (hier im Sinne einer spezifischen Wahrnehmung auch der spirituellen und religiösen Belange und Bedürfnisse des Gegenübers)
c) die Biographie (hier im Sinne einer intrinsischen Motivation zur Arbeit als Dienst und Auseinandersetzung mit der notwendigen christlichen Identifikation) und
d) die Profession (hier im Sinne eines christlichen beruflichen Selbstverständnisses, wonach berufliche Handlungen auf der Basis der christlichen Sozial-, Gesellschaftslehre, von Wertevorstellungen und Visionen menschlichen Zusammenlebens reflektiert werden).

Aus dem Gesagten wird deutlich: Das Ethos entwickelt sich nicht aus der Übernahme von Glaubenssätzen oder einer formalen Zugehörigkeit zu einer Kirche, sondern ist ein dynamischer Prozess. Das Ethos setzt sich aus individuellen wie kollektiven Bezügen zusammen. Seine Entwicklung ergibt sich aus

63 Vgl. hierzu auch DCV Köln, Religiöse Bildung.

dem Zusammenspiel unterschiedlicher Lebensbereiche und Systeme sowie entsprechender Werte- und Sinnbezüge. Es gibt nicht das Ethos, sondern verschiedene Ethosformen (Ethoi) in der Zuordnung zu Personen(gruppen), Tätigkeits- und Institutionsebenen.[64] Eine Studie zum Ethos der Berufe in der Caritas wird Werte, Orientierungen und Normen zwischen den zwei Polen des Lebensethos der Mitarbeitenden und einem angenommenen Ethos der Kirche erkunden. Da dies im Rahmen von Arbeitsverhältnissen erhoben wird und auf die berufliche Praxis bezogen ist, stehen die Profession (Fachbereich/Beruf), Organisation (Einrichtungsform/Mission/Daseinszweck) und Dienstleistung (Fachlichkeit/Kompetenzen/Klientenbezug) im Vordergrund. In der Bildung dieser Ethosbereiche (Professionsethos, Organisationsethos und Dienstleistungethos) wird in den Berufen eine Kohärenz oder Differenz der Wertevorstellungen zwischen Mitarbeitenden und anstellender Institution deutlich. Hierbei handelt es sich nicht um „blind übernommene Moralvorstellungen, sondern um sozial vermittelte Normen, die sich in der Praxis bewährt haben."[65]

Diese Werte, Normen und Haltungen sind sowohl in Form von kollektiven Bezügen (Institution, Träger, Einrichtung) wie in den subjektiven Bezügen (Mitarbeitende) und in Bezug auf die Tätigkeit (Fachbereich, Profession, Beruf) sowie die damit zum Ausdruck kommende Unternehmenskultur zu erheben. Lesch führt aus: „Die (…) geprägten Ethosformen können mit sozialwissenschaftlichen Verfahren (Soziologie, Ethnologie, usw.) beschrieben und analysiert werden, ohne die Geltung und Begründbarkeit der vorgefundenen Normen und das Problem des Relativismus angesichts konkurrierender Ethosformen zu thematisieren."[66] Denn, so führt er weiter aus, erfolgt die konkrete Vermittlung von sittlichen Normen immer über kontingente Ethosformen, sodass deren Analyse immer auf die vorfindbaren Sitten und Institutionen verwiesen ist.[67]

Die Forschungsfrage zielt darauf, zu erfahren, welche christlichen Anteile ein Ethos der Berufe in den jeweiligen Tätigkeitsfeldern der Caritas prägen. Ergeben sich im Zuge der Erhebung spezifisch christliche Aussagen, die ein Ethos der Kirche oder der Caritas, für die Berufe der Caritas oder für jeweils ein Berufsbild aufzeigen? Gibt es kollektive Werte- und Normmuster bzw. identifizierbare spezifische wertebezogene Verhaltensweisen und sind

---

64 Eine Diskussion, ob es das Ethos der katholischen Kirche bzw. der katholischen Diözesen Deutschlands oder verschiedene Ethos-Konkretisierungen des kirchlichen Selbstverständnisses auf den unterschiedlichen Institutions- bzw. Organisationsebenen oder Handlungsfeldern gibt, steht noch aus.
65 Lesch, W., Ethik und Moral, 67.
66 Ebd.
67 Ebd.

diese berufs- und oder institutionsspezifisch? Bei Letzterem wird zu klären sein, welche Institutionsebenen anzusprechen sind (katholische Kirche, die Diözese, der Träger, die Einrichtung, das Team).

Ausgangspunkt bleiben die RL 2000/78/EG und die entsprechenden EUGH-Urteile mit dem dort grundgelegten Begriff des „Ethos". Zeigt sich hier eine konstruktive Größe für die christliche Selbstbeschreibung, die so evident für das kirchliche Selbstverständnis ist, dass sie eine berechtigte Anforderung begründet, gegenüber den ansonsten als Diskriminierung laut AGG verdächtigen Sachverhalten? Andernfalls führt dies zum Ende eines arbeitsrechtlichen Profilabsicherungssystems. In jedem Fall müssen die beiden großen Kirchen in Deutschland mit ihrer Caritas und Diakonie künftig plausibel darlegen, was ihre Sendung in den verschiedenen Tätigkeitsbereichen einer plural-säkularen Gesellschaft ausmacht. Nur so werden sie motivierte und engagierte Mitarbeitende gewinnen, die sich im Sinne des kirchlichen Sendungsauftrags zum Wohl des Einzelnen und der Gesellschaft professionell einbringen.

Teil II
Das Ethos der Berufe in der Caritas – die Studie

Michael Fischer, Bruno Schrage

In diesem Kapitel werden die Ergebnisse der Untersuchung vorgestellt. Vorangestellt ist diesen ihr Hintergrund, ihre Zielsetzung und das zugrundeliegende Forschungsdesign. Bei der Auswertung der Interviews haben wir bewusst auf eine Kategorienbildung entlang der vier befragten Ethosformen (Organisation, Person, Profession, Dienst) verzichtet. Diese stehen für die strukturierenden Vorüberlegungen dieser Studie, um die typologischen Merkmale des Selbstverständnisses der Berufe in der Caritas zu befragen. Die Auswertung orientiert sich an dem Inhalt der Antworten. Daher ordnet sich die Darstellung der Ergebnisse nicht entlang des Interviewleitfadens, sondern entsprechend der inhaltlichen Bündelung, die aus der Inhaltsanalyse abgeleitet wurde. Viele dieser inhaltlichen Bündelungen lassen sich einer Frage des Leitfadens zuordnen, andere Themenfelder haben sich aus der Auswertung ergeben. Ihnen liegt keine Fragestellung des Interviewleitfadens zugrunde. Damit folgt die Auswertung der Kombination einer induktiven und deduktiven Kategorienbildung.

Hintergrund, Aufbau und Zielsetzung der Untersuchung

Dieser Abschnitt erläutert den Hintergrund und den aktuellen Anlass der Untersuchung. Daraus leiten sich die Konzeption der empirischen Untersuchung ab.

1 Das Forschungsdesign

In der empirischen Sozialforschung wird nach qualitativer und quantitativer Methode unterschieden. Quantitative Forschungsmethoden werden verwendet, um Hypothesen zu bestätigen oder zu verwerfen. Bei quantitativen Auswertungen kommt eine Vielzahl von Verfahren zum Einsatz, wie bspw. die Auswahl von Stichproben, die deskriptive Statistik, die Erkundung des Zusammenhangs zwischen zwei Variablen oder eine Mehrvariablenanalyse. Mit einem quantitativen Forschungsdesign ist in der Regel der Anspruch auf Repräsentativität verbunden.

Dagegen werden qualitative Methoden angewendet, um ein bislang wenig bekanntes Forschungsfeld zu erkunden. Dieses Vorgehen hat einen explorativen Charakter und erhebt keinen Anspruch auf eine Repräsentativität. Zu einem qualitativen Methodenrepertoire zählen bspw. die Durchführung und inhaltsanalytische Auswertung von Interviews, Beobachtungen im Forschungsfeld oder die Analyse von relevanten Dokumenten.

Um unserem Forschungsanliegen gerecht zu werden und realitätsnahe Erkenntnisse zu gewinnen, haben wir ein qualitatives Forschungsdesign in Anlehnung die Grounded Theory gewählt. Die Erhebung erfolgte in Form von problemzentrierten Interviews nach Witzel.[1] Die Interviews sind auf der Grundlage eines themenorientierten Leitfadens geführt worden. In die Erstellung des Leitfadens ist theoretisches Vorwissen eingeflossen.

Neben den leitfadengestützten Interviews bestand die Erhebung aus einem schriftlich eingeholten Einverständnis zur Teilnahme und Verwendung der Daten, einem soziodemographischen Kurzfragebogen und einem Postskript des Interviewers zur Sicherung situativer und nonverbaler relevanter Beobachtungen. Die aufgezeichneten Interviews wurden zunächst anonymisiert und im Anschluss transkribiert.

Die Auswertung der Daten erfolgt mit Hilfe einer qualitativen Inhaltsanalyse nach Mayring, wobei das Kategoriensystem hinsichtlich seiner Validität und Reliabilität innerhalb des Forschungsteams sichergestellt wurde.[2] Die Auswahl des Samples basierte sowohl auf der Häufigkeit bestimmter Berufe in der Caritas (Ärzt:innen, Pflegende, Sozialarbeitende und Management) als auch den von den Mitarbeitenden zahlenmäßig größten Arbeitsfeldern der Caritas (Gesundheit, Altenhilfe, Kinder- und Jugendarbeit). Dadurch

1 Vgl. Witzel, A., Reiter, H., Interview.
2 Mayring, P., Qualitative Inhaltsanalyse.

konnten die bedeutendsten Arbeitsfelder der Caritas in die Untersuchung eingebunden werden. Die Verteilung der Befragten auf die genannten Berufe und Arbeitsfelder findet sich in Tabelle 4.

Bis zum Grad der empirischen Sättigung wurden die Teilnehmenden durch ein Schneeballprinzip gewonnen, bzw. aufgrund einer begründeten Annahme, dass sie bzgl. des Forschungsgegenstandes auskunftsfähig sind. Die durchschnittliche Länge der Interviews betrug 30 Minuten. Insgesamt wurden 17 Stunden und 20 Minuten Interviewdauer transkribiert und ausgewertet. Basierend auf dem Kurzfragebogen und dem Postskript wurden gegebenenfalls weitere Charakteristika identifiziert, um Interviewteilnehmende bis zu einer empirischen Sättigung einzubeziehen.

Alle befragten Personen waren zum Zeitpunkt der Interviews in Einrichtungen der Caritas beschäftigt. Zudem wurden solche Personen ausgewählt, von denen angenommen werden konnte, dass der christliche Glaube in ihren Leben eine Rolle spielt. Diese Auswahl der Gesprächspartner:innen gemäß einer vorhandenen christlichen Bindung hatte folgenden Grund: Wir wollten sicherstellen, dass die Interviewten zu den Fragen fundierte Antworten geben konnten. Personen über Dinge zu befragen, die ihnen möglicherweise nicht wichtig sind oder zu denen sie keine Nähe und keine Anknüpfungspunkte haben, ergab für die Zielsetzung der Untersuchung keinen Sinn.

2 Hintergrund der Untersuchung

Der Begriff ‚Ethos' ist die zentrale Leitkategorie dieser Untersuchung. Diesen Begriff hat die RL 2000/78/EG und der Europäische Gerichtshof (EuGH) im Jahr 2018 durch seine Urteile im Zusammenhang mit dem Selbstbestimmungsrecht kirchlicher Arbeitgeber ins Spiel gebracht. Gemäß der Richtlinie und dem Urteil des EuGH muss ein kirchlicher Arbeitgeber bei der Auswahl seiner Mitarbeitenden gerichtsfest begründen, in welcher Weise die Religion oder die Weltanschauung des Arbeitnehmers nach der Art der Tätigkeit oder der Umstände ihrer Ausübung eine wesentliche, rechtmäßige und gerechtfertigte berufliche Anforderung angesichts des Ethos der Organisation darstellt.[3] Etwas handhabbarer formuliert: Der kirchliche Arbeitgeber muss begründen, warum für die Ausübung einer bestimmten Tätigkeit eine Mitarbeiterin oder

3 Macht eine Kirche bei einer Ablehnung einer Bewerbung geltend, „die Religion sei nach der Art betreffenden Tätigkeit oder den vorgegebenen Umständen ihrer Ausübung eine wesentliche, rechtmäßige und gerechtfertigte berufliche Anforderung angesichts des Ethos dieser Kirche oder Organisation", müsse dies „gegebenenfalls Gegenstand einer wirksamen gerichtlichen Kontrolle sein können". Siehe Reichhold, H., Beer, P., Abmahnung, 681.

ein Mitarbeiter Mitglied der Kirche sein soll. Gelingt dies nicht, stellt diese Forderung eine Diskriminierung dar. Nun ist der Begriff des ‚Ethos', den die Urteile des EuGH deutlicher ins Bewusstsein gebracht haben, weder selbsterklärend noch einheitlich definiert. Ebenso wenig selbsterklärend ist die Bezugnahme auf das Ethos einer Organisation, aus der sich die Begründung für die Anforderung an eine Tätigkeit speisen soll. So hat der EuGH mit seinem Urteil auf der einen Seite zwar Klarheit geschaffen, in dem er die Begründungslast auf die Art und die Umstände einer Tätigkeit richtet. Auf der anderen Seite bleibt unbestimmt, was mit dem Ethos einer Organisation lt. des Art. 4 Abs. 2 RL 2000/78/EG genau gemeint ist und wie dieses konkret zu fassen ist.

Unabhängig von dieser Unschärfe des Gerichtsurteils sind mit dieser Entscheidung und deren Umsetzung an einen kirchlichen Arbeitgeber zwei grundlegende Aufgaben gestellt: Zunächst muss jeder kirchlicher Träger das kirchliche Ethos seiner Organisation beschreiben, um in einem zweiten Schritt für bestimmte Tätigkeiten begründen zu können, wie aus diesem Ethos spezifisch berufliche Anforderungen an die Art und die Umstände jener Tätigkeiten abzuleiten sind, die einer Mitgliedschaft der Kirche bedürfen. Mit diesem Gerichtsurteil hat der EuGH diese zwei genannten Aufgaben in das Hausaufgabenheft der kirchlichen Arbeitgeber geschrieben.

3 Die Operationalisierung des Ethos-Begriffs

Unabhängig von dieser grundsätzlichen Anfrage an das Urteil des EuGH kreist diese Untersuchung um die Reflexion des Ethos der Berufe der Caritas. Um dieses Anliegen zu beforschen, musste zunächst eine Klärung des Begriffs Ethos geleistet werden, um dann in einem weiteren Schritt in den Interviews mit den Befragten darüber ins Gespräch kommen zu können.

Um den Gesprächsleitfaden zu entwickeln, haben wir daher den Begriff des Ethos ausdifferenziert (s. o.). Diese Ausdifferenzierung erfolgte in zwei Richtungen: Zunächst in eine normative und in eine deskriptive Dimension. Erst im Zusammenspiel beider Dimensionen, verbindlicher Vorgaben und gelebter Praxis, lässt sich das Ethos beschreiben.[4]

Um das Ethos der Berufe der Caritas umfassend zu berücksichtigen, müssen vier Ebenen eingebunden werden: Das Organisationsethos, das Professionsethos, das Dienstethos und das Lebensethos. Beide Ausdifferenzierungen, mit

4 Siehe hierzu Abschnitt 3.3 in diesem Buch.

deren Hilfe der Ethos-Begriff für die Untersuchung operationalisiert wurde, werden kurz erläutert. Zunächst zur Unterscheidung zwischen einem normativen und einem deskriptiven Ethos.

Schaubild 1: Normative und deskriptive Dimension eines Ethos

Normativ	Normative Sicht auf den Menschen und die Welt	Normative Dokumente
	⇩ **Ethos** ⇧	
Deskriptiv	Wahrgenommene und beschreibbare Praxis	Konkrete Handlungskontexte

Ein normatives Ethos macht bindende Vorgaben. Solche verbindlichen Vorgaben speisen sich in Einrichtungen der Caritas aus unterschiedlichen Quellen. Diese werden nachfolgend eingehender dargelegt. Die deskriptive Ebene dagegen bezieht sich auf die praktische Umsetzung, also jene berufliche Praxis, die von den handelnden Akteuren beschrieben wird. Erst aus dem Zusammenspiel beider Ebenen, der normativen und der deskriptiven, erwächst das Ethos, das eine Organisation, die Tätigkeiten und die darin handelnden Personen prägt. Beide Ebenen sollten daher in der Untersuchung berücksichtigt werden.

Neben der Unterscheidung in eine normative und eine deskriptive Ebene erscheint eine weitere Ausdifferenzierung notwendig, um das Ethos der Berufe der Caritas zu erfassen. Dieses ist kein monolithischer Block, der in sich selbst ruht und sich selbst genügt. Jede Form eines Ethos ist in einen Kontext eingebunden, von dem es geprägt wird und den es prägt. In Anlehnung an die in Teil I beschriebenen Ethosformen von Kluxen haben wir das Ethos der Berufe der Caritas in den Kontext folgender vier Ethosformen verortet und untersucht: das Organisationsethos, das Lebensethos, das Professionsethos und das Dienstethos.

Schaubild 2: Einflusssphären auf Ethos der Berufe

Organisationsethos		Lebensethos
	Ethos der Berufe in der Caritas	
Professionsethos		Dienstethos

In allen vier Ethosformen, welche das Ethos der Berufe der Caritas maßgeblich prägen, finden sich normative und deskriptive Anteile.

Es folgt ein kurzer Blick auf die vier genannten Ethosformen:

(1) Organisationsethos

Das Organisationsethos speist sich aus den normativen Vorgaben einer Organisation, das zumeist in unternehmensrelevanten Dokumenten verschriftlicht ist. Dazu zählen entsprechende normgebende Verlautbarungen wie bspw. Leitbilder, Stiftungsurkunden, ethische Leitlinien oder Führungsgrundsätze, die wiederum gespeist sind aus kirchlichen und religiösen Grundlagendokumenten wie die Bibel, Ordensstatuten oder kirchliche Verlautbarungen. Ebenso ist das Organisationsethos von der gelebten Relevanz der entsprechenden Normen beeinflusst. Im schlimmsten Fall haben die normativen Vorgaben keine praktische Relevanz.

(2) Lebensethos

Das berufliche Handeln der Mitarbeitenden ist maßgeblich beeinflusst von deren persönlicher Lebenshaltung, welche diese im Laufe ihres Lebens verinnerlicht haben. Dazu zählen bspw. die normativen Einflüsse des Elternhauses, weiterer prägender Personen und Institutionen wie Schulen, Vereine und Gemeinden sowie der Kulturraum insgesamt. Auch hier steht die gleiche Frage im Raum, ob und in welcher Weise persönliche, religiöse wie ethische Vorstellungen die berufliche Tätigkeit bestimmen und Einfluss nehmen können.

(3) Professionsethos

Einen weiteren wichtigen Einfluss auf das Gesamtethos nimmt das berufliche Professionsethos. Alle unterschiedlichen Berufe, die in caritativen Einrichtungen zusammenarbeiten, bringen ein professionsbezogenes Ethos mit, das den handelnden Akteur:innen im Laufe ihrer Ausbildung und praktischen Tätigkeit vermittelt wurde. Die Art des fachlichen Vorgehens und gewählter Verfahren, die Sicht auf Themenstellungen, die Zielsetzung und Vorstellungen von erfolgreichem Handeln erfahren hier eine spezifische Ausrichtung. Ob und in welcher Weise dieses die Art der Tätigkeit bestimmt und wie dies im Alltag relevant wird, sind wichtige Fragen.

(4) Dienstethos

Schließlich sprechen wir vom Dienstethos und meinen damit jene Grundhaltungen, die sich bei den Mitarbeitenden in Bezug auf ihre konkrete berufliche Tätigkeit finden. So sind heilenden und sozialen Berufe von einem entsprechenden Dienstethos am Menschen geprägt, welche auf das berufliche Handeln Einfluss nimmt. Diese konkretisieren sich in Form von inneren Leitbildern und der Grundmotivation für die Tätigkeit. Auch hier ist wieder zwischen eigenen normativen Ansprüchen und der Umsetzung im Berufsalltag zu unterscheiden.

4 Ziel der Untersuchung

Die Untersuchung ‚Ethos der Berufe in der Caritas' greift aktuelle Fragestellungen auf, die gegenwärtig für die Identitätsvergewisserung caritativer Einrichtungen und Unternehmen relevant sind. Obgleich sich diese Fragen und Themen aus unterschiedlichen Kontexten speisen, überschneiden sie sich, ergänzen sich und ergeben ein Gesamtbild der anstehenden Aufgaben, die seitens der Caritas und der Kirche zu erledigen sind. Diese Fragestellungen und die damit verbundenen Themenfelder sind:

(1) Der Europäische Gerichtshof hat zum Ausdruck gebracht, dass das christliche Ethos einer kirchlichen Einrichtung in der Art einer jeweiligen Tätigkeit und den Umständen ihrer Ausübung sichtbar werden muss. Kann demnach das christliche Ethos einer Einrichtung nicht in der konkreten Tätigkeit verortet werden, ist die Mitgliedschaft eines Mitarbeitenden in der Kirche nicht plausibel einzufordern. Bei aller begründeten Kritik an der unklaren Verwendung des Ethos-Begriffes in diesem Urteil ist in dieser Rechtsprechung die Aufforderung enthalten, dass die Einrichtungen der Caritas und der Kirche Rechenschaft darüber geben müssen, welches Verhalten und welche Wertehaltungen sie von ihren Mitarbeitenden für die Ausübung einer bestimmten Tätigkeit erwarten. Das ist eine Aufgabe, die bislang in einem unzureichenden Maß erledigt ist.

(2) An dieses Themenfeld schließt sich eine weitere Frage an, welche die Kirche und die Caritas beantworten sollten: Wie definieren sie heute ihren Sendungsauftrag und wie begründen sie, wer an diesem Sendungsauftrag Teil hat und diesen glaubwürdig umsetzen kann? Lange Zeit schien diese Glaubwürdigkeit allein mit der Mitgliedschaft in der Kirche gegeben zu sein. Diese theologische Annahme greift in der Praxis kaum noch und ist darüber hinaus theologisch fraglich. Im Rahmen der Diversität- und Inklusionsdebatte haben einige Träger der Caritas zu dieser Fragestellung manche Türen bereits weit aufgestoßen.[5] Dies ist fraglos zu begrüßen, dennoch steht eine von der Deutschen Bischofskonferenz und des Deutschen Caritasverbandes gemeinsam getragene theologische Begründung aus.

---

5 Hierzu exemplarisch: Caritas in Vielfalt. Handreichung zum Umgang mit der Grundordnung des kirchlichen Dienstes im Caritasverband der Diözese Rottenburg-Stuttgart 2019: DCV Rottenburg-Stuttgart, Vielfalt.

(3) Auf der Grundlage dieser Klärung von Sendung und ihrer glaubwürdigen Umsetzung (Frage 2) und der Klärung der Art der Ausübung der Tätigkeiten (Frage 1) ergibt sich das Ethos der Berufe in der Caritas. Diese Diskussion wurde jüngst erneut und intensiv im Rahmen der aktuell gültigen kirchlichen Grundordnung und dem Urteil des Europäischen Gerichtshofs diskutiert. Durch die aktuell in Kraft gesetzte Grundordnung, die zweifellos viele wichtige Fragen geklärt hat, ist die Frage nach der Mitgliedschaft in der Kirche unter dem Stichwort ‚Kirchenaustritt' vorübergehend entschieden. Die Diskussionen darüber sind damit allerdings nicht abgeschlossen.[6] Zu fragen ist hier, welche Bedeutung hat in der Caritas unter der Voraussetzung der Sendung der Kirche und der glaubwürdigen Ausübung der Tätigkeiten die Kirchenzugehörigkeit?

(4) Und schließlich erwächst daraus eine vierte Frage, welcher Gestaltungsauftrag sich für die Einrichtungen und Unternehmen der Caritas ergibt. Die Entwicklungen der vergangenen beiden Jahrzehnte hat bereits den Blick dafür geschärft, dass es sich hierbei um eine Gesamtaufgabe der Leitung und des Managements handelt. Es geht um die Gestaltung der Einrichtungen aus einer theologischen und unternehmerischen Perspektive. Eine weitreichende und überaus komplexe Gestaltungsaufgabe. Sie betrifft näherhin die Frage, wie fördert und entwickelt das Management die christliche Identität und die Identifikation einer religiös und kulturell diversen Mitarbeiterschaft in einer sich in der Transformation befindenden Kirche?

5 Aufbau des Gesprächsleitfadens

Ein Verständnis der unterschiedlichen Ethosformen konnte bei den Befragten nicht vorausgesetzt werden. In der Befragung wurden daher mit Hilfe eines an den vier Ethosbereichen orientierten Interviewleitfadens diese in unterschiedlicher Weise thematisiert und so ins Gespräch gebracht.

Im Folgenden wird dieser Leitfaden kurz vorgestellt. Die Kenntnis des Leitfadens erleichtert es, die Antworten der Befragten und die Ergebnisse der Studie einzuordnen und zu interpretieren. Zu jeder der genannten Ethosformen gab es eine Leitfrage und zwei bis drei weitere inhaltliche Aspekte, die mit Hilfe von Vertiefungsfragen erkundet wurden.

---

6 Schrage, B., Kirchenaustritt.

Diese wurden an drei inhaltlichen Merkmalen konkretisiert: Kompetenzen, Religionsbezug, Fort- und Weiterbildungsbedarf. Mit Kompetenzen werden die relevanten Wissens- und Methodenkenntnisse im Kontext des Auftrags des kirchlichen Trägers angesprochen. Der Religionsbezug umfasst den ethischen und den explizit religiösen Anspruch, sodass Wertevorstellungen, Haltungen und Ziele der jeweiligen Tätigkeit erfasst werden. Der Fort- und Weiterbildungsbedarf steht für die Umsetzung erkannter, gewünschter oder als notwendig erachteter spezifischer Anforderungen der Tätigkeit bei einem katholischen Träger. Im Kontext des Lebensethos kann nicht der Bezug in „beruflichen Kompetenzen" gesucht werden, sodass das Merkmal in einem geweiteten personalen Verständnis als „allgemeiner Bezugspunkt zum Beruf" kategorisiert wurde. Die drei inhaltlichen Merkmale operationalisieren die vier Unterkategorien des anzunehmenden kirchlichen Organisationsethos.

Als offenen Einstieg in die Interviews und den beruflichen Kontext sollten die Teilnehmenden die Frage beantworten: „Was lieben Sie an Ihrem Beruf?"

Organisationsethos

Die Leitfrage zum Ethos der Organisation lautete: Wenn Sie nun an Ihre Institution/Organisation/den Träger denken, bei der/dem Sie arbeiten, was würden Sie als wichtige christliche Grundsätze oder Leitvorstellungen beschreiben?

Inhaltliche Aspekte	Vertiefungsfragen
Einfluss auf das berufliche Handeln	• Wo erleben Sie, dass diese Grundsätze Auswirkungen auf Ihr berufliches Handeln haben? • Können Sie Beispiele nennen?
Fort- und Weiterbildungsbedarf	• Wie wird bzw. wie könnte eine Auseinandersetzung mit diesen Grundsätzen und Leitvorstellungen gefördert werden? • Sehen Sie hier Ihren Träger auch in der Verantwortung?

Dienstethos

Die Leitfrage beim Dienstethos hieß: Welche lebensrelevanten, also existentiellen Herausforderungen erleben Sie in Ihren beruflichen Tätigkeiten oder im Kontakt mit Ihren Klienten/Patienten/in der Unternehmensgestaltung? Hier geht es um berufliche Situationen, die Grundfragen des Lebens berühren oder einen an Grenzen stoßen lassen. Auch hier gab es weitere inhaltliche Aspekte und vertiefende Fragen.

Inhaltliche Aspekte	Vertiefungsfragen
Kompetenzen	• Welche Fähigkeiten helfen Ihnen, mit solchen lebensrelevanten Grenzerfahrungen umzugehen?
Religionsbezug	• Hat für Sie die Bearbeitung von Grenzerfahrungen etwas mit Religion oder Spiritualität zu tun?
Fort- und Weiterbildungsbedarf	• Wenn Sie eine Fortbildung zu diesen Fragestellungen für Ihre Berufsgruppe gestalten sollten, welche Inhalte wären wichtig?

Professionsethos

Zusätzlich zur Leitfrage „Was würde Jesus an ihrem Beruf lieben beziehungsweise schätzen?“ wurden weitere inhaltliche Aspekte vertieft.

Inhaltliche Aspekte	Vertiefungsfragen
Kompetenzen	• Wenn Jesus für Ihren Beruf eine Stellenausschreibung verfassen müsste, welche 3 Fähigkeiten wären besonders wichtig und würde er nennen?
Fort- und Weiterbildungsbedarf	• Auf welche Weise werden diese Fähigkeiten erworben?
Kirchliches Selbstverständnis und Profession	• Gibt es kirchliche Orientierungen und Vorschriften, die für Ihre berufliche Tätigkeit förderlich oder hinderlich sind? Benennen Sie diese und beschreiben Sie bitte deren Wirkung?

Lebensethos

Die Leitfrage lautete: Welche Lebensweisheit oder welches Lebensmotto hat für Sie in ihrem Leben orientierende Kraft? Der Tabelle können die weiteren Aspekte und Vertiefungsfragen entnommen werden.

Inhaltliche Aspekte	Vertiefungsfragen
Bezugspunkte zum Beruf	• Haben Sie Vorbilder und was zeichnet diese aus? • Welche drei Werte möchten Sie Berufsanfängern/innen in Ihrem Tätigkeitsfeld mit auf den Weg geben?
Religionsbezug	• Hat diese Orientierung für Sie etwas mit Religion oder Spiritualität zu tun?
Fort- und Weiterbildungsbedarf	• Welche Unterstützung erfahren Sie, um diese Werte in Ihrem Beruf umzusetzen? • Bzw. welche Unterstützung wünschen Sie, um diese Werte in Ihrem Beruf umzusetzen?

Der Einblick in die Struktur der Interviews mit den entsprechenden Leitfragen verdeutlicht das Ziel und den Weg der Untersuchung.

Teil III
Das Ethos der Berufe in der Caritas – Studienergebnisse

Michael Fischer, Bruno Schrage

1 Soziographische Daten

Einige ausgewählte soziographische Daten geben einen Einblick in den befragten Personenkreis und die Einrichtungen.

Weiblich	22
Männlich	12
Gesamt	34

Tabelle 1: Geschlecht

An den Interviews haben insgesamt 34 Personen teilgenommen. Darunter waren 23 Frauen und 11 Männer.

Berufsausbildung	9
Fachschule	2
FH, Universität	23

Tabelle 2: Berufsausbildung

Von den Befragten besaßen 23 Personen einen Abschluss an einer Universität oder einer Fachhochschule, zwei Personen haben an einer Fachschule und weitere 9 Personen einen Ausbildungsberuf absolviert.

Religionszugehörigkeit	32 (rk 27, ev 5)
ohne Religionszugehörigkeit	1
ohne Nennung	1

Tabelle 3: Religionszugehörigkeit

Die Teilnehmenden der Interviews gehörten fasst alle einer christlichen Kirche an. 27 Personen waren zum Zeitpunkt der Befragung römisch-katholisch, 5 Personen evangelisch. Eine weitere Person gehörte keiner Religionsgemeinschaft an und eine Person machte diesbezüglich keine Aussage. Diese Verteilung entspricht nicht dem Durchschnitt der Beschäftigten in diesen Einrichtungen, sondern ist den vorher bereits benannten Kriterien zur Auswahl der Teilnehmenden geschuldet. Dem Forschungsanliegen entsprechend haben wir Personen für die Befragung ausgewählt, die einen Bezug zu einer christlichen Kirche hatten und somit im Hinblick auf die Forschungsfragen auskunftsfähig erschienen.

	Ärzt:innen	Sozialdienst	Pflege	Management	Summe
Krankenhaus	6	–	1	3	14
Kinder-Jugendhilfe		5		3	8
Altenhilfe		4	4	3	11
Diözesan-Caritasverband				1	1
Summe	6	9	11	10	34

Tabelle 4: Berufsgruppen und Hilfefelder

Entsprechend den Beschäftigungszahlen in der Caritas haben wir aus den drei größten Arbeitsfeldern folgende Anzahl von Personen ausgewählt: Krankenhäuser (15), Kinder- und Jugendhilfe (6) sowie Altenhilfe (12). Zusätzlich ist eine Person aus einem Diözesancaritasverband befragt worden. Neben diesen drei Arbeitsfeldern haben wir uns auf vier wesentliche Berufsgruppen beschränkt: Ärzt:innen (6), Pflegende (11), Sozialdienst (9) und Personen mit Managementverantwortung (10).

2 Persönliche und berufliche Motivation

In diesem Abschnitt geht es um die persönliche Lebenseinstellung und berufliche Motivation der Befragten. Zwei Fragen haben wir dazu gestellt: *Was lieben die Befragten an ihrem Beruf* und *welche persönlichen Vorbilder haben Sie?*

2.1 Motivationen für die berufliche Tätigkeit

Zum Einstieg in das Interview wurde die Frage gestellt: *Was lieben Sie an Ihrem Beruf?* Ziel war es, die beruflichen Motivationen zu erkunden.
Was lieben Sie an Ihrem Beruf? (Mehrfachnennungen möglich)

Nennungen	Anzahl
Menschen zu helfen	36
Gestaltungsmöglichkeiten haben	32
Kontakt zu Menschen	28
Zusammenarbeit	12
Geben und Nehmen	8
Sinn	6
Insgesamt	122

Tabelle 5: Motivation für den Beruf

Insgesamt gibt es auf diese Frage 122 Nennungen. Die Antworten können in sechs Themenfelder aufgeteilt werden. Zu jedem Themenfeld ist die Anzahl der Nennungen angegeben, sodass die quantitative Bedeutung der Äußerung eingeschätzt werden kann. Die einzelnen Themenbereiche werden jeweils mit einem Ankerbeispiel veranschaulicht.

Menschen zu helfen (36)

In vielen Äußerung kommt das Bedürfnis zum Ausdruck, anderen Menschen helfen zu wollen. Diese findet sich insbesondere bei Pflegenden und Ärzt:innen.

„Ich liebe an meinem Beruf die Vielfältigkeit von Bewohnern, mit denen ich zu tun habe. Und jeden auf seinem individuellen Weg zu begleiten. Und da abzuholen, wo er gerade steht, was auch nicht immer einfach ist, aber das sind Herausforderungen."

Gestaltungmöglichkeiten (32)

Ebenso schätzen die Befragten an ihrem Beruf, dass sie die Möglichkeit zur Gestaltung haben. Die Gestaltungsmöglichkeit wird überproportional vom Management genannt.

„Für den Schwachen, für den Hilfsbedürftigen da zu sein und zu sorgen, dass gewisse Strukturen entstehen, die denen das Leben auch erleichtern und gleichzeitig eine gewisse Dankbarkeit auch zu erfahren."

Kontakt zu Menschen (28)

Wichtig ist den Mitarbeitenden in ihrem Beruf, dass sie Kontakte zu Menschen haben. Dieser Bereich wird oft von den sozialen Diensten benannt.

„Also ich liebe den Kontakt zu den Menschen. Mir ist das wichtig. Und in der offenen Jugendarbeit hat man einfach mit sehr vielen verschiedenen Menschen zu tun, aus verschiedenen Bildungsmilieus, aus verschiedenen – ja – Nationalitäten. Das macht mir einfach sehr viel Spaß, da mit den Menschen in Kontakt zu

sein, Berater zu sein, Hilfe anzubieten und da eben auch immer wieder meinen Horizont erweitern zu können, wenn ich da neue Dinge kennenlerne und neue Sachen lerne."

Zusammenarbeit (12)

Auch kommt die Bedeutung einer guten Zusammenarbeit für die Motivation zum Ausdruck.

„Dass man so viel mit Menschen zusammenarbeitet, mit vielen verschiedenen Menschen, Kindern, Jugendlichen, Erwachsenen, irgendwie so die ganze Bandbreite und dabei dann auch diese Abwechslung."

Geben und Nehmen (8)

Einige betonen noch die Bedeutung, welche das wechselseitige Geben und Nehmen im Sinne der bereichernden Erfahrungen in ihrem Beruf hat.

„Ich liebe die Begegnung mit Menschen, ich liebe das, was ich zurückbekomme. Und vor allem, wir lernen ja so vieles von den älteren Menschen, ja."

Sinn (6)

In vielen Äußerungen ist die Bedeutung der sinnhaften Tätigkeit implizit enthalten. Einige haben es noch ausdrücklich formuliert.

„Ich liebe an meinem Beruf, dass ich jeden Morgen weiß, wofür ich aufstehe. Ich sehe ganz viel Sinn in meiner Arbeit, die ich tue."

2.2 Vorbilder und Lebensmotto (Lebensethos)

Um in Erfahrung zu bringen, welche Werte den Befragten persönlich wichtig sind, haben wir nach einem Lebensmotto oder nach Vorbildern gefragt.

Welche Lebensweisheit oder welches Lebensmotto hat für Sie in Ihrem Leben orientierende Kraft?

Nennungen	Anzahl
Zuversicht	23
Nächstenliebe	17
Orientierung	16
Aufrichtigkeit	7
Sonstiges	15
Insgesamt	88

Tabelle 6: Lebensmotto

In diesem Themenfeld gab es insgesamt 88 Nennungen. So unterschiedlich die einzelnen Biografien sind, so groß war auch die Bandbreite der jeweiligen Äußerungen.

Zuversicht (23)

Unter dieser Kategorie finden sich Einstellungen wie Gelassenheit, Zuversicht, Offenheit, Optimismus und Freude

„Also ich merke, dass ich aus meinem Elternhaus ganz viel Toleranz mitbekommen habe und ganz viel Zuversicht. Sodass ich, was ich mit dem Gottvertrauen benannt habe, auch übertrage auf das Weltliche, dass man mir zugetraut hat, meinen Weg zu gehen.“

Nächstenliebe (17)

Der Begriff der Nächstenliebe hat ein weites Bedeutungsfeld. Wir haben darunter Begriffe wie Menschlichkeit, Empathie, gutes Miteinander, Verantwortung und Gutmütigkeit eingegliedert.

„Also von meinen Eltern habe ich mitbekommen: ‚Werde ein nützliches Mitglied dieser Gesellschaft.‘ (…) Das war immer wichtig: „Man muss den Menschen helfen.“

Orientierung (16)

In einigen Äußerungen kam der Wunsch nach einer Orientierung zum Ausdruck. Hier finden sich Begriff wir Inspiration, Klarheit, Orientierung und der kategorische Imperativ.

„Also ich versuche, mein Lebensmotto so zu leben, dass ich sagen kann, ich möchte mit einem Patienten so umgehen, wie ich möchte, dass man auch mit mir umgeht oder mit meinen Angehörigen.“

Aufrichtigkeit (7)

Unter diesem Begriff haben wir Äußerungen wie ‚mit sich im Reinen sein‘, ‚Handeln aus Überzeugung‘ oder den Wert Aufrichtigkeit eingefügt.

„Ja so nach dem Motto, so ein bisschen lebe jeden Tag als wäre es der Letzte. Das man ja Dinge, die einem wichtig sind, nicht immer auf später verschieben. Sondern die dann auch einfach machen. Man weiß nicht, ob es später noch möglich ist.“

Vorbild (10)

Manche nannten auch konkrete Personen, die ihnen im Leben als Vorbild gedient haben. Die Spannbreite reichte von heiliggesprochenen Personen bis zu Menschen, die im Laufe der eigenen Lebensgeschichte einen wichtigen Stellenwert hatten.

„Ja, hinsichtlich seiner sehr annehmenden, liebevollen Zuwendung zu dem Menschen, der ihm immer gerade gegenüberstand, ist es mein verstorbener Vater. Das fand ich sehr beeindruckend an ihm.“

Zusammenfassend lässt sich sagen: Die wichtigsten beruflichen Motive sind für die Befragten das Bedürfnis, anderen Menschen zu helfen, mit Menschen in Kontakt zu sein und ihre Tätigkeit selbst gestalten zu können. Diese Grundhaltungen kommen auch in den persönlichen Lebenseinstellungen zum Ausdruck, die sich mit den Begriffen Zuversicht, Nächstenliebe und Aufrichtigkeit beschreiben lassen.

3 Normative Grundlagen (Organisationsethos)

Das normative Ethos einer Organisation ist in der Regel in Leitbildern und anderen Grundlagendokumenten beschrieben. Wir haben gefragt, welche Kenntnis die Personen von den normativen Grundsätzen oder leitenden Vorstellungen ihrer Einrichtungen haben.

3.1 Kenntnis normativer Grundlagen

Um zu erfahren, welches Wissen über die normativen Grundlagen der jeweiligen Einrichtungen vorhanden sind bzw. welche im Unternehmensalltag gelebt werden, haben wir nach den Grundsätzen und Leitvorstellungen gefragt.
Wenn Sie nun an Ihre Institution/Organisation/Träger denken, bei der/dem Sie arbeiten, was würden Sie als wichtige christliche Grundsätze oder Leitvorstellungen beschreiben?

Nennungen	Anzahl
Bezug zum Christentum/Ordenstradition (Tradition)	55
Not sehen und handeln (Handlungsebene)	16
Leitbild als Orientierung (Orientierung)	10
Kultur der Wertschätzung (Beziehungskultur)	10
Insgesamt	86

Tabelle 7: Grundsätze und Leitvorstellungen

Die Befragten konnten durchweg normativ vorgegebene oder gelebte Inhalte ihrer Einrichtung wiedergeben. Die insgesamt 86 Nennungen können in vier Bereiche eingeteilt werden, die jeweils unterschiedliche Funktionen beinhalten. Es sind der Bezug zum Christentum, das Caritas-Motto ‚Not sehen und handeln', Leitbilder als Orientierung und eine Kultur der Wertschätzung.

Bezug zum Christentum/Ordenstradition (55)

In dieser Kategorie stellten die Befragten in unterschiedlichster Weise den Bezug zum Christentum als die normative Grundlage ihrer Einrichtung dar. Ebenso finden sich hier oftmals Bezugspunkte zu der Ordensgemeinschaft, aus der die jeweilige Einrichtung hervorgegangen ist. Fast die Hälfte der Nennungen (24) kommen aus dem Bereich des Managements. Dies liegt vermutlich daran, dass die Unternehmensgestaltung entsprechend der jeweiligen normativen Grundlagen zur originären Aufgabe des Managements gehört.

„Oder sagen wir mal so, diese Leitlinien, die wir haben, die Werte der Ordensgemeinschaft, das ist ein gutes Gerüst, um ein Krankenhaus, sage ich mal, zu orientieren. Dass man mal einem Chefarzt, der aus dem Ruder läuft, mal sagen kann, ‚Hier, das sind unsere Werte, das sind unsere Ziele, das sind unsere Leitlinien. Bitte halte Dich da dran.' Aber auch den Auszubildenden zu sagen, ‚Der Patient ist Mittelpunkt, nicht Sie, nicht ich, der Patient. Und Sie müssen auch was für die Gemeinschaft tun.' Von daher ist das aus meiner Sicht eine sehr gute Basis einer guten Zusammenarbeit."

Not sehen und handeln (16)

In 16 Nennungen ist der Leitsatz der Caritas ‚Not sehen und handeln' angesprochen worden.

„Zum Teil Not sehen und handeln bei der Caritas. Das ist nicht immer nur Not, ja klar Not bei der Pflege der bedürftigen Menschen und den Angehörigen, dazu passt das. Das passt auf der anderen Seite wieder nicht so für junge Menschen, die dann wieder denken mit Not will ich nichts zu tun haben. Nein aber daraus, ich sag mal, wir sind als Christen gefragt. Der barmherzige Samariter fällt mir da ein."

Leitbild als Orientierung (10)

Manche Befragten wiesen ausdrücklich darauf hin, dass sie vom Leitbild eine Orientierung für das eigene Handeln wünschen bzw. erwarten.

„Ist das eine Basis, sozusagen. Und wir haben für uns in der Leitung definiert, wir sind Suchende, wie (…), auf den Spuren Jesus Christi. Und das ist für uns so ein Leitgedanke, dass wir sehen, dass die Menschen heute, die Mitarbeiter, gar nicht mehr so christlich sozialisiert sind."

Kultur der Wertschätzung (10)

Interessanterweise haben die Befragten eigens auf die Bedeutung einer Kultur der Wertschätzung hingewiesen. Dies gilt für diese Personen als eine normative Grundlage in kirchlichen Einrichtungen.

„Nächstenliebe auf jeden Fall und den andern (…). Die Menschen so zu akzeptieren, wie sie sind. Das ist superwichtig auch für die Eltern."

„Leitsätze sind ja auch da, den Bewohner da abzuholen, wo er steht, egal welcher Herkunft, welchen Glaubens. Und auch das zu respektieren."

3.2 Umsetzung der Leitbilder

Oft wird beklagt, dass die in Leitbildern formulierten normativen Aussagen keine Bedeutung für den konkreten Arbeitsalltag haben. Daher haben wir erhoben, wie dies die Interviewpartner:innen sehen. Die vertiefenden Nachfragen sollten in Erfahrung bringen, wie eine Auseinandersetzung mit den Grundsätzen und Leitvorstellungen gefördert werden kann und welche Rolle dabei der Träger spielen sollte.
Wie wird beziehungsweise wie könnte eine Auseinandersetzung mit diesen Grundsätzen und Leitvorstellungen gefördert werden? Sehen Sie hier (Auseinandersetzung mit Grundsätzen/Leitvorstellungen) ihren Träger auch in der Verantwortung?

Nennungen	Anzahl
Aktive Auseinandersetzung	26
Weiterbildung zum Leitbild	25
Trägerverantwortung	14
Systematische Umsetzung	12
Leitbildumsetzung kaum vorhanden	8
Insgesamt	85

Tabelle 8: Umsetzung normative Grundlage

Die zu diesem Themenkomplex genannten Nennungen können in fünf Themenfelder untergliedert werden.

Aktive Auseinandersetzung (26)

Wir haben 26 Nennungen, die eine aktive Auseinandersetzung in Form von Reflexion, Diskursräumen, Wiederholung, aktive Beschäftigung, Mitarbeitergesprächen beschreiben. Dies wird maßgeblich vom Management (20 Nennungen) eingefordert.
„Und jetzt bei meinem Träger ist es ja so, dass es einfach verpflichtend ist für jeden Oberarzt, diese Weiterbildung zu machen. Ob man die jetzt gut findet oder nicht gut findet, und da gibt es natürlich immer gewisse Meinungen dazu, aber zunächst mal muss es jeder machen. Das heißt, grundsätzlich ist jeder auf dem gleichen Niveau was gewisse Werte, die der Stiftung wichtig sind, eben angeht. Wie man die selber umsetzt, ob man die für sich akzeptiert, ist eine andere Sache. Aber die Grundausbildung, die ist zumindest erstmal da und da wird eben auch Haltung konkret erfahrbar."

„Also durchaus beschäftigen wir uns regelmäßig mit Themen (...). Jetzt gerade auch sehr aktuell mit Rassismus zu tun haben. (...) Und dann beschäftigen wir uns natürlich auch damit in Fortbildungen z. B., wie man eben mit Jugendlichen, die z. B. auch rechtsextreme Tendenzen haben, wie man sich mit denen beschäftigt. Wie man mit denen umgeht, was man für Argumente bringen kann. Wir beschäftigen uns natürlich auch damit. Mit Kindern und Jugendlichen, die sexuelle Missbrauchserfahrungen gemacht haben. Wie kann ich denen helfen, was brauche ich da, was kann ich an Gesprächsangebot geben."

Weiterbildungen zum Leitbild (25)

25 Nennungen, auch hier wiederum die Hälfte von Vertreter:innen des Managements, weisen eigens auf die Bedeutung der Weiterbildung zum Leitbild hin und beschreiben hierzu unterschiedliche Formate: Einführungstage für neue Mitarbeitende, Information für Auszubildende, spezielle Fortbildungen, Mitarbeitendengespräche, Schulungen und Formen der Managementqualifikation.

„Das Leitbild des Trägers muss intensiver auch geschult werden, immer wieder geschult werden. Der diakonische Auftrag muss auch verstanden werden von den Mitarbeitern, muss auch gepflegt und gelebt werden. Also die Mitarbeiter, meiner Meinung nach müssen nicht alle Christen sein, aber alle, im Gegensatz müssen wir alle den diakonischen Auftrag verstanden haben und den umsetzen."

„Also wir haben natürlich auch ein ganz großes Spektrum an Weiterbildung, Fort- und Weiterbildungen, wo es um Kommunikation geht oder das Miteinander, auch hausintern Angebote wie fängt schon im Kleinen an. Wenn Trauerbewältigung oder so ist oder schwierige Situationen, die entstehen können, wo die Mitarbeiter mit umgehen müssen, da einfach das Angebot durch die Seelsorge, Gesprächsrunden zu machen. Auch von außerhalb haben wir Supervisionen und so weiter. Also das hilft natürlich schon extrem und die Sachen fangen ja schon im Kleinen an, in dem kleinen Miteinander, wie kommen die Menschen zur Arbeit, wie werden sie hier aufgenommen, wie offen ist die Tür von Leitung, wo ich sagen kann, die ist hier sehr offen."

Trägerverantwortung (14)

Die Umsetzung der christlichen Unternehmensgrundlage wird explizit als Trägeraufgabe bzw. als Führungsaufgabe in 14 Nennungen thematisiert.

„Ich glaube, wenn es das Management nicht macht, würde es das ja gar nicht geben. Also, es ist ja nicht mehr so, dass es aus sich heraus genug christlich-sozialisierte Menschen gibt, die sagen: ‚Ist mir wichtig, ich bringe das eben an, bei meinem Arbeitgeber an.' Das ist aber nicht mehr so."

Systematische Umsetzung (12)

Dass eine systematische Umsetzung notwendig ist, zeigen 12 Nennungen, die ausschließlich vom Management kommen. Es braucht demnach Zuständigkeiten, Methoden und Formate, die eine systematische Umsetzung ermöglichen sollen. Als Beispiele werden Leidbildbeauftragte und -kümmerer sowie Thementage genannt.

„Also, es gibt so eine Mappe, wenn man neu kommt. Da ist das Leitbild auch mit drin. Und die haben immer einen Mitarbeitertag. Zweimal im Jahr findet der statt."

„Es sind verschiedene Aspekte, der von der Organisation her, man ist ganz klar eine Organisation, die dazu dient, dass das Christentum hier auch weiterhin vertreten ist. Und auch, dass die Mitarbeiter viel davon erfahren bzw. ihren Glauben als Christen auch hier erleben können, zu Gottesdiensten, Mitarbeitergottesdienste, die auch hier gut angenommen werden und gelebt werden. Wir haben die Struktur über die Begleiter in die Seelsorge hier intern in den Einrichtungen.

Leitbildumsetzung kaum vorhanden (8)

Acht Nennungen merken kritisch an, dass es kaum eine Leitbildumsetzung in ihrer Einrichtung gibt. Anders als bei den vorherigen Nennungen, zeigen sich hier jeweils zwei Nennungen durch Ärzt:innen, Pflege, Sozialarbeitende und Management.

„Um ehrlich zu sein, ich weiß nicht. Ich glaube schon, dass wir ein Leitbild haben. Ich habe es aktiv nie gesucht also, weil ich für mich empfinde, dass ich das nicht so wirklich. Also ich bräuchte das. Für mein Empfinden bräuchte ich es nicht, aber ich denke schon, dass da so etwas drinsteht.

Zusammengefasst: Als normative Grundlagen werden von den Befragten in allgemeiner Form durchweg der christliche Glaube und je nach Träger die jeweiligen Ordenstraditionen benannt. Die persönlichen Anknüpfungspunkte sind dabei sehr unterschiedlich. Bei der Frage, ob und in welcher Weise die normativen Grundlagen umgesetzt werden, haben vorwiegend die Vertreter aus dem Management geantwortet. Dies deutet darauf hin, dass sie deren Vermittlung als einer ihrer originären Aufgaben verstehen. In diesem Zusammenhang werden unterschiedliche Vorgehensweisen benannt: eine aktive Auseinandersetzung, Weiterbildung und eine systematische Umsetzung. Zwischen Anspruch und Umsetzung seitens des Managements gibt es aus den Berufsgruppen kritische Rückmeldungen.

4 Bedeutung der Kirche

In den Interviews haben wir nach der Kenntnis und der Bedeutung kirchlicher Dokumente gefragt, die für die eigene Tätigkeit eine Orientierung bieten. Bei der Beantwortung dieser Frage erzählten auch einige der Interviewten von ihrem persönlichen Bezug und Verhältnis zur Kirche.

4.1 Bezug zur Kirche

Nach dem persönlichen Bezug zur Kirche haben wir nicht direkt gefragt. Dennoch gab es hier einige Nennungen. Daher haben wir es als eigene Kategorie aufgenommen.

Thema	Nennungen
Konfliktbelaster Bezug (Loyalitätskonflikte, Machtkämpfe…)	10
Bezug zur Kirchengemeinde	6

Tabelle 9: Bezug zur Kirche

Alle 16 Nennungen in dieser Kategorie kommen aus dem Management. Die Antworten können in zwei Dimensionen unterschieden werden: ein Bezug zur Kirchengemeinde und ein allgemeiner Bezug zur Kirche.

Konfliktbelasteter Bezug zur Kirche (10)

Die zehn Nennungen, die sich auf die Kirche allgemein bezogen, wiesen alle auf bestehende Konfliktfelder hin: Genannt werden bspw. die Schwierigkeit mit den Loyalitätsverpflichtungen[1], der Umgang damit in Bewerbungsgesprächen, Abweichung der eigenen Vorstellungen von denen der Kirche oder die Machtkämpfe innerhalb der Kirche. Weitere Äußerungen weisen auf Konflikte und Enttäuschungen im Zusammenhang mit der Kirche hin.

„Und es gibt Grenzen, die durch die Vorgaben oder die Wünsche der katholischen Kirche entstehen. (…) Wir haben in mehreren Gruppen auch junge Leute, die den Weg der Geschlechtsumwandlung gehen möchten. Das heißt, da muss ich eine breite Perspektive auch erlauben, weil das die Realität ist. Und das ist ja inzwischen auch gesetzlich anerkannt. Da kommen wir aber an unsere Grenzen. Da kommen wir auch an die Grenzen, wir haben Mutter-Kind-Bereiche, wenn Kinder geboren werden, die keine eindeutige Geschlechtsidentität haben. Persönlich komme ich an Grenzen, und unsere Mitarbeitenden an Grenzen, wo Leid da ist."

---

1 Zur Zeit der Befragung galt die Grundordnung in der Fassung vom Jahr 2015 mit den entsprechenden Loyalitätsobliegenheiten des Art. 5.

Bezug zur Kirchengemeinde (6)

Von den sechs Nennungen über das Verhältnis zur Kirchengemeinde ist die Hälfte positiv und die andere Hälfte negativ. Anbei eine positive Nennung.
„Und auf der anderen Seite dann wieder die Kontaktpflege mit den Kirchengemeinden. Dadurch wird natürlich auch erlebbar, dass die christlichen Rituale dementsprechend auch gepflegt werden, gerade auch zu den besonderen Jahresfesten."

Wir haben keine schlüssige Erklärung, warum Äußerungen zu diesem Themenfeld ausschließlich von Vertreter:innen des Managements gemacht wurden. Möglicherweise hängt es mit ihrer beruflichen Rolle zusammen und der damit gegebenen Verantwortung für das christliche Profil. Daher werden Spannungen hier auch intensiver wahrgenommen.

4.2 Bedeutung kirchlicher Orientierung für die Tätigkeit (Professionsethos)

Wir wollten in Erfahrung bringen, ob und in welchem Maß die Befragten kirchliche Dokumente, die für die eigene Tätigkeit relevant sind, kennen und wie diese empfunden werden.
Gibt es kirchliche Orientierungen und Vorschriften, die für ihre berufliche Tätigkeit förderlich oder hinderlich sind? Bennen Sie diese und beschreiben Sie bitte deren Wirkung.

Nennungen	Anzahl
Keine Orientierungen bekannt	20
Nicht relevant	11
Loyalitätsverpflichtungen	10
Orientierung bekannt	7
Insgesamt	48

Tabelle 10: Kirchliche Orientierungen

Keine Orientierung bekannt (20)

Von den 48 Nennungen insgesamt geht aus 20 Nennungen hervor, dass sie keine expliziten kirchlichen Orientierungen kennen.
„Nein, nicht direkt, nein."

Orientierung nicht relevant (11)

In elf Nennungen wurde gesagt, dass die Orientierungen für die eigene Tätigkeit keine Relevanz besitzen.
„Bestimmt. Jetzt gar nicht mehr für mich fassbar. Also, (...), müsste ich jetzt kramen."

Loyalitätsverpflichtungen (10)

Kirchliche Orientierungen sind hauptsächlich als Loyalitätsverpflichtungen (10) aus dem Kontext der Grundordnung für den kirchlichen Dienst (Fassung 2015) bekannt und werden hier als hinderlich und spannungsreich erlebt. Dabei wird beklagt, dass die Kirche kein Recht habe, die sexuelle Orientierung oder die Lebensform als Kriterium zur Voraussetzung für ein Beschäftigungsverhältnis zu machen. Diese Vorgaben werden als hinderlich empfunden. Ebenso wird das Kriterium eines Kirchenaustritts als grundsätzliches Ausschlusskriterium problematisiert.

„Also, ich weiß nur von dem einen Fall, wo dem Chefarzt gekündigt wurde (…) Und da haben ja schon alle so ein bisschen: „Moment! Ist das denn so richtig?" Und das ist ja eine kirchliche Vorschrift, die ein wenig überaltert wirkt."

Orientierung bekannt (7)

Von den sieben Nennungen, die solche Orientierungen als bekannt angaben, wurde die Bibel (4) und medizinethische Themen (3) genannt.

„Natürlich gibt es so Texte, so Bibeltexte, so wie die Bergpredigt oder so, die mich sehr ansprechen."

Zusammengefasst: In Anbetracht dieser Ergebnisse wird deutlich, dass für die eigene Tätigkeit bei den Mitarbeitenden so gut wie keine kirchlichen Orientierungen bekannt sind. Oder anders formuliert: Was der kirchliche Sendungsauftrag in einem konkreten Arbeitsfeld bedeutet, ist bei den Mitarbeitenden nicht angekommen. Dafür mag es zwei Gründe geben: Entweder gibt es hier ein Vermittlungsproblem oder solche Orientierungen existieren überhaupt nicht. In wenigen Äußerungen wird sowohl ein positiver wie auch ein negativer Bezug zur Kirche erwähnt.

5 Kompetenzen und Haltungen

Für die Ausübung der beruflichen Tätigkeit sind bestimmte Kompetenzen und Haltungen notwendig. Von Interesse ist daher, welche Kompetenzen und Haltungen die Befragten für die Ausübung ihrer eigenen Tätigkeit benennen. Was sind also aus Sicht der Befragten die wesentlichen Kompetenzen und Haltungen für ihr berufliches Handeln? Ebenso wurde indirekt eine normative Dimension zu den Kompetenzen und Haltungen erhoben, um beide Perspektiven miteinander zu vergleichen.

5.1 Erforderliche Kompetenzen

Was glauben die Befragten, welche Kompetenzen und Werte für die Ausübung ihrer Tätigkeit notwendig sind? Um dies zu erfahren, wurden zwei Fragen gestellt: *Welche drei Werte möchten Sie Berufsanfängern in Ihrem Tätigkeitsfeld mit auf den Weg geben? Welche Fähigkeiten helfen Ihnen, mit besonderen lebensrelevanten Grenzerfahrungen umzugehen?*

Obwohl nach beiden Dimensionen getrennt gefragt wurde, gingen in den Antworten für die Befragten die Überlegungen nach Werten und Kompetenzen bzw. Fähigkeiten ineinander über. Auf der deskriptiven Erfahrungsebene wurden gleiche Begriffe oder Beschreibungen für notwendig erachtete Fähigkeiten und Werte verwendet. Obgleich in diesen Fragen sowohl nach Fähigkeiten als auch nach Werten gefragt wurde, zeigen die Antworten, dass in der Praxis diese Differenzierung nicht nachvollzogen wird.

Neben dieser subjektiven und durch die eigene Erfahrung geprägte Perspektive sollte die normative Dimension mit Blick auf die Kompetenzen erfragt werden. Dies geschah nicht mit einem Blick auf Ausbildungscurricula, sondern aus einer prägnant christlichen Perspektive. Gefragt wurde, welche Kompetenzen Jesus für ihre Tätigkeit in eine Stellenausschreibung aufnehmen würde. Die Frage lautete: *Wenn Jesus für Ihren Beruf eine Stellenausschreibung verfassen müsste, welche drei Fähigkeiten wären besonders wichtig für ihn?*

Um die genannten Nennungen zu systematisieren und besser vergleichen zu können, haben wir die Antworten in Anlehnung an gängige Kompetenzprofile der Selbst-/Personalkompetenz-, sozial-kommunikativen Kompetenz und der Fach-/Methodenkompetenz zugeordnet.

Im Ergebnis wurden die Antworten zu den ersten beiden Fragen (Fähigkeiten und Werte für das berufliche Handeln) aus der Mitarbeitendenperspektive verglichen mit den Antworten aus der christlich-normativen Perspektive (Fähigkeiten für den Beruf aus der Perspektive Jesu).

Kompetenz	Mitarbeitende (150)		Jesus (101)
Selbst-/Personalkompetenz	29	• Achtsamkeit • Durchhaltevermögen • Ehrlichkeit • Motivation • Humor	20
Sozial-kommunikative Kompetenz	64	• Menschlichkeit • Nächstenliebe • Respekt • Teamfähigkeit • Toleranz • Wertschätzung	50
Fach- und Methodenkompetenz	56	• Beruf/privat • Fachlichkeit • Leitung • Religiosität • Selbstreflexion	29

Tabelle 11: Fähigkeiten und Haltungen

Es hat sich gezeigt, dass fast identische Begriffe in den Antworten auf die Fragen verwendet wurden. Auffallend war in allen drei Kompetenzfeldern die hohe inhaltliche Übereinstimmung der Nennungen.

Selbst-/Personalkompetenz

In diesem Kompetenzbereich werden die Begriffe Achtsamkeit, Durchhaltevermögen, Ehrlichkeit, Motivation und Humor genannt. Bei der subjektiven Perspektive (Mitarbeitende) finden sich 29, bei der normativen 20 Nennungen („Jesus-Perspektive").

- Perspektive Mitarbeitende
  „Da ist auch für mich wieder die Empathie ganz stark im Vordergrund, weil ich einfach auch merke, die jungen Leute, die nachkommen, die haben nicht mehr so die Selbstverständlichkeit. (…) Wir suchen nach Wegen, wo die jungen Kollegen dann einfach sagen: ‚Das ist denn jetzt so. Da kann man nichts dran ändern.' Dass da so ein Mehrverständnis, im weitesten Sinne Empathie ist. Was würde ich denen noch gerne mit auf den Weg geben? Andererseits sind sie natürlich hochmotiviert, sich das zu erhalten. Die Motivation zu erhalten, und nicht irgendwann zu resignieren."
  „Die Ehrlichkeit finde ich sehr wichtig in dem Beruf."
- Stellenausschreibung Jesus
  „Ehrlichkeit. Wirklich dieses Aufrichtige.… Also nicht einmal aufrichtig, aber dieses helfen wollen. Und das nicht aus Profitgier oder so etwas."

Sozial-kommunikative Kompetenz

Genannt werden bei den sozial-kommunikativen Kompetenzen folgende Begriffe: Menschlichkeit, Nächstenliebe, Respekt, Teamfähigkeit, Toleranz und Wertschätzung. Auf die Perspektive der Mitarbeitenden entfallen 64 und auf die normativ-christliche Perspektive 50 Nennungen.

- Perspektive Mitarbeitende
  „Ja also…, wenn man selbstbewusst ist, dann kann man diese Dinge, die wir gerade genannt haben, ja auch einfacher umsetzen und sich selbst auch lieben, weil nur dann hat man ja den Mut, Fragen zu stellen oder Sachen zu kritisieren, anzusprechen. Also sich selbst lieben und die Nächstenliebe, die Selbstliebe und die Nächstenliebe würde ich sagen, spielen da eine große Rolle."
- Stellenausschreibung Jesus
  „Geduld. Empathie. Und gut zuhören können."

Fach- und Methodenkompetenz

Auch in diesem Kompetenzbereich werden identische Begriffe benannt: Balance zwischen beruflichen und privaten Anliegen, Fachlichkeit, Leitungskompetenz, Religiosität (Religiosität wird hier in zweierlei Hinsicht genannt: Erstens als Haltungen und zweitens als Dienstleistung in Bezug zu den religiösen Bedarfen der Klient:innen) und die Fähigkeit zur Selbstreflexion.

- Perspektive Mitarbeitende
  „Aber ich würde denen halt sagen: „Solange du deinen Beruf so machen kannst, wie du ihn dir vorstellst, ohne dass er dich selber krank macht und ohne, dass du schlechten Gewissens herkommst oder nach Hause gehst, mach es weiter. Solange du dich gut fühlst mit dem, was du tagtäglich tust, ohne irgendwas zu bereuen oder irgendwie ein schlechtes Gewissen zu haben, ist es das Beste, was du machen kannst."
- Stellenausschreibung Jesus
  „Er muss auch für Selbstfürsorge was tun."

In der Tabelle ist ersichtlich, dass die genannten Kompetenzen aus der Mitarbeitenden- und christlich-normativen Perspektive in vielen Nennungen übereinstimmen. Das bedeutet, dass sich die Mitarbeitenden mit ihren Fähigkeiten in der ‚Spur Jesu' befinden, unabhängig davon, ob sie dies so auch benennen wollen oder können. Explizit glaubensbezogene Haltungen wie eine eigene Religiosität werden jeweils nur einmal benannt.

- Perspektive Mitarbeitende
  „Das ist keine Fähigkeit, aber was ich mitbekommen habe aus meinem Elternhaus ist, so ein Gottvertrauen, das ich gewonnen habe. Und das, glaube ich im Hintergrund auch, mir hilft, Dinge auszustehen."

- Stellenausschreibung Jesus
  „Ein gesunder menschlicher Verstand, also humanistischen Gedanken. Eine fachliche, professionelle Kompetenz halt, muss man setzen, klar. Und natürlich soll der religiöse Aspekt mit berücksichtigt werden bzw. könnte berücksichtigt werden."

Allerdings führt die Formulierung einer religiös expliziten Haltung immer wieder zu der Frage, ob denn die Mitarbeitenden noch ausreichend in der Glaubensgemeinschaft des Christentums verhaftet sind. Zugleich zeigt die hohe Übereinstimmung der Aussagen von Mitarbeitenden zu ihren Werten und Fähigkeiten mit den normativ-christlichen Nennungen, dass Mitarbeitende möglicherweise vielleicht nur passive, zuwartende oder nicht mehr aktive Mitglieder der Glaubensgemeinschaft sind, sie im beruflichen Kontext dennoch die zu erwartenden Fähigkeiten und Werte leben. Sie verwirklichen den biblischen Grundauftrag, den die Caritas sich selbst in der Erzählung des barmherzigen Samariters als ihre Magna Charta zu eigen gemacht hat. Ganz im Sinn der Erzählung des barmherzigen Samariters ist dort der ‚Ausländer', ‚nicht Orthodoxe' und ‚religiös Ausgegrenzte' jemand, der im Sinne Jesu handelt und von Jesus zum Vorbild gemacht wird: Handelt genauso! Alle in den drei Kompetenzprofilen benannten Haltungen und Werte knüpfen direkt an der biblischen Tradition an. Wer also diese Fähigkeiten und Werte lebt, befindet sich in der Spur der biblischen Tradition und setzt den jesuanischen Auftrag um.

Davon zu unterscheiden ist die Frage, in welcher Weise und zu welchen Gelegenheiten explizit religiöse Handlungen in Einrichtungen der Caritas nicht nur notwendig, sondern identitätsstiftend und daher nicht verzichtbar sind. Das gilt im Hinblick auf die anvertrauten Menschen, auf die Mitarbeitenden und die Einrichtungen als Ganze. Auf diese Frage werden wir im nächsten Kapitel noch eingehen.

5.2 Berufliche Motivation

Einen wesentlichen Einfluss auf die Ausübung einer Tätigkeit haben die Motivation und die Freude daran. Danach haben wir erneut aus deskriptiven beruflichen und normativen christlichen Perspektiven gefragt. Die normative Perspektive haben wir mit der Frage erhoben: *Was würde Jesus an Ihrem Beruf lieben beziehungsweise schätzen?* Zur deskriptiven Perspektive aus Sicht der Mitarbeitenden gab es in den Interviews keine direkte Frage. Aber es wurde an vielen Stellen darüber gesprochen, was den Mitarbeitenden an ihrem Beruf wichtig ist.[2] Im Ergebnis konnten beide Perspektiven in der folgenden Tabelle gegenübergestellt werden.

	Perspektive Jesu	Perspektive Mitarbeitende
Taten/Praxis	Sich um Bedürftige kümmern Menschen begleiten Gestaltung zum Guten (43)	Ganzen Menschen sehen Menschlichkeit Helfen wollen Lebensende (31)
Haltungen	Menschlichkeit Empathie Nächstenliebe (18)	Empathie, Fürsorge Respekt, Wertschätzung, Achtung der Scham (32)
Religion/Spiritualität		Religiöse und spirituelle Bedürfnisse der anvertrauten Menschen wahrnehmen (24)
Insgesamt	61	87

Tabelle 12: Berufliche Motivation

Um die zahlreichen Antworten zu sortieren, haben wir diese in drei Bereiche unterteilt: Taten/Praxis, Haltungen und Religion/Spiritualität.

Taten

Die jeweiligen Nennungen können bei beiden Perspektiven in sinngleichen Oberbegriffen gebündelt werden. Die Gesamtüberschrift bei den Taten spiegelt das Motto der Caritas wider: Not sehen und handeln. Bei den Mitarbeitenden kommt das Caritasmotto eher in Fachbegriffen zum Vorschein. Konkret werden bspw. aufgeführt: auf Bedarfe und individuelle Bedürfnisse eingehen, den Einzelnen annehmen, Bedürfnisse der Patient:innen sehen, Bezugsperson sein, nicht auf Krankheit reduzieren, Mensch steht im Mittelpunkt, jeder/jedem eine Chance geben, Wohl im Blick haben, Hilfe für hilflose Menschen

- Perspektive Jesu
  „Die in ihren Nöten sind, denen mal zu helfen, Tipps geben, unterstützen, auch mal mit nettem Wort, was Nettes zu sagen. Ich glaube, genau, das ist genau das, was er im Leben auch gemacht hat, das machen wir in der Pflege auch.“
- Perspektive Mitarbeitende
  „Dieses bedingungslose Annehmen der Menschen, für die wir arbeiten.“

2 So hatte die Eingangsfrage: ‚Was lieben Sie an ihrem Beruf?‘ in den Antworten schon hohe motivationale Kontexte.

Haltungen

Die Überbegriffe, die sich bei den Äußerungen zu Jesus bilden lassen, lauten: Menschenfreundlichkeit, Empathie und Nächstenliebe. Auf der Seite der Mitarbeitenden finden sich fast identische Übergriffe: Empathie, Fürsorge, Respekt, Wertschätzung und Achtung der Scham.

- Perspektive Jesu
  „Und dass wir da halt dann immer unser Bestes geben, dass derjenige (…). Also wenn man das eben so sieht, wenn der Lahme zu uns kommt, dass er nachher wieder gehend rausgehen kann. (I: Ja.) Oder zumindest mit einem besseren Gefühl irgendwie wieder gehen kann."
- Perspektive Mitarbeitende
  „Also Einfühlungsvermögen, das ist auf jeden Fall auch eine Fähigkeit, die großgeschrieben werden müsste."

Religion/Spiritualität

Interessanterweise haben die Interviewten auf die Frage, was Jesus an ihrem Beruf lieben würde, keine Angaben bzgl. der Religion gemacht. Die Mitarbeitenden dagegen haben geäußert, dass es ihnen wichtig ist, die religiösen Bedürfnisse der anvertrauten Menschen wahrzunehmen. Es wird bspw. genannt: keine religiöse Einstellung aufzwingen, mit dem Herzen arbeiten und nicht aus wirtschaftlichen Gründen, spirituelle Grundhaltung wichtig, Spiritualität ist Offenheit für die Bewohner:innen, Geduld mit Bewohner:innen haben, religiöse Prägung der Bewohner:innen unterstützen und der Hinweis, dass auch Mitarbeitende ohne religiöse Sozialisation mit Bewohner:innen beten.

- Perspektive Mitarbeitende
  „Dass wir die Menschen, die uns anvertraut werden, wertschätzen. Ich glaube auch so diese Wertschätzung, nicht jemanden ausschließen. Ja wir haben ja verschiedene Religionen hier. Die sind ja auch dabei."

Auch bei der Frage nach den Motiven für das berufliche Handeln fällt die Parallele zur Erzählung des barmherzigen Samariters auf: ein überzeugter Mensch, der faktisch durch die selbstlose Tat und ohne Verkündigungsanspruch hilft und somit ohne Mitgliedschaft in der Glaubensgemeinschaft die Botschaft Jesu umsetzt. Das deckt sich mit der Sicht der Mitarbeitenden. Bei ihnen kommt darüber hinaus die religiöse Dimension im fachlichen Kontext ins Spiel, wenn es um die spirituellen und religiösen Bedürfnisse der ihnen anvertrauten Menschen geht. Zwar haben die Mitarbeitenden keinen expliziten seelsorglichen Auftrag, aber sehr wohl einen religiös-fachlichen Anteil im Rahmen der professionellen Wahrnehmung der Klient:innen.

Zusammengefasst: Interessanterweise finden sich bei den beiden Themenkomplexen Fähigkeiten und Motive auf der normativen und deskriptiven Perspektive eine hohe Übereinstimmung. Wenn auch teilweise etwas andere Begriffe verwendet werden, sind die gleichen Sachverhalte damit angesprochen. Ebenso interessant ist, dass im beruflichen Handeln das Bekenntnis zur Glaubensgemeinschaft so gut wie keine Rolle spielt. Daher ist die Assoziation zur Erzählung des barmherzigen Samariters als Magna Charta der Caritas naheliegend.

6 Erwerb von Fähigkeiten und Haltungen

Im vorhergehenden Kapitel haben wir aufgezeigt, welche Fähigkeiten und Haltungen für die Ausübung einer Tätigkeit notwendig sind. Darüber hinaus hat uns interessiert, wo und in welcher Weise solche Fähigkeiten und Haltungen erlernt werden können. Daher haben wir nach dem Erwerb von Fähigkeiten und der religiösen Prägung sowie dem Wunsch nach wertebezogenen Weiterbildungen gefragt.

6.1 Erlernen von Fähigkeiten

Im Zusammenhang mit der Frage, welche Fähigkeiten Jesus in eine Stellenausschreibung aufnehmen würde, wollten wir auch wissen, wie diese Fähigkeiten erlernt werden können. Dies wurde als Vertiefungsfrage im Zusammenhang mit den Stellenausschreibungen gestellt, sodass die Antworten ganz allgemein auf den Erwerb von Fähigkeiten bezogen werden können. Dies liegt auch deshalb nahe, weil die Antworten auf die Frage nach den Fähigkeiten aus der Perspektive Jesu und aus der eigenen Erfahrung nahezu identisch waren.

Auf welche Weise werden diese Fähigkeiten erworben?

Nennungen	Anzahl
Beruflicher Kontext	49
Elternhaus und Erziehung	30
Lebenserfahrung	13
Nicht erlernbar	6
Insgesamt	102

Tabelle 13: Erwerb von Kompetenzen

Die Antworten können in vier Dimensionen eingeteilt werden:

Beruflicher Kontext (49)

Fast die Hälfte der Nennungen besagte, dass die notwendigen Kompetenzen im beruflichen Umfeld erworben werden können. Was ist damit gemeint? Die Antworten lassen sich folgendermaßen einteilen: durch Erfahrungen im Berufsleben (14), in beruflichen Reflexionsräumen (11), allgemein erlernbar (8), in Aus- und Fortbildungen (6), durch kollegiale Unterstützung (5) und mit Hilfe von Konzepten (5).

„Und die hatte gedacht, boah, ich schaffe das nicht. Und dass man dann jemand hat, der schon länger dabei ist, seine Erfahrungen erzählt, wie man selber das auch erlebt hat früher und ihnen Mut zuspricht und da auch dranbleibt."

Und das sind ja, geht ja alles in die gleiche Richtung sich zu schulen, sich selber zu reflektieren, den anderen wahrzunehmen. Ja, da werden die im Wesentlichen erworben. Und in der Praxis und in der Eigenreflexion.

„In der Regel nicht über das Studium oder so, vielleicht in den Ansätzen. Jetzt mich persönlich, ich nehme ja dann durch die zahlreichen Fortbildungen, die ich habe."

Elternhaus und Erziehung (30)

In 30 Nennungen durch alle Berufsgruppen hinweg wurde betont, dass die entsprechenden Fähigkeiten und Haltungen im Elternhaus und durch die Erziehung erworben wurden. Dazu zählten die Befragten bspw. Empathie, Gemeinnützigkeit, Nächstenliebe, Soziale Kompetenz und Verantwortung.

Das weite Herz, ist etwas, was viel mit dem Elternhaus (…). Elternhaus ist mir schon zu eingeschränkt, sagen wir mir den Lebensbedingungen, ab dem ersten Lebensjahr oder schon früher zusammenhängt. Und auch mit Führungspersönlichkeiten. Das kann ein Lehrer sein, das kann jemand in der Kirchengemeinde sein. Das kann der Onkel sein, das kann jemand sein, der das vertritt und auch Modell dafür ist."

„Aber ich denke, ein großer Teil ist Prägung im Elternhaus und glauben zu können, ist eine Gnade, finde ich. Also nach wie vor. Man kann es niemandem erklären, man kann es niemandem sagen. Das ist klar (…) drei Stück von dem und zwei von dem und dann funktioniert das. Und dann das Ganze halt aber auch aktiv weiter sich darum zu bemühen, das ist natürlich wichtig."

Lebenserfahrungen (13)

Ebenso wiesen die Befragten darauf hin, dass sie durch ihre Lebenserfahrungen sich ihre Kompetenzen und Haltungen angeeignet haben.

„Man hat schon viele Sachen erlebt. Ich habe in vielen Kliniken gearbeitet, bei unterschiedlichen Trägern unterschiedlicher Größe, in unterschiedlichen Fachgebieten. Das ist sicher etwas, was mir im Alltag auch ganz klar hilft."

Nicht erlernbar (6)
Einige gaben an, dass gewissen Fähigkeiten und Haltungen nicht erlernbar seien.
„Also gewisse Basics sollte der Mitarbeiter eigentlich schon mitbringen oder gewisse Kompetenzen, die man dann gegebenenfalls erweitern kann oder ausbauen kann. Aber Empathie lernen ist so eine Erziehungssache glaube ich auch. Also dann im höheren Alter oder mittleren Alter einen Menschen, der überhaupt nicht empathisch ist, dem das noch beizubringen, ich glaube das funktioniert nicht."

6.2 Religiöse und spirituelle Prägung

Wir haben eigens danach gefragt, welche Bereiche für die religiöse und spirituelle Prägung bedeutsam waren. Bei dieser Frage haben wir die Interviewteilnehmenden gebeten, auf einer Skala von eins bis zehn ihre Einschätzung abzugeben.
Wie bedeutsam sind die nachfolgenden Bereiche für Ihre religiöse/spirituelle Prägung? Bitte priorisieren Sie die Antwortmöglichkeit von 1 (gar nicht bedeutsam) bis 10 (sehr bedeutsam):

Antwortmöglichkeiten	Mittelwert
Elternhaus (Erziehung)	7,8
Praxis der beruflichen Tätigkeit	7,6
Persönliches Gebet	7,3
Unternehmenskultur/Profil des kirchlichen Trägers	6,9
Existentielle Erfahrungen (z. B. Krankheit, Tod, Schicksalsschläge)	6,9
Zugehörigkeit zu einer Kirche/Religionsgemeinschaft	6,6
Seelsorgliche/spirituelle Begleitung im beruflichen Alltag	6,4
Gottesdienstbesuch	6,1
Spirituelle Praktiken (z. B. Naturerleben, Bewegung)	5,8
Religionsunterricht (Schule)	5,1
Besuch von Exerzitien/Besinnungsangebote	4,5
Kontemplations- und Meditationspraxen	3,6

Tabelle 14: Prägung berufliches Umfeld

Wenig überraschend steht an erster Stelle der Antworten das Elternhaus (7,8). Doch bereits an zweiter Stelle mit geringem Abstand (7,6) findet sich die Praxis der beruflichen Tätigkeit. Betrachtet man die folgenden Items, die alle noch einen Mittelwert über sechs haben, fällt auf, dass sich diese Nennungen sowohl auf den beruflichen Kontext (Unternehmenskultur/Profil des kirchlichen Trägers, seelsorgliche Begleitung im beruflichen Alltag) als auch auf das persönliche Umfeld beziehen (persönliches Gebet, Zugehörigkeit zu einer Kirche/Religionsgemeinschaft, Gottesdienstbesuch). Beachtlich ist bei dieser Reihung, welch hohen Stellenwert das berufliche Umfeld einnimmt. Es folgen weitere Nennungen: spirituelle Praktiken (5,8), der Religionsunterricht (5,1), Exerzitien und Besinnungsnagebote (4,5) sowie Kontemplations- und Meditationspraxen (3,6)[3].

6.3 Wertebezogene Weiterbildungen

Im Verlauf der Interviews haben wir an zwei Stellen nach einer Unterstützung durch die betriebliche Weiterbildung gefragt. Einmal im Zusammenhang mit dem Umgang mit existentiellen Herausforderungen. Dort lautete die Frage: *Wenn Sie eine Fortbildung zu diesen Fragestellungen für Ihre Berufsgruppe gestalten sollten, welche Inhalte wären Ihnen wichtig?* Das andere Mal im Zusammenhang mit dem Lebensmotto und den persönlichen Wertvorstellungen: Die Frage lautete: *Welche Unterstützung erfahren Sie, um diese Werte in Ihrem Beruf umzusetzen? Beziehungsweise welche Unterstützung wünschen Sie, um diese Werte in Ihrem Beruf umzusetzen?*

Die beiden genannten Fragestellungen haben wir zu einer Kategorie ‚Wertebezogene Weiterbildungen' zusammengefasst. In der nächsten Tabelle sind die Antworten aufgelistet.

Nennungen	Anzahl
Fachliche Weiterbildungen	32
Religiöse Themen	13
Bedeutung von Fortbildungen	11
Rolle der Träger	5
Insgesamt	60

Tabelle 15: Wertebezogene Weiterbildungen

Insgesamt gibt es bei diesem Themenfeld 60 Nennungen, die wir in 4 Themenfelder einteilen konnten.

Fachliche Weiterbildungen (32)

An erster Stelle standen fachspezifische Themen (32). Diese Nennungen deckten ein sehr breites Spektrum ab. Dazu zählen bspw. der Umgang mit aggressiven Patienten, Trauer, ethische Fragestellungen und Herausforderungen, Umgang mit Krisensituationen sowie das Verhältnis von Nähe und

3 Hier ist in Bezug auf die vergleichsweise hohe Bedeutung religiöser Sozialisationsorte zu beachten, dass vornehmlich Personen befragt wurden, die eine christliche Sozialisation mitbringen.

Distanz. Es zeigt sich deutlich, dass wertebezogene Weiterbildungen im Kontext beruflicher Anforderungen bearbeitet werden sollten und hier ein berufsfachlicher und praktischer Bedarf besteht.

„Also durchaus beschäftigen wir uns regelmäßig mit Themen, die auch z. B. oft. Jetzt gerade auch sehr aktuell mit Rassismus zu tun haben. (...) Wie man mit denen umgeht, was man für Argumente bringen kann. Wir beschäftigen uns auch damit. Mit Kindern und Jugendlichen, die sexuelle Missbrauchserfahrungen gemacht haben. Wie kann ich denen helfen, was brauche ich da, was kann ich an Gesprächsangebot geben. Das sind so Dinge, die wir in Fortbildungen machen."

„Also nicht nur dieses theoretische Wissen. Natürlich lernen wir in unserer Ausbildung Ethik, Nähe, Distanz, wie kann ich mit den Krisensituationen umgehen?"

Religiöse Themen (13)

Wenn religiöse Themen ins Spiel kommen, werden sie im Zusammenhang mit Pflege und Spiritualität, religionsdidaktischen Fragen, seelsorglichen Anliegen und speziellen Wertebildungen genannt.

„Was mir da jetzt noch einfällt ist dann auch der Studientag Seelsorge. Dass das ja auch, sage ich mal ein Feld ist, wo auch Mitarbeiter aller Berufsgruppen sich auch nochmal Themen im spirituellen Bereich stellen können. Finde ich auch ganz wichtig."

Bedeutung von Fortbildungen (11)

In 11 Nennungen wird allgemein auf die Bedeutung von Weiterbildungen hingewiesen, ohne ein spezifisches Thema zu nennen.

„Oder auch sehr systematische Elemente wie Fortbildungen oder Weiterbildungen, Settings, die man bewusst aufsucht, die einen auch sozusagen weiter menschlich wachsen lassen."

Rolle der Träger (5)

Eine letzte Kategorie haben wir als ‚Rolle der Träger' zusammengefasst. Dort weisen die Befragten darauf hin, dass für entsprechende Angebote die Träger in der Pflicht stehen.

„Wenn er das wünscht, dass man diese kirchlichen Werte und kirchlichen Normen weitergibt, dann ist er auch in der Verantwortung, da was anzubieten."

Zusammengefaßt: Um Fähigkeit und Haltungen zu erwerben, die für die berufliche Tätigkeit erforderlich sind, wurde als Lernfeld an erster Stelle das berufliche Umfeld und die Tätigkeit selbst genannt. Einen ähnlichen Befund zeigt die Frage nach der religiösen und spirituellen Prägung. Hier stehen gleichgewichtig die persönliche und berufliche Sozialisation nebeneinander. Diese Erkenntnis zeigt deutlich, welch hohen Stellenwert das berufliche Umfeld und die Kultur einer Einrichtung auf die Ausbildung von

Fähigkeiten und Haltungen ihrer Beschäftigten hat. Diese hohe Bedeutung wird oftmals unterschätzt. Die Gestaltung der Einrichtungskultur und Bereitstellung entsprechender Fort- und Weiterbildung sind eine Leitungsaufgabe, die selbst auch wieder eine entsprechende Steuerungskompetenz benötigt. Schließlich ist deutlich geworden, dass wertebezogene Weiterbildungen gewünscht sind und idealerweise inklusiv zu fachlichen Herausforderungen angeboten werden.

7 Umgang mit existentiellen Herausforderungen (Dienstethos)

Im Umgang mit existentiellen Herausforderungen können Mitarbeitende an ihre Grenzen kommen.[4] Daher hat uns dieser Bereich besonders interessiert. Welche Herausforderungen sind dies und was hilft den Mitarbeitenden, mit diesen Situationen umzugehen? Möglicherweise sind dies eigene spirituelle Quellen oder spezielle Angebote kirchlicher Träger.

7.1 Existentielle Herausforderungen

Zunächst wollten wir wissen, mit welchen existentiellen bzw. belastenden Herausforderungen die Mitarbeitenden in ihrer Tätigkeit konfrontiert sind. *Welche lebensrelevanten, also existentiellen Herausforderungen erleben Sie in Ihren beruflichen Tätigkeiten oder im Kontakt mit Ihren Klienten/Patienten in der Unternehmensgestaltung? Hier geht es um Situationen, die einen an Grenzen stoßen lassen.*

Nennungen	Anzahl
Leid der anvertrauten Menschen	57
Krankheit und Belastung von Mitarbeitenden	17
Veränderungen im Gesundheitswesen	17
Keine Herausforderungen	7
Allgemein	7
Insgesamt	105

Tabelle 16: Existentielle Herausforderungen

Die genannten Herausforderungen (105) können in folgende Themenbereiche eingeteilt werden:

4 Zu beachten ist, dass die Befragung mit Beginn der Corona-Krise stattgefunden hat.

Leid der anvertrauten Menschen (57)

Hier geht es um das Leid, das die Mitarbeitenden bei den ihnen anvertrauten Menschen erleben. An allererster Stelle ist das Sterben und Tod dieser Menschen (37). Es werden je nach Handlungsfeld weitere Herausforderungen wie Demenz, Freiheitsbeschränkungen, schwere Krankheiten, Kindeswohlgefährdung und viele weitere Themen benannt.

„Wenn ich jetzt meine Lebensbiografie nehme, viel Todeserfahrung, ja so viel Trauererfahrungen und da glaube ich, da war die stärkste Zeit ja Sinnsuche in Religiosität."

„Also es ist schon mal die Aussage gefallen, ich weiß gar nicht mehr, wer es war: ‚Unter meiner Hand stirbt hier keiner.' Ja meine Güte, wenn es so ist, dann ist es so. Du kannst es eh nicht ändern."

Krankheit und Belastungen von Mitarbeitern (17)

Auch das Mitleiden an der Situation von Arbeitskolleg:innen oder Mitarbeitenden wird erwähnt. Dazu zählen Überlastung der Kolleg:innen (14) oder auch deren Erkrankungen (3).

„Aber auch, wenn Mitarbeiter Einzelschicksale haben, sei es privater Natur, Todesfälle in der Familie, da gehen wir mit auf die Beerdigung der Angehörigen. Oder wenn jemand finanzielle Not erleidet, da ist das Haus immer mit in die Bresche gesprungen. Und Sammeln für irgendwelche Aktionen, wenn Mitarbeiter irgendwelche Hilfsprojekte unterstützen, da beteiligen wir uns dran."

„Also, wenn jemand als Mitarbeiter in einer persönlichen Krise ist, ist es erst mal wichtig es zu bemerken, ohne jetzt zu graben – und Anteil zu nehmen. Das glaube ich unterscheidet uns manchmal schon von anderen Arbeitgebern."

Veränderungen im Gesundheitswesen (17)

Hier werden die Veränderungen der Rahmenbedingungen genannt, die insbesondere den Vertreter:innen des Managements große Sorgen bereiten.

„Also ich glaube, seitdem diese ganzen Krankenhäuser nicht mehr wirklich verstaatlicht sind, sondern alles einfach nur private Unternehmen sind, die ums Überleben kämpfen (…) ist das halt für jeden jetzt irgendwie so eine Sache. (…). Man sagt auch immer: ‚Privatpatienten, die sind am besten versorgt.' Ja, die kann man auch gut melken quasi. Eine Kuh, solange sie Milch gibt, die kriegen alles Mögliche. Aber ob alles immer so notwendig ist, das bezweifle ich."

Keine Herausforderung (7)

Einige weisen darauf hin, dass sie keine großen bzw. existentiellen Herausforderungen haben.

„Existentiell für mich jetzt, nein, das ist nur mitgehangen, mitgefangen. Aber das ist jetzt nicht so, dass ich jetzt –. Ich kann damit –. Ich kann mit den –. Nein, also eigene existentielle Not ist es zum Glück, sage ich jetzt mal, vielleicht noch nicht. Über Patienten, aber das ist nichts, was jetzt existentiell mich selbst gefährden würde. Oder Angehörige, nein auch das nicht."

Allgemein (7)

Weitere Nennungen (7) konnten keinem dieser Themenbereiche zugeordnet werden.

„Also an Grenzen. Also ja. Also es sind schon Herausforderungen da. Definitiv. Ob es jetzt pflegerisch ist oder ja auch psychisch. Also da kommt man schon, ja, ich will jetzt nicht sagen an Grenzen. Aber es sind Situationen, die man vorher noch nicht hatte oder ich vorher noch nicht erlebt habe."

7.2 Umgang mit existentiellen Herausforderungen

Insbesondere bei den existentiellen Herausforderungen hat uns interessiert, was den Mitarbeitenden hilft, mit diesen Belastungen umzugehen.

Welche Fähigkeiten helfen Ihnen, mit solchen lebensrelevanten Grenzerfahrungen umzugehen?

Nennungen	Anzahl
Austausch und kollegiale Unterstützung	50
Glaube/Religion	44
Unterstützung und Routine	29
Zuversicht	11
Grenzen akzeptieren	9
Selbstsorge	6
Insgesamt	149

Tabelle 17: Hilfreiche Fähigkeiten

Auf die Frage, welche Fähigkeiten helfen, mit solchen lebensrelevanten Grenzerfahrungen umzugehen, wurden folgende Antworten (149) gegeben:

Austausch und kollegiale Unterstützung im Team (50)

Dabei nannten die Befragten den Austausch untereinander (31) und die gegenseitige Unterstützung im Team (19).

„Wir sind ein, finde ich, ein Team, was sehr gut ineinander verzahnt ist und gut harmoniert, dass wir uns in den Teamsitzungen gut darüber austauschen, oder in den Übergaben, dass das so weitergetragen wird."

„Auch finde ich, dass wir nicht alleine sind und dass wir auch immer Unterstützung bekommen und uns Unterstützung holen."

Glaube/Religiosität (44)

Der eigene Glaube und die Verankerung in einer Religion werden als Halt und Stütze erfahren. Genannt werden bspw. das Gebet, die Besinnung und die Verbundenheit mit Gott. Der Glaube schenkt eine letzte Zuversicht und eröffnet eine Perspektive. Der Glaube gibt Hoffnung, Stärke und hilft, eigene Grenzen zu akzeptieren.

„(…) da ist ein Glaube und auch Bewohner, die im Sterben liegen, die vielleicht noch sprechen können und wenn man sich ans Bett setzt und ein Gebet spricht mit den Bewohnern, die werden ganz ruhig, wenn die vielleicht eine aufgeregte Atmung haben und dann denke ich immer, irgendwas ist da (…)"

„Da hilft mir mein persönliches Gebetsleben, aus dem heraus ich Grundvertrauen ins Leben und in Fürsorge Gottes ziehe und auch an der Fähigkeit reife (…) mit Grenzen leben und mit Grenzerfahrung (…)"

Unterstützung (25) und Routine (4)

Formen externer Unterstützungsformen wie bspw. Supervision, Seelsorge, psychologische Beratung und Fortbildungen sowie vom Träger angebotene Abläufe und Routinen zur Bearbeitung von schwierigen Situationen werden genannt (4).

„Wenn jemand selbst sehr belastet ist, dann hilft eigentlich nur ein Einzelcoaching, eine Einzelsupervision."

Zuversichtliches Engagement (11)

Es werden auch persönliche Strategien der Verarbeitung wie ‚die Sache selbst in die Hand nehmen' und die grundsätzliche Zuversicht, ‚dass letztlich alles gut gehen bzw. werden wird'.

„Also ich merke, dass ich aus meinem Elternhaus ganz viel Toleranz mitbekommen habe und ganz viel Zuversicht. So das, was ich mit dem Gottvertrauen benannt habe, auch übertragen auf das Weltliche, dass man mir zugetraut hat, meinen Weg zu gehen. (…), dass ich mir sicher bin, dass ich das Richtige tue."

Grenzen akzeptieren (9)

Wenn Gegebenheiten nicht mehr verändert werden können, müssen sie akzeptiert werden.

„(…) ich muss gucken, was ich, was wir tun können, und ich muss aber auch wissen, wo Grenzen sind, das gehört auch zur Professionalität dazu. Und andere Dinge muss ich dann tatsächlich auch dem lieben Gott überlassen."

Selbstsorge (6)

Schließlich wird noch die eigene Fähigkeit der Selbstsorge benannt.
„Aber es kommt so eine eigene Erschöpftheit auf, weil ich auch keinen Ort finde selber, der mich neu inspiriert oder wo ich auftanken kann. Das ist ja das Dilemma, das wir haben, glaube ich, dass die spirituellen Orte, nennen wir jetzt mal unsere Kirche nicht oder oft nicht, ich will das auch nicht pauschalisieren, dazu dienen, dass ich selber sagen kann: ‚Ich gehe jetzt mal.'"

Zusammengefasst lässt sich sagen, dass die meisten existentiellen Herausforderungen durch das Leid der anvertrauten Menschen entstehen. Um mit Belastungen umzugehen, stehen an erster Stelle der Austausch und die kollegiale Unterstützung. Fast genauso wichtig ist eine persönliche religiöse und spirituelle Verankerung, um die Belastungen zu verarbeiten. Zum ersten Mal steht die Religiosität an zweiter Stelle in den Nennungen. Offenbar hat Religion bzw. Spiritualität eine Bedeutung für die Bearbeitung von lebensrelevanten Herausforderungen. Aber auch eine organisierte professionelle Unterstützung des Arbeitgebers ist wichtig. Hier zeigt sich erneut, welchen wichtigen Beitrag der Arbeitgeber in diesem Feld leisten kann und sollte.

8 Religion und Spiritualität

Mit zwei Fragen sollte erhoben werden, ob die eigene Religiosität und Spiritualität eine Bedeutung für die berufliche Tätigkeit haben. Einmal beim Umgang mit Grenzerfahrungen und das andere Mal bei jenen Werten, welche an Berufsanfänger:innen weitergegeben werden sollten.

8.1 Bedeutung von Religion und Spiritualität für Leben und Beruf

Die beiden Fragen lauteten: *Hat für Sie die Bearbeitung von Grenzerfahrungen etwas mit Religion oder Spiritualität zu tun?* Im Zusammenhang mit der Weitergabe von Werten an die Berufsanfänger: *Hat diese Orientierung für Sie etwas mit Religion oder Spiritualität zu tun?*

Nennungen	Anzahl
Persönliches Leben	37
Berufliche Tätigkeit	22
Plurale Glaubenswege	15
Sonstiges	5
Insgesamt	79

Tabelle 18: Bedeutung von Religion und Spiritualität

Insgesamt gab es in diesem Themenfeld 79 Nennungen, die in vier Bereiche unterteilt werden können.

Persönliches Leben (37)

Im Zusammenhang mit dem persönlichen Leben werden unterschiedliche Dimensionen angesprochen: auf Gott vertrauen (14), der Glaube gibt Sicherheit und Orientierung (13) oder ganz allgemein der Hinweis auf eine christliche Bindung (10).

„Ein Teil ist es schon ein bisschen tiefer religiös behaftet, so irgendwo ist schon einer, der aufpasst, dass alles gut wird. Also wenn es jetzt meine Oma im Himmel ist oder aber irgendwo ist da schon jemand oder auch vielleicht auch der liebe Gott, der es dann irgendwie schon wieder richtig macht. Also so eine Grundsicherheit, so mir kann jetzt nichts passieren, irgendwie wirkt das schon gut, weil es ist bis jetzt immer irgendwie gut gegangen. Ja kann schon sein, dass die Religion mit reinspielt.“

„Also das Thema Resilienz hätte ich da jetzt auch im Rahmen der Spiritualität genannt. Also mir hilft es immer, dass ich immer das Gefühl haben muss, dass meine Arbeit einen Sinn hat und dass das Ergebnis, was schließlich dabei rauskommt, das Richtige ist. So, dann kann der Weg auch manchmal steinig sein und schwierig sein.“

Berufliche Tätigkeit (22)

Die Aussagen hier sind sehr disparat und beleuchten unterschiedliche Aspekte: einen Zusammenhang der Tätigkeit mit eigenen Glaubensüberzeugungen, der Anspruch der Kirche an Mitarbeitende, die Herausforderung, authentisch Glauben zu leben und der Hinweis, dass der Glaube im beruflichen Handeln erstmalig erlebt wurde.

„Manchmal schon. Da ist nur oft wenig Zeit dafür. Wir haben jetzt z. B. diesen biblischen Kochabend im Kinderdorf. Und da werden oft so oder auch selbst in den Gottesdiensten werden dann oft so Sachen angesprochen, wo man dann mal darüber nachdenkt, das auch manchmal in eine Woche mitnimmt. Und dann ist es aber ganz schnell durch unseren Alltag wieder weg. Das finde ich auch so schade. Und da hätte ich gerne mehr Zeit, um über solche Sachen dann nachzudenken.“

„Das weiß ich jetzt so nicht, das muss ich Ihnen ganz ehrlich sagen. Doch, ich glaube schon, man kann es lernen. Wenn man sich voll und ganz drauf einlässt. Wenn man es nicht mitmacht, weil der Arbeitgeber es ein Stück weit erwartet. Es gibt bestimmte Tage, da muss die Pflege auch mit in die Messen, in die Gottesdienste mit rein. Sei es auf Sommerfesten, weil so viele Bewohner da sind. Es ist jetzt an Weihnachten, dann müssen die von der Pflege mit dabei sein. Und dann ist es uns auch ein Stück weit wichtig, wenn es sich nicht vermeiden lässt, wenn es anders geht, machen wir das auch.“

Plurale Glaubenswege (15)

Hier wird betont, dass die Glaubenswege sehr plural sind. Es wurde bspw. gesagt: Gläubig ohne Religionsbezug; katholisch, aber offen; junge Mitarbeitende haben keinen Glaubensbezug; Sonntagsgottesdienst spielt keine Rolle; christliche Religiosität drückt sich durch Nähe und Wärme aus oder Gott ist in der Schöpfung.

„Die jungen Leute die sind nicht mehr so verbunden mit. Also ich glaube, dass ist da ein Unterschied zu unserer Generation, (…). Wir sind gebunden und bleiben lange treu einer Ideologie oder einem Arbeitsfeld. (…). Die jungen Leute sind eher dabei, passt das jetzt im Lebenskontext, wie gut ist das und möglicherweise bin ich aber in sechs Jahren woanders und mach was Nächstes. Also nicht aus dem Streit heraus, sondern das ist ein anderes Ding. Die sind anders verbunden einfach."

„Ja, Religion finde ich ein bisschen so heute schwieriges Wort teilweise, weil man darunter immer sowas schon arg vorgezeichnet Formalistisches versteht, was ich für mich auch jetzt nicht so als ganz passend empfinde. Aber wo ich auch merke, dass viele Menschen gar nichts mehr damit anfangen können. Spiritualität ist da sicherlich schon ein besserer Begriff, mit dem auch so kirchenferne Menschen deutlich mehr anfangen können. Aber ja, das ist wichtig. Man muss irgendwo seinen Grund drin haben, auf dem man auch steht und seinen Rückhalt."

8.2 Religiöse und spirituelle Angebote für die anvertrauten Menschen

Zu dieser Kategorie gab es bei den Interviews keine Frage. Da während der Gespräche an unterschiedlichen Stellen immer wieder Bezug auf spirituelle Angebote und Formate genommen wurde, haben wir diese Äußerungen kategorisiert. Insgesamt gibt es 89 Nennungen.

Nennungen	Anzahl
Gottesdienst und Ritualpraxis	33
Spirituelle Angebote	24
Bedeutung der Religion	17
Seelsorglich Begleitende	15
Insgesamt	89

Tabelle 19: Religiöse und spirituelle Angebote

Gottesdienst und Ritualpraxis (33)

In diesem Themenfeld geht es um die eher ‚klassischen' Formen. Benannt werden: Eucharistiefeiern; Gedenkgottesdienst; Wortgottesdienstfeiern; besondere Kirchenfeste; Feiern christlicher Feste; Feiertage und Bräuche; religiöse Angebote insbesondere für Demenzerkrankte, Krankenkommunion;

reger Kontakt zur Pfarrgemeinde; Segen für Bewohnende; verschiedenen Andachten und Impulse. Negativ werden fehlende Demenzgottesdienste oder eine fehlende Unterstützung für diese angemerkt oder eine eher standardisierte Form der Krankensalbung (ohne konkreten Bezug zu den Adressat:innen).

„Und natürlich auch, aus christlicher Perspektive, die Gottesdienste, die wichtig sind. Wie katholisch und evangelisch auch, die Gottesdienste auch gefeiert werden. Ich denke da sind wir auch ganz gut aufgestellt."

Spirituelle Angebote (24)

Die hier aufgeführten Angebote weichen von den klassischen Gottesdienstformen und Ritualen ab. Es handelt sich um unterschiedlichste Formen spiritueller Angebote und Begleitung. Hier werden Gespräche über religiöse Fragen, seelsorgliche Begleitung für Patient:innen und Angehörige, aber auch die eigene Erfahrung von Spiritualität in der Arbeit, den Austausch miteinander und Gebet, Seelsorge für Mitarbeitende, biblische Themen, Segensgesten und religionspädagogische Arbeit bis hin zu Fortbildungen zum Thema Sterben, Trauer und Tod genannt. Kritisch wird angemerkt, dass es mehr Fortbildungen zum Thema ‚Glauben Gestalt geben' und spiritualitätskundige Mitarbeitende braucht. Zugleich fehlt im Arbeitsalltag oft die Zeit für spirituelle Angebote.[5]

Und die Idee war immer, es zu verbinden, etwas Bewegendes zu verbinden mit einem spirituellen Impuls oder mit einer spirituellen Begleitung. Und auf jeden Fall Zeit für sich zu haben und zum Nachdenken zu kommen. Das sind so exklusive Angebote.

Bedeutung der Religion (17)

Allgemein wird die Bedeutung der Religion sehr unterschiedlich wahrgenommen. Einerseits wird sie vom Management betont, auf der anderen Seite bspw. seitens der Ärzte bemängelt, dass es für religiöse und spirituelle Anliegen in eng getakteten Arbeitsabläufen keine Zeit gibt. Andere sind der Meinung, dass Religion gerade in der Sozialen Arbeit nicht aufgezwungen werden darf und auch die religiöse Reflexion des Arbeitsalltags zu kurz kommt. Deutlich wird auch, dass das christliche Werteverständnis einen interreligiösen Zugang ermöglicht und die unterschiedliche Religiosität akzeptiert wird.

„Ja, für mich persönlich hat das eine religiöse Seite. Das hat Jesus uns auch gelehrt, wenn man jetzt nur den Zöllner sehen. Er hat uns doch gelehrt, Menschen die schwierig sind, die ausgegliedert sind, dazu zu nehmen. Also machen wir das ja auch. Ist ja ein Stück Glaubensleben."

---

5 Das Kursmodell „Glauben Gestalt geben" wird vom Diözesan-Caritasverband und dem Generalvikariat im Erzbistum Köln für die stationäre Alten-, Behindertenhilfe sowie die Hospize angeboten: DiCV Köln, Glauben Gestalt geben.

Seelsorglich Begleitende (15)

In diesen Nennungen wird darauf hingewiesen, dass in diesen Einrichtungen „Begleiterinnen und Begleiter für die Seelsorge" zur Verfügung stehen.[6] Lobend wird hervorgehoben, dass ein Caritasverband seine Mitarbeitenden in der Seelsorge ausbilden lässt, um auf die spirituellen Bedürfnisse der Bewohner:innen eingehen zu können.

„Ich bin erstmal sehr froh, dass der Caritasverband auch die Ausbildung der Begleiter in der Seelsorge wirklich dahintersteht und die Mitarbeiter da qualifiziert hat. Das finde ich eine große Bereicherung für ein katholisches Heim. Dass wir hier auch in der Lage sind, Andachten zu machen. Kommunion zu verteilen oder auf spirituelle Bedürfnisse einzugehen."

8.3 Religiöse und spirituelle Angebote für Mitarbeitende

In dieser Kategorie gibt es 31 Nennungen, die sehr unterschiedliche Wahrnehmungen zeigen und nicht weiter in Themenfelder aufgeteilt werden. Zusammenfassend kann man sagen: In diesen Nennungen werden konkrete Angebote geschildert wie bspw. Impulse durch den Träger und Gebete, Wandertage mit Exerzitien und Pilgerangebote. Insbesondere das Management benennt Angebote wie Oasentage, spirituelle Auszeiten, Wandertage mit spirituellen Anteilen, Pilgerangebote und Besichtigung von Kirchen sowie einen Onlinekurs zu Religion und Glaube innerhalb der Probezeit.

Es gibt auch kritische Anmerkungen wie ‚über Glauben kann man hier nicht reden' oder ‚im Arbeitsalltag reden Mitarbeitende nicht über Religion und Spiritualität' und ‚ich bin unsicher, ob religiöse Angebote besucht würden'. Andere sagen, es bestehe der Wunsch nach angeleiteten spirituellen Auszeiten im Arbeitsalltag oder die gegenwärtigen Angebote hätten nicht mit den Kranken zu tun, Spiritualität gäbe es nicht im Team und dass die Mitarbeitenden über Spiritualität und Religion nur in angebotenen Fortbildungen sprechen würden.

Zusammengefasst zeigt sich, dass Glaube und Spiritualität eine Bedeutung für die Befragten und ihr persönliches Leben haben. Dies liegt auch daran, weil das Wissen um eine religiöse Bindung ein Einschlusskriterium für die Auswahl zu den Interviews war. Ebenso wird der Einfluss der Religion auf

---

6 Im Erzbistum Köln sind mittlerweile über 170 berufliche Mitarbeitende caritativer Träger in der Alten-, Behindertenhilfe, Hospizen seit 2023 in den Krankenhäusern in Seelsorge qualifiziert worden und mit mindestens 3 Wochenstunden beauftragt: DiCV Köln, EBGV Köln, Begleitende in der Seelsorge. Auch andere Bistümer haben vergleichbare Qualifizierungen (s. https://begleitende-in-der-Seelsorge.de).

die Arbeit deutlich, sowohl in positiven Aussagen (Vertrauen auf Gott, Halt, Kraft, Sicherheit, Orientierung, Ruhe finden, Beziehungsgeschehen, christliche Werte, Gestaltungsraum) als auch in Abgrenzung zu Glauben und Kirche (Pflege hat nichts mit Religion zu tun, ohne Kirchenzugehörigkeit kann man gläubig sein). Es zeigt sich insgesamt eine hohe Diversität in diesem Themenbereich. Bemerkenswert ist, dass die Kirchenzugehörigkeit und caritative Tätigkeit keine innere Notwendigkeit aufweisen.

Es gibt eine Akzeptanz für die unterschiedlichen Formen der Religiosität bei den anvertrauten Menschen. Für diese gib es eine Vielzahl von Angeboten. Allerdings wird auch hier ein Entwicklungsbedarf angezeigt, auf fehlende Zeit hingewiesen und mehr Fachlichkeit und Unterstützung angesprochen.

Wird die Anzahl der Nennungen als Indikator genommen, gibt es nicht so viele Angebote für Mitarbeitende. Unklar ist weiter, ob die vorhandenen Angebote für Mitarbeitende am Bedarf vorbeigehen oder die Arbeitsprozesse eine Teilnahme nicht zulassen. Es wird auch der Bedarf an Biografie bezogener Einzelseelsorge deutlich und einer spirituellen Begleitung, die sich interreligiös öffnen muss.

9 Umgang miteinander und Leitungskultur

Obgleich wir nicht nach dem Umgang miteinander im Unternehmen und der Leitungskultur gefragt haben, erzählten die Interviewteilnehmenden an vielen Stellen etwas darüber. Dieses Feld der Unternehmenskultur war den Befragten ein wichtiges Anliegen. So weist die hohe Anzahl der Nennungen auf die Bedeutung der beiden Themenbereiche hin. Die zahlreichen Äußerungen haben wir in zwei Kategorien, die eng miteinander zusammenhängen, eingeteilt: der Umgang miteinander und die Leitungskultur.

9.1 Umgang miteinander

In den Gesprächen wurde immer wieder darauf hingewiesen, wie wichtig ein gutes Miteinander für die Arbeit und die Zufriedenheit am Arbeitsplatz sei.

Nennungen	Anzahl
Teamkultur	46
Gutes Miteinander	37
Insgesamt	83

Tabelle 20: Umgang miteinander

Die Nennungen konnten wir in die beiden Themenbereichen Teamkultur und Gutes Miteinander aufteilen.

Teamkultur (46)

Diese Kategorie hat 46 Nennungen, die insbesondere aus den Berufsgruppen Pflege und Soziale Dienste kommen (40). Zu dieser Kategorie gehören als Unterkategorien vertrauens- und respektvolle Zusammenarbeit (23), die Möglichkeit zur Supervision und Weiterbildung (14) sowie die Besprechungen und Kritikfähigkeit (9).

„Und was ich auch noch wichtig finde, ist, dass man wie gesagt, diese Zusammenarbeit, also dass man gemeinsame Projekte erarbeitet, dass man so als Team fungiert und dass man sich im Prinzip nicht alleine gelassen fühlt."

Gutes Miteinander (37)

Dieser Unterkategorie ließen sich 37 Nennungen zuordnen, die einen bunten Strauß von Äußerungen beinhalten, die nicht weiter kategorisiert werden konnten.

„(…) ich glaube schon, dass man das hier alles unterstützt (…), wenn wir miteinander arbeiten, genau dass wir sprechen."

9.2 Leitungskultur

Ebenso gab es etliche Nennungen, die sich auf die Kultur der Leitung bezogen.

Nennungen	Anzahl
Vertrauen als wichtige Grundlage	12
Schulung und Begleitung	6
Sonstiges	13
Insgesamt	31

Tabelle 21: Leitungskultur

Die Nennungen konnten in vier Unterkategorien eingeteilt werden. Die Hälfte der Äußerungen kam vom Management.

Vertrauen als wichtige Grundlage (12)

Hier wird von Erfahrungen berichtet, in denen gute Leitungskultur erlebt wird. Vertrauen ist eine wichtige Grundlage für Führung und Leitung. Man erfährt von den Führungskräften Unterstützung und Vertrauen.

„Aber hier, für dieses Haus, kann ich auch feststellen oder stelle fest, dass wir, gerade in oberen Regionen, also in Führungspositionen, dass wir viel dafür tun, ich sage mal, das Gedankengut der Ordensschwestern, die hier auch mal Werte

festgelegt haben, was ist denen wichtig, was nachhaltig gelebt werden sollte hier im N.N.-Krankenhaus, dass wir diese Werte doch versuchen, im Alltag immer anzuwenden. (…) Aber auch, wenn Mitarbeiter Einzelschicksale haben, sei es privater Natur, Todesfälle in der Familie, da gehen wir mit auf die Beerdigung der Angehörigen. Oder wenn jemand finanzielle Not erleidet, da ist das Haus immer mit in die Bresche gesprungen."

Schulung und Begleitung (6)

Es werden bspw. Schulungen zum Thema Achtsamkeit für Führungskräfte, zu Grundlagen des Glaubens und den Grundwerten benannt.
„Genau, alle Stationsleitungen, Stellvertretungen haben mit mir gemeinsam und meiner Kollegin, haben mit dieser Psychologin dieses Konzept erlernt und durchgesprochen. Und haben uns unsere Zusammenarbeit definiert, vereinbart miteinander. Also welche Aufgaben hat eine Stationsleitung, welche hat eine Stellvertretung? Was ist die Aufgabe einer Pflegedirektion? Ist eine Stellvertretung eine reine Abwesenheitsvertretung oder sind die gleichberechtigt im Alltag mit verschiedenen Aufgaben? Führen wir Teamgespräche durch? Wie oft führen wir Teamgespräche durch? Gibt es ein Protokoll? Gibt es Vereinbarungen, Zielvereinbarungen? Das haben wir alles für uns verschriftet. Und es ist grandios."

Zusammengefasst: Viele der Befragten äußerten sich über den Umgang miteinander und zur Leitungskultur. Obwohl dies nicht gefragt wurde, zeigt die Vielzahl der Äußerungen, wie wichtig diese Themen sind. Beim Umgang miteinander wird die Bedeutung der guten Teamkultur und der Umgang auf Augenhöhe betont. Mit Blick auf die Leitung wird die Bedeutung einer vertrauensvollen Zusammenarbeit herausgestellt.

10 Wirtschaftlichkeit und Selbstverständnis

In den Interviews kam das Thema Wirtschaftlichkeit und die Frage nach dem eigenen kirchlichen Selbstverständnis zur Sprache. Wir haben nicht direkt danach gefragt. Fast alle dieser Nennungen kommen aus dem Bereich des Managements.

10.1 Kirchliches Selbstverständnis

Eine Reihe der Ausführungen beschäftigen sich mit der Identität der Einrichtung, mit den Unterschieden zwischen den Trägern und dem kirchlichen Selbstverständnis.

Nennungen	Anzahl
Trägerunterschiede	18
Christliche Identität	4
Insgesamt	22

Tabelle 22: Kirchliches Selbstverständnis

Die Äußerungen lassen sich in zwei Themenbereiche unterscheiden.

Trägerunterschiede (18)

Die Gesprächspartner:innen wiesen darauf hin, dass Unterschiede zu anderen nichtkonfessionellen Trägern existieren. Sie benannten Unterschiede zwischen privaten und kirchlichen Trägern, die sich an der Bedeutung der Ökonomie und der Ethik festmachen lassen.

„Ich glaube, bei vielen konfessionellen Trägern, ist das anders. Die Atmosphäre ist anders, der Blick auf die Menschen ist anders."

Christliches Profil (4)

Bei diesen Äußerungen kommt die Suche zum Ausdruck, wie ein christliches Profil in den Einrichtungen umgesetzt werden kann.

„Es sind verschiedene Aspekte, der von der Organisation her, man ist ganz klar eine Organisation, die dazu dient, dass das Christentum hier auch weiterhin vertreten ist. Und auch, dass die Mitarbeiter viel davon erfahren bzw. ihren Glauben als Christen auch hier erleben können, zum Gottesdienst, Mitarbeitergottesdienste, die auch hier gut angenommen werden und gelebt werden. Wir haben die Struktur über die ‚Begleiterin der Seelsorge' hier intern in den Einrichtungen."

10.2 Spannung zwischen Wirtschaftlichkeit und Barmherzigkeit

Die Spannung zwischen dem christlich begründeten Selbstverständnis des Trägers und den ökonomischen Notwendigkeiten in der Praxis der Einrichtungen, sprachen die Interviewten in unterschiedlichen Kontexten an. Auch in dieser Kategorie haben wir keine Frage gestellt. Allerdings scheint diese Spannung die Interviewteilnehmenden sehr zu beschäftigen.

Nennungen	Anzahl
Wertefundament nicht vergessen	12
Rechtfertigung seitens des Managements	10
Wirtschaftlichkeit beachten	8
Insgesamt	30

Tabelle 23: Spannung Wirtschaftlichkeit/Barmherzigkeit

In diese Kategorie können 30 Nennungen einsortiert werden.

Wertefundament nicht vergessen (12)

Über alle Berufsgruppen hinweg sagen die Befragten, dass in den Einrichtungen das Wertefundament nicht vergessen werden darf. In den Aussagen steht der Mensch im Vordergrund und nicht das Geld. Niemand muss die Befürchtung haben, dass eine Behandlung auf der Intensivstation zu viel kostet. Ebenso werden Menschen ohne Krankenversicherung kostenlos behandelt. Insgesamt versuchen die Mitarbeitenden, wirtschaftliche Notwendigkeiten mit der Sorge um die Menschen in Einklang zu bringen.

„Also es kommen immer mehr Patienten, die nicht krankenversichert sind, gerade auch mit Migrationshintergrund, Flüchtlinge et cetera, die hier abdriften, auf der Straße leben. Kommen hierher als Notfall und wir behandeln die alle kostenlos, wenn wir wissen, dass wir keine Krankenversicherungsleistungen in Anspruch nehmen können. Das wird dann oft auch ethisch thematisiert zwischen Wirtschaftlichkeit und –. Aber was ist unser Anspruch an den Menschen? Da bin ich immer sehr dankbar, dass wir nicht geknebelt werden, diese Leute auf die Straße zu setzen, sondern dass wir das auch weiter hier machen können."

Rechtfertigung seitens des Managements (10)

Es zeigt sich, dass Vertreter:innen des Managements sich teilweise für ihr ökonomisches Handeln oder für ihren kirchlichen Träger rechtfertigen müssen. Auf Grund des Rechtfertigungsdruckes braucht es eine Übersetzungsarbeit nach innen wie nach außen. Hier wünscht sich das Management Unterstützung.

„Also es ist fast so, dass, wenn ich erzähle, wo ich arbeite, die Leute natürlich ein bisschen vorsichtiger sind mit ihrer kritischen Rückmeldung, wenn sie wissen, man ist in Leitungsverantwortung. Aber natürlich ist es trotzdem so, dass man eigentlich immer eher dann erklären muss, warum man es aber gut findet, bei einem kirchlichen Träger zu arbeiten."

Wirtschaftlichkeit beachten (8)

Hier äußern die Befragten, dass die Beachtung der Wirtschaftlichkeit die Aufgabe aller Mitarbeitenden sei.

„Das muss sich immer so die Waage halten, aber im Hintergrund muss erstmal dieses Wertefundament und dieses Miteinander stimmen und das erzeugt dann auch nach meiner Erfahrung auch gute Ergebnisse, auch wirtschaftlich."

Insgesamt verdeutlichen die Aussagen eine reflektierte und differenzierte Sichtweise auf das Spannungsverhältnis zwischen wirtschaftlichen Anforderungen und dem eigenen Selbstverständnis des kirchlichen Trägers. Hier finden sich auch Parallelen zu den Äußerungen, in denen die Überlastung durch fehlendes Personal und die Balance zwischen Wirtschaftlichkeit und Bedürfnissen der Mitarbeitenden kritisch gesehen wird. Diese Umstände werden allerdings nicht so sehr dem Träger als eher den wirtschaftlichen Rahmenbedingungen auf der Gesellschaftsebene angelastet.

Teil IV
Resonanzen – Weiterführende Erörterung der Studienergebnisse

Im Folgenden werden die Studienergebnisse aus vier Perspektiven diskutiert und eingeordnet. Dies geschieht aus dem staatskirchenrechtlichen, dem pastoraltheologischen, dem moraltheologisch-caritaswissenschaftlichen und aus dem evangelisch-diakonischen Blickwinkel. Leitend für alle vier Erörterungen ist neben der vorliegenden Studie die gemeinsame Ausgangssituation durch die Urteile des EuGH vom 17. April 2018 zum Fall Egenberger (C-414/16 – [Egenberger] Rn. 64)und vom 11.09.2018, (C-68/17) zum Düsseldorfer Chefarzt. Diese stellten die noch geltende Grundordnung für den kirchlichen Dienst von 2015 in Frage und lösten neben der Initiative #OutInChurch eine umfängliche Revision der „Grundordnung des kirchlichen Dienstes im Rahmen kirchlicher Arbeitsverhältnisse" aus. Fraglich blieb in der Neufassung der „Grundordnung des kirchlichen Dienstes" von 2022 das Verständnis des christlichen Ethos kirchlicher Träger.

Die Studie nähert sich dieser Frage eben nicht wie bis dato geübt aus dem institutionellen Blickwinkel der katholischen Kirche (bzw. der Deutschen Bischofskonferenz), sondern aus dem Blickwinkel der Mitarbeitenden. Denn nur so kann das geforderte organisationale Commitment eines kirchlichen Sendungsauftrags glaubwürdig realisiert werden. Was bedeuten somit die Studienergebnisse aus staatskirchlicher- und arbeitsrechtlicher, moraltheologisch-caritaswissenschaftlicher, pastoraltheologischer und evangelisch-diakonischer Sicht? Welche Konsequenzen ergeben sich daraus für die Caritas wie ggfls. der Diakonie, ihrer Einrichtungen sowie für die Kirchen selbst. Zeigen sich Perspektiven, auf welche Weise künftig ein christliches Selbstverständnis mit einer religiös vielfältigen Mitarbeitendenschaft gestalten kann? Die Diskussion ist eröffnet, wissend dass es künftig eine noch breitere interdisziplinäre Öffnung dieser Diskussion braucht, wie die Einbeziehung z. B. der Psychologie, (Religions-)Pädagogik, Sozialwissenschaften usw.

Die Grundordnung des kirchlichen Dienstes, Zwischenschritt oder Meilenstein? Staatskirchenrechtliche Anmerkungen anlässlich der Studie „Kompetent, motiviert und auch noch religiös"

Ansgar Hense

1 Einige Anmerkungen zur Lage des Kirchlichen Arbeitsrechts allgemein

Als die Deutsche Bischofskonferenz im August 2020 in der überregionalen Tagespresse die leitende Stelle „Sekretär der Deutschen Bischofskonferenz (m/w/d)" annoncierte, hat dies mitunter Irritationen ausgelöst. Die Ausschreibung dieser Position erfolgte nach den allgemeinen arbeitsrechtlichen Regularien. Es wurde nicht nur für möglich gehalten, diese Stelle mit einer nicht dem Priesterstand angehörenden Person zu besetzen, sondern sie erstreckte sich antidiskriminierungskonform auf „m/w/d". Damit wurde die im November 2022 verabschiedete, 2023 in Kraft gesetzte neue Grundordnung (GrO 2023) dem Grunde nach schon teilweise vorweggenommen. Schon im Vorfeld der kirchlichen Reformüberlegungen zeigte sich somit sehr deutlich, dass der bisherige Weg des kirchlichen Individualarbeitsrechts ganz massiv unter Druck geraten ist, sodass erhebliche Reformen durchaus angezeigt waren.[1] Die dann zügige Reform hat durch die Bewegung „OutIn-Church" den letzten, beschleunigenden Anstoß erhalten und wurde durch Positionierungen des Synodalen Wegs flankiert.[2]

Daneben verfügt das kirchliche Arbeitsrecht noch über eine kollektive Dimension, über die seit jeher nicht weniger heftig diskutiert wird. Aktuell wird der sog. Dritte Weg und das Verbot des Streiks in kirchlichen Einrichtungen nach der Schleifung der Bastion kirchliches Individualarbeitsrecht zunehmend in den kritischen Fokus gerückt, findet aber auch seine nicht

---

1 Auf Belege für diese Tendenz in den wissenschaftlichen Publikationen sei hier verzichtet.

2 Zu Letzterem siehe den Beschluss der Synodalversammlung vom 9. September 2022: Synodaler Weg, Beschluss, 245–252.

minder nachdrücklichen Befürworter:innen.[3] Gerade das konsensbasierte Arbeitsrechtsregelungssystem könnte v. a. dann als positives Vorbild gelten, wenn rechtlich dem Konsens der Vorzug vor dem Konflikt gegeben wird.[4]

2 Krisenhaft oder sogar im freien Fall – die Kirche und ihr Individualarbeitsrecht

Der gegenwärtigen Lage des – rechtswissenschaftlich bemerkenswert viel behandelten[5] – kirchlichen Individualarbeitsrechts wird selbst von Wohlmeinenden Krisenhaftigkeit attestiert. Da nicht wenige sogar das bisherige Verhältnis von Staat und Religion im „freien Fall" sehen, gerät das Staatskirchenrecht in den Sog der Polykrise der Kirche. Diese hat der kürzlich verstorbene Soziologe Franz-Xaver Kaufmann in die Dimensionen Missbrauchskrise, pastorale Krise, Strukturkrise und Glaubenskrise eingeteilt,[6] die Josef Isensee in jüngster Zeit um die Facette Bischofskrise erweitert hat.[7] Die – zum ersten Mal ökumenisch getragene – Sechste Kirchenmitgliedschaftsuntersuchung hat all die Säkularisierungs-, Individualisierungs- und De-Institutionalisierungstendenzen u. a. nochmals bestätigt und ein Bild des kirchlich-religiösen Feldes gezeichnet, welches auf die Ambiance des rechtlichen Verhältnisses von Staat und Kirche durchaus Folgen haben dürfte.[8]

Da der Selbstvollzug von Kirche sowohl von außen als auch von innen unter Druck steht und angefragt ist, ist es mehr als verdienstvoll, dass das von Bruno Schrage und Michael Fischer initiierte Projekt grundlagenorientiert und empirisch sich der Caritasidentität und dem damit verbundenen Ethos der Berufe zuwendet.[9] Solche Untersuchungen sind immer wieder angemahnt worden, um den mehrperspektivischen Zugang zu Fragen des kirchlichen Arbeitsrechts zu ermöglichen.[10] Da mit der neuen Grundordnung von 2022 eine neue sinnstiftende Erzählung in Gang gesetzt werden soll,[11] sind

---

3 Exemplarisch Losem, U., Viel besser, 24–26. Positiv zum Dritten Weg auch Kollig, M., Bevor niemand mehr am Tisch sitzt. 258 f. Differenziert zu gewissen Reformerfordernissen des kollektiven Kirchlichen Arbeitsrechts: Joussen, J., Kirchliches Arbeitsrecht, 236.

4 Diese Vorbildwirkung etwa für das Öffentliche Dienstrecht hebt hervor Greimer, S., EMRK, 623–630. So auch der Bochumer Kollege Joussen, J., Grundordnung: „Die rechtlich derzeit abgesicherte Position ist jedoch einigen Gefahren ausgesetzt. Sie ist nicht unumstößlich.", siehe auch ebd., „Zusammenfassung".

5 Gerade die europäischen Korrekturen des kirchlichen Sonderarbeitsrechts in Deutschland sind grundlegend aufgearbeitet in der Kölner Dissertation von Morgenbrodt, K., Loyalitätsobliegenheiten. Weiterhin von Giehl, A.-L., Europäisierung.

6 Kaufmann, F.-X., Kirchenkritik, 69–84.

7 Siehe Isensee, J., Die Amtsverantwortung, 6.

8 EKD, 6. KMU. In diesem Kontext auch Schüller, T., Unheilige Allianz.

9 Der Co-Autor Schrage kann zudem auf eine beträchtliche Anzahl an einschlägigen Publikationen verweisen, siehe etwa: Schrage, B., Reif für das 21. Jahrhundert.

10 Hense, A., Arbeitsrecht ändern, 42.

11 In diesem Sinn Titel wie Vorwort von Reichold, H., Die Grundordnung 2022, 5.

solche Untersuchungen umso notwendiger. Nur so erhält man eine valide Bewertungsgrundlage, um Grund und Grenzen des kirchlichen Arbeitsrechts ausloten zu können.

3 Assoziationen aus juristischer Perspektive

3.1 Heutige Entwicklung des kirchlichen Arbeitsrechts am Ende bundesrepublikanischer Kirchenfreundlichkeit

Immer wieder rekurrieren Fischer/Schrage auf die Rechtsprechung insbesondere des Europäischen Gerichtshofs (EuGH). In der Tat erfolgte die Entwicklung des kirchlichen Arbeitsrechts nicht intra muros (im Inneraum), sondern stand immer in Beziehung zur Umwelt und hier v. a. der Rechtsprechung der weltlichen Gerichte. Auf- und Abstieg des kirchlichen Arbeitsrechts korrespondieren mit der Rechtsprechung. Vor einigen Jahren ist dies einmal mit der Formel umschrieben worden, „die Gerichte haben es gegeben – die Gerichte haben es genommen“[12]. Die Rechtsprechung des Bundesverfassungsgerichts (BVerfG) seit den 1980er-Jahren bis zur Chefarztentscheidung 2014 war – grosso modo – durch eine beträchtliche Kirchenfreundlichkeit gekennzeichnet. Das BVerfG befindet sich im Kontext der Europäischen Union aber in einer Sandwich-Position zwischen dem Bundesarbeitsgericht (BAG) und dem EuGH. Beide Gerichte interagieren via europarechtlich veranlasstem Antidiskriminierungsrecht und Vorlagen, die das BVerfG umgehen und damit die Frage provozieren, ob der EuGH ultra vires (jenseits der Befugnisse) handelt. Neben den durch Art. 17 Abs. AEUV eventuell nicht vollends geklärten Fragen zwischen EU-Recht und mitgliedstaatlichem Staatskirchenrecht existiert ein (potentieller) gerichtlicher Kompetenzkonflikt, der angesichts der anhängigen, aber bis jetzt noch nicht entschiedenen Verfassungsbeschwerde in der Rechtssache Egenberger staatskirchenrechtlich „in der Luft hängt“. Man kann demnach im Schrifttum lesen, der kirchliche Akteur sei gut beraten, sein Selbstverständnis nicht als „selbstverständlich“ zugrunde zu legen, sondern zu reflektieren und argumentativ, u. a. religiös-theologisch, aber auch organisationstheoretisch informiert, aufzuarbeiten. Insofern ist es erst einmal formal konsequent, dass der neuen Grundordnung ein umfangreiches Grundsatzpapier, die Bischöflichen Erläuterungen zum kirchlichen Dienst, an die Seite gestellt wird. Aber erst in der Zusammenführung dieser Zugänge erweist sich eine glaubwürdige Praxis kirchlicher Selbstbestimmung. Die präskriptiven Anforderungen des kirchlichen Arbeitsrechts müssen in den Schranken des allgemeinen Arbeitsrechts einen deskriptiv geführten Erweis ihrer Stimmigkeit in Bezug auf das Ethos der Organisation erbringen. Dies

12 Hense, A., Arbeitsrecht ändern, 42.

trägt dann der vom EUGH eingeläuteten begründungstechnischen Beweislastumkehrung Rechnung. Daher ist es ebenso konsequent wie nötig, dass Fischer und Schrage eine bereichsspezifische Bohrung durchführen, die dann letztlich doch noch einmal näher an der gelebten Wirklichkeit ist als es allgemeine Erläuterungen, die präskriptiv wirken wollen, sein können.

3.2 Zwischen Individuum und Institution – staatskirchenrechtliche Referenzen

3.2.1 Problematisierung Die Glaubwürdigkeit der Kirche zwischen Rechtsetzung und -begründung

Die Studie von Fischer und Schrage fragt nach der Bedeutung der Kirche und des kirchlichen Selbstverständnisses in vier maßgeblichen Berufsgruppen der verbandlichen Caritas. Die Ergebnisse sind bemerkenswert und zeigen zum einen, dass eine beschreibbare Handlungsorientierung am kirchlichen Sendungsauftrag im konkreten Arbeitsfeld nicht angekommen ist. Zum anderen spielt der bekenntnishafte Bezug zur Glaubensgemeinschaft im beruflichen Handeln so gut wie keine Rolle.[13] Ganz überrascht der Befund den Juristen nicht. Schon vor mehr als vierzig Jahren problematisierte Josef Isensee, dass die verfassungsrechtlichen Gewährleistungen, die die caritative Tätigkeit der Kirchen betreffen, durch religiöse Wirkmächtigkeit geprägt sein müssen, um eine entsprechende juristische Wirksamkeit entfalten zu können.[14] Je stärker der religiöse Elan, „desto geringer der Bedarf nach juristischer Absicherung".[15] Isensees latentes Unbehagen legte schon in der Hochzeit staatskirchenrechtlicher Prosperität den Finger in die Wunde, also zu einem Zeitpunkt, als noch vieles als „selbstverständlich" galt und die Kirche im Schatten „des Satz des Böckenförde" (Christoph Möllers) sich gleichsam als Garant für das gute und wohlgeordnete Zusammenleben des Staates wähnen konnte. Vierzig Jahre später, nach weiteren erheblichen Säkularisierungsschüben und einer kirchlichen Polykrise, in der auch so etwas wie eine „Pathologie des katholischen Christentums"[16] stärker zu Tage getreten ist, stellen sich viele Fragen nochmals deutlicher: Was ist überhaupt katholisch,[17] was macht eine Einrichtung zu einer katholischen, wie prägt sich eine religiös fundierte Identität katholischer Einrichtungen aus, wie sieht die

---

13 Beitrag Fischer, M., Schrage, B., 65 f., 70 f.
14 Isensee, J., Katholisches Krankenhaus.
15 Ebd., 507.
16 So der gleichnamige Beitrag von Görres, A., Pathologie.
17 Dass „katholisch" ein komplexer Begriff sei, räumen selbst höchste kirchliche Dokumente ein. So etwa die Kongregation für das Katholische Bildungswesen, Instruktion, Tz. 68: „Das Grundproblem liegt in der konkreten Anwendung der Bezeichnung ‚katholisch': ein komplexer Begriff, der sich nicht einfach nur über ausschließlich rechtliche, formale und doktrinäre Kriterien ausdrücken lässt. Ursachen für Spannungen rühren zum einen von einer reduktionistischen oder rein formalen Auslegung und zum anderen von einer vagen oder geschlossenen Betrachtung der katholischen Identität." Sehr instruktiv aus geschichts- und politikwissenschaftlicher Perspektive Liedhegener, A., Kösters, C., Katholisch, 22–24.

Handlungsrelevanz „des Katholischen“ aus, welche Stellung und Rolle kommt den Einrichtungsträgern zu? Mit der vorliegenden Studie kommt die bisher unbeachtete individuelle Motivation der Einzelpersonen, die im kirchlichen Dienst tätig sind, in den Blick. Welche juristischen Konsequenzen hätte ggf. eine stärkere Beachtung oder Berücksichtigung dieses Umstands? Diese auch von Fischer und Schrage angesprochenen Wandlungsaspekte,[18] die schon vor Jahren in Leitbildprozessen mündeten,[19] thematisieren zahlreiche Schwachpunkte im Kontext des kirchlichen Arbeitsrechts. Wenn konstatiert wird, dass die Kirche unfähig sei, argumentativ zu belegen, was denn die Kirchlichkeit einer kirchlichen Einrichtung genau ausmache,[20] muss dies angesichts des durch die neue Grundordnung propagierten normativen Leitbildes, statt eines personen- einen institutionenorientierten Ansatz[21] zu verfolgen, ein Warnsignal sein. Dies zur Sprache zu bringen ist – im Sinn A. O. Hirschmans – Ausdruck einer besonderen Loyalität.[22] Dies werden nicht alle so sehen. Aber das Staatskirchenrecht ist eine sensible Schnittstelle zwischen Empirie und Theologie.[23] Für den Sektor des kirchlichen Arbeitsrechts ist demnach nicht allein das Staatskirchenrecht die ausschließliche oder vorrangige Reflexionsebene bzw. Bezugswissenschaft. Es ist gut, wenn sich in die Diskussion systematische und praktische theologische Fachdisziplinen einschalten, wie der interdisziplinäre Seitenblick etwa in die Soziologie die eigene Selbstbeobachtung und Selbstreflexion ebenso anregen wie präzisieren kann. Das Kirchlichkeitsproblem ist aus staatskirchenrechtlicher Perspektive – besonders unter den Auspizien des Europarechts – nicht einfach durch bloße Dezision (gesetzliche Entscheidung) eines Diözesanbischofs oder anderer kirchlicher Akteure zu erledigen. Bloße Dezision ist keine Plausibilisierung. Zu den juristischen und auch staatskirchenrechtlichen Standards gehört die hinreichende Begründung.

Darüber hinaus dürfte den kirchlichen Rechtssetzer ähnlich wie den staatlichen Gesetzgeber eine Selbstbeobachtungspflicht treffen, aus der ggf. eine Nachbesserungspflicht hinsichtlich der Normen resultiert.[24] Sollen Normen keine „Attacke auf die Wirklichkeit“ (Friedrich Müller) sein, muss der Blick des Rechtssetzers immer zwischen positiviertem Recht und Rechtswirklichkeit hin- und herwandern. Beides steht in Wechselwirkung. Die vielfach unterstellte, aber keineswegs empirisch flächendeckend untersuchte

18 Beitrag Fischer, M., Schrage, B., 17 f., 23 f.
19 Ebd.
20 Ebd.
21 Dazu etwa eine Tagung in Tübingen, dokumentiert in: Reichold, H., Die Grundordnung 2022. Dazu siehe auch in der Zwischenphase bis zur endgültigen Umsetzung in diözesanes Recht das Online-Forum des DiCV Erzbistum Köln: DiCV Köln, Grundordnung. Ferner etwa Spelge, K., Novellierte Grundordnung. Zur historischen Genese gleichsam „aus erster Hand“ Fuhrmann, M., Zeitenwende.
22 Hirschman, A. O., Abwanderung.
23 Tanner, K., Ekklesiologie.
24 Vgl. hierzu Smeddinck, U., Gesetzgebungsmethodik.

Nichtanwendung der kirchlich selbst gesetzten Regeln,[25] ist für die innerkirchliche Rechtskultur ebenso fatal wie nachteilig in der Außenwirkung. Es entspricht deshalb einer Obliegenheit der Kirche und ist Ausdruck der ihr zugestandenen Autonomie, ihre Gestaltungsfähigkeit zu demonstrieren.

3.2.2 Kirchliches Arbeitsrecht eine überindividuelle, bei der religiösen Kerninstitution zentralisierte Angelegenheit?

Der herkömmliche Pfad der staatskirchenrechtlichen Fundierung eines kirchlichen Arbeitsrechts blickt in der Regel von oben nach unten und hat insofern eine institutionell-organisatorische Grundtendenz. Das Grundgesetz hat keine prinzipielle Schwierigkeit damit, die Herausforderung zu verarbeiten, dass ein Gemeinwesen nicht mit einer Religion an sich, sondern nur mit der Organisation von Religion interagieren kann. Diese muss auch keineswegs sämtliche Ordnungsmuster der sie umgebenden Umwelt kopieren, sondern kann eigenständige und freiheitlich fundierte Abweichungen setzen. Bezugspunkt und Trägerin des kirchlichen Selbstbestimmungsrecht ist dabei aber – ganz präzise gedacht – nicht die einzelne kirchliche Einrichtung, sondern nur die höchste Organisationsstufe der katholischen Kirche eines (Bundes-) Landes, also die Diözese mit dem Diözesanbischof an der Spitze. Selbst das BVerfG ist in dieser Hinsicht – und im Kontext seiner eigenen Rechtsprechung – nicht immer genau, sondern tituliert auch schon mal die einzelne Einrichtung als Trägerin des kirchlichen Selbstbestimmungsrechts. Es macht aber schon einen erheblichen Unterschied, ob eine einzelne Einrichtung selbst eine Rechtsposition wahrnimmt oder ob sie bloß die Destinatärin der Rechtsposition ist, die der religiösen Kerninstitution von Verfassung wegen zugesprochen wird. In letzter Konsequenz wäre dann die einzelne Einrichtung nur Begünstigte des Selbstbestimmungsrechts der Kirchen und wäre eben ohne Gestaltungseinfluss in Bezug auf die Inhalte des dann lediglich umzusetzenden kirchlichen Selbstverständnisses. Anders als sonst in der Freiheitsdiskussion der letzten Jahrzehnte gilt im staatskirchenrechtlichen Diskurs die institutionell-organisatorische der individuellen Dimension mitunter nahezu als übergeordnet.

Die kirchliche Autonomie der Selbstbestimmung – eine Frage der Glaubwürdigkeit

Die Ausführungen von Fischer und Schrage bringen die Grunddimensionalität von Institutionalität und Individualität am Beispiel caritativer Tätigkeit und Wirkens nicht einfach nur nochmals neu zur Sprache, sondern suchen

---

25 Die nach der GrO 2015 geforderte Evaluation ist jedenfalls nicht in dem Maße erfolgt, wie es die wissenschaftlich begründeten Standards einer Gesetzesevaluation erfordert hätten. Die Reformbereitschaft war letztlich so groß, dass der VDD sich das Negativ-Testat wohl ersparen wollte. Art. 12 GrO 2022 sieht aber erneut eine Evaluationsklausel vor.

nach neuen konzeptionellen Wegen und Verortungen. Die vom Bundesverfassungsgericht noch in der Düsseldorfer Chefarzt-Entscheidung so häufig bemühte „Glaubwürdigkeit" der Kirche hinsichtlich der Anforderungen an die Mitarbeitenden im kirchlichen Dienst hat sich von einer gesetzten Grundannahme letztlich angesichts der Polykrise der Kirche in eine Fragwürdigkeit der Institution und Organisation selbst gewandelt, die auf „das" kirchliche Arbeitsrecht selbst ausstrahlt, selbst wenn die neue GrO 2023 immer noch auf den Topos Glaubwürdigkeit der Kirche rekurriert.[26] Die Glaub-Würdigkeit der Institution ist erodiert; demoskopische Trendbarometer belegen, dass das Vertrauen gegenüber der katholischen Kirche – auch im Vergleich zur evangelischen Kirche[27] – massiv abgeschlagen am Ende der Skala rangiert. Exemplarisch lässt sich feststellen, dass Tätigkeiten bei der Kirche oder einer kirchlichen Einrichtungen vielleicht eher verschwiegen werden; anderenfalls müssen sich kirchliche Arbeitnehmer:innen gegenüber Bekannten und Freund:innen (zunehmend) für ihren Job rechtfertigen. Das Renommee einer Tätigkeit bei der Kirche, das vor Jahrzehnten durchaus noch vorhanden war, ist geschwunden. In Vertrauensindices rangiert die katholische Kirche auf unteren Rängen in der Nachbarschaft zu Organisationen, denen keine sonderlich positiven Eigenschaften zugeschrieben werden. Ausgenommen von diesen hinteren Plätzen im Ranking ist aber die Caritas. Eine solche Konstellation ist vielleicht keine kirchengeschichtliche Anomalie, selbst wenn Theolog:innen immer wieder darauf hinweisen, dass die Kirche keine bloße Sozialagentur sei. Der Kulturhistoriker Klaus Bringmann hat schon für die „junge Kirche" konstatiert, dass vermutlich „die karitative Tätigkeit der Frauen für die Ausbreitung des Christentums von größerer Bedeutung [gewesen sein dürfte] als die oft spitzfindigen theologischen Streitigkeiten um die Formulierung des wahren Glaubens".[28]

Kerninstitution und Umfeldorganisation – wer bestimmt die Glaubwürdigkeit?

Wie sieht es mit dem kausalen Nexus zwischen religiöser Kerninstitution (vulgo „verfasste Kirche") und kirchlichen „Umfeldorganisationen"[29] – wie z. B. sozialen Dienstleistungseinrichtungen der Caritas – aus? Wurde ehedem mit der Glucken-Metapher insinuiert, dass sich die caritativen Einrichtungen als Küken im rechtlichen Konfliktfall unter die wärmenden Flügel der Glucke, d. h. der Amtskirche als Trägerin des kirchlichen Selbstbestimmungsrechts

---

26 Siehe etwa Präambel dritter Spiegelstrich sowie Art. 7 Abs. 2 Satz 1 und Absatz 3 Satz 1 GrO 2023 sowie die Bischöflichen Erläuterungen zur GrO.
27 Während der Niederschrift dieses Beitrags haben Vorkommnisse in der evangelischen Kirche einen Beleg dafür geliefert, wie toxisch sexueller Missbrauch bzw. sexualisierte Gewalt für die Glaubwürdigkeit der Kirche sind.
28 Bringmann, K., Kleine Kulturgeschichte, 240.
29 Zu dieser Kategorie näher Morlok, M., Art. 140 GG.

flüchten konnten,[30] so stellt sich zunehmend die Frage, welche Vorteile sich aus der Zuordnung zum Muttergemeinwesen verfasste Kirche für die Caritas gerade im Bereich des kirchlichen Arbeitsrechts ergeben. Sind die staatskirchenrechtlichen Flügel vielleicht nicht nur gestutzt, sondern sogar zur Last geworden? Eine andere Frage könnte auch sein, ob die jeweilige Einrichtung oder der jeweilige Verband nicht lieber selbst die verfassungsrechtliche Position Art. 140 GG i.V.m. Art. 137 Abs. 3 WRV wahrnehmen möchte, was aber verfassungsrechtsdogmatisch eher ausgeschlossen ist. Könnte es hier möglicherweise eine abweichende europarechtliche Option geben, die im Feld des Arbeitsrechts ein Ausscheren aus dem „lebendigen Konnex"[31] mit der Amtskirche ermöglichte? Führt die gegenwärtige Entwicklung möglicherweise dahin, dass sich die Zentralperspektive auf das Muttergemeinwesen beim kirchlichen Individualarbeitsrecht entkoppelt und die Perspektive sich gleichsam metakonstitutionell (z. B. durch anwendungsvorrangiges Europarecht) auf die jeweilige Einrichtung verlagert? Damit wird eventuell auch die Sinnfrage der Regelung von Art. 1 Abs. 6 GrO 2023 gestellt.[32] Sollte das Zurückschneiden individualarbeitsrechtlicher Kirchenpositionen fortschreiten, könnte diese Entwicklung zudem die Systemfrage des kirchlichen Kollektivarbeitsrechts verschärfen. Zwar ist dies nicht explizit Gegenstand der Untersuchung von Fischer/Schrage, dennoch ergibt sich aus der Studie die Frage auf welcher institutionellen Ebene sich Mitarbeitende mit der Kirche identifizieren.[33] Hier fehlt es seitens der Grundordnung an einer Klärung und in der Folge bleibt unklar, auf welche Weise die Ziele und Werte einer Einrichtung letztlich bestimmt werden, die Bewerbende mit Vertragsunterzeichnung anerkennen bzw. mit denen sie sich in der Tätigkeit identifizieren sollen (vgl. Art. 6, Abs. 1, 4 Satz und Abs. 2 GrO 2023).

Ko-Evolution des institutionenbezogenen kirchlichen Arbeitsrechts durch die einzelnen Mitarbeitenden?

Der vorgenannten institutionell-organisatorischen Perspektive tritt eine Dimension an die Seite, die ebenfalls schon mehrfach angeklungen ist: Wie sieht es mit der religiösen Motivation der einzelnen Arbeitnehmer:innen aus? Welche rechtliche Bedeutung kommt dem zu? Bis jetzt wurde die individuelle Seite v. a. als Arbeitnehmerschutzrechte thematisiert, wie wäre es, die

30 Isensee, J., Karitative Betätigung, 403.
31 Ebd.
32 Diese Regelung ist als staatskirchenrechtliche Kompensation für die begrenzte Reichweite bischöflicher Jurisdiktion über private juristische Personen kanonischen Rechts eingeführt worden, als Folge einer kirchengerichtlichen Grundsatzentscheidung (vgl. Tribunal Delegatum et a supremo Signaturae Apostolicae Tribunali Constitutum v. 31.3.2010 – 42676, 09 VT – [GesR 2010, 497–503, mit Anm. Stefan Muckel, ebd., 503–505]).
33 Aber der Mitautor Bruno Schrage bringt in anderen Zusammenhängen diese Fragestellung durchaus aufs Tapet. Etwa mit dem Hinweis, dass „Streik nicht unchristlich" sei, Schrage, B., Kirchliches Arbeitsrecht.

individuelle religiöse Motivation in die normative Betrachtung mit aufzunehmen?[34] Grundrechte sind zwar vorrangig Abwehrrechte des Einzelnen gegenüber dem Staat und die Drittwirkung von Grundrechten im gesellschaftlichen Bereich zwischen nichtstaatlichen Akteuren rechtlich umstritten, aber lässt sich kirchliche Arbeit bzw. Arbeit bei der Kirche nicht möglicherweise auch individualbezogen betrachten? Grundsätzlich lassen sich dafür anschlussfähige Bezugspunkte in der neuen GrO 2023 finden: etwa in dem Regelungskontext zu Sendungsauftrag und Dienstgemeinschaft (Art. 2 Abs. 2 und 3 GrO 2023), eventuell auch in der Diversitätsregelung in Art. 3 Abs. 2 oder der Identitätsklausel, die eine permanente, dynamische Gemeinschaftsaufgabe ist. Es zeigt sich aber auch, dass die Kontexte religiöser Praxis weder rein überindividuell-institutionell-organisatorisch noch rein individuell sind; um es mit dem kürzlich verstorbenen Soziologen Rainer Schützeichel zu formulieren: „Religion und Religiosität sind nicht in das Bewusstsein der einzelnen Individuen verbannt, sondern in gemeinschaftliche Praktiken integriert (…). Nicht Individuen, sondern gemeinsame Lebensformen sind die Subjekte gelebter Religion."[35] Schützeichel weist aber auch darauf hin, dass die religiöse Praxis eher ein durch Pluralität geprägtes Geschehen sei und nur in Extremfällen von dogmatischer Reinheit gekennzeichnet werde.[36] Vielleicht empfehlen sich auch Seitenblicke in andere Facetten des Staat-Kirche/Religion-Einzelnen-Verhältnis, in denen sich vergleichbare Konstellationen der Polarität Institution – Individuum in religiösen Angelegenheiten finden.[37] Die vorliegende Studie zeigt auch in dieser Hinsicht die Notwendigkeit für die Kirche auf, die Relevanz religiöser Praxis und christlicher Handlungsorientierung in beruflichen Kontexten als gemeinschaftlich motivierte Tätigkeiten zu plausibilisieren.

Kirchliche Rechtsautonomie verlangt eine doppelte Plausibilität

Diese hier nur anzudeutenden Fragestellungen mögen als staatskirchenrechtsfern empfunden werden. Dies sind sie aber nur auf den ersten Blick. Die europäische Rechtsprechung hebt im Arbeitsrecht den Vorrang bzw. das „besondere Gewicht" der institutionell-organisatorischen Seite auf und überantwortet letztlich den konfliktvermeidenden Ausgleich zwischen Individuum und Institution einer (objektiven) Letztentscheidung durch weltliche Richter. Rechtswissenschaftlich ist dies nicht zwingend und auch nicht unproblematisch, weil sich damit gleichermaßen der Vorwurf einer „Richtertheologie"

34 Grundsätzliche Überlegungen in diese Richtung wohl auch schon bei Neumann, V., Individuelle Religionsfreiheit.
35 Schützeichel, R., Kontexte, 85.
36 Ebd., 85.
37 Derjenige, der sich mit rechtlichen und religionspädagogischen Fragestellungen des verfassungsrechtlich verbürgten Religionsunterrichts (Art. 7 Abs. 3 GG) auseinandersetzt, wird auf Vergleichbares stoßen. Zu grundlegenden Aspekten siehe den Sammelband von Heinig, H. M. u. a., Christlicher Religionsunterricht, Tübingen 2024..

(Hans Michael Heinig) verbinden lässt oder das Bedenken, dass in der Richtertätigkeit eine durch die staatliche Freiheitsordnung schon (längst) begrabene Kirchenhoheit weltlicher Mächte „fröhliche Urständ“ feiere.[38] Es lässt sich aber möglicherweise als Signum der Zeit ausmachen, dass die formative Kraft staatlicher bzw. weltlicher Regulierung in religiösen Angelegenheiten wieder zunimmt. Die Mehrfachkrisen des kirchlichen Bereichs, aber auch andere Phänomene, die mit islamischen Akteuren zusammenhängen, lassen deutlicher als in den Jahrzehnten vorher zu Tage treten, dass religiöse Freiheit keine Einbahnstraße ist,[39] sondern von Religionen auch Gefahrenkonstellationen ausgehen können.[40] Diese Ambivalenzen bedürfen dann wiederum staatlicher Regulierung. Es bedarf somit einer glaubwürdigen Selbstbestimmung, die sich zum einen in den Schranken des weltlichen Arbeitsrechts bewegt und zum anderen von Mitarbeitenden in den unterschiedlichsten Berufen der Kirche verstanden, rezipiert und als Handlungsorientierung gelebt werden kann.

Unabdingbare Voraussetzung: die religiös-theologische Selbstvergewisserung

Der Befund, der der Kirche eine Unfähigkeit zur Selbstumschreibung hinsichtlich des kirchlichen Dienstes attestiert,[41] rührt an ein staatskirchenrechtliches Grundaxiom. Dieses bindet sämtliche religiösen und kirchlichen Freiheitsrechte an das Selbstverständnis der jeweiligen Glaubensgemeinschaft bzw. Religionsgesellschaft.[42] Sowohl für die Plausibilisierung des Grundrechts der Religionsfreiheit als auch die Wahrnehmung des kirchlichen Selbstbestimmungsrechts ist es unabdingbare Voraussetzung, dass es eine religiös-theologische Selbstvergewisserung der religiösen Kerninstitution über „ihre Angelegenheiten“ gibt (Art. 140 GG i. V. m. Art. 137 Abs. 3 WRV). Nur in einem solchen Fall kann den Darlegungsobliegenheiten und den argumentativen Plausibilisierungslasten im von der Verfassung geforderten Maße nachgekommen werden. Aus staatskirchenrechtlicher Perspektive ist es insofern verständlich, dass mit der jüngsten Grundordnungs-Reform dem eigentlichen Normtext „Bischöfliche Erläuterungen“ beigegeben worden sind. Diese sollen aber nicht an dieser Stelle im Einzelnen gewürdigt werden. Ob sie in irgendeiner Weise wirksam sein werden, wird sich zeigen. Es könnte aber – wie bereits angedeutet – sein, dass diese theologische Selbstvergewisserung zum einen zu spät kommt, da die Zeitläufte schon längst über solche konzeptionellen Ansätze hinweggegangen sind, und zum anderen, dass es mitunter

38 Isensee, J., Kirchliche Loyalität, 741.
39 Müller, M., Religion, 75.
40 Vgl. Hense, A., Staat und Religion, S. 15 ff. Siehe auch Dreier, H., Vom Stabilitätsgaranten.
41 Vgl. etwa Fischer, M., Schrage, B., s. 17 f.
42 Grundlegend Morlok, M., Selbstverständnis.; Isak, A., Das Selbstverständnis; dazu kritisch Isensee, J., Rezension.

an der religiös-theologischen Tiefendimension und problematisierenden Kontextualisierung fehlen könnte. Dies mögen andere Fachwissenschaftler:innen und auch Praktiker:innen klären. Die Untersuchung von Fischer und Schrage ist jedenfalls ein erster „Gegen-Check" zu den in diesen Erläuterungen getätigten Aussagen. Ein Ergebnis einer solchen theologischen Selbstvergewisserung deutet Bruno Schrage in einem neueren Zeitschriftenbeitrag an:[43] Er plädiert für eine Differenzierung zwischen Glaubensgemeinschaft (Zugehörigkeit zur katholischen Kirche) und Überzeugungsgemeinschaft (Mitarbeitende am Sendungsauftrag der Kirche). Erstere meint die Kirche als sakramentale Heilsgemeinschaft im Sinne von LG1 und die zweite die Realisierung in der Arbeitswelt gemäß GS1. Beide sind aufeinander verwiesen.

Das Selbstverständnis der Kirche – auch eine kontextuelle Größe

In der Retrospektive ist festzuhalten, dass die Herausbildung des kirchlichen Individual- und Kollektivarbeitsrechts jeweils in zeitlichen Kontexten erfolgt ist, die indizieren, dass diese Rechtsgebiete von geschichtlich bedingten Faktoren und Zeitumständen – etwa dem Stellenwert der Kirchen und deren Wertschätzung als öffentliche Akteure – abhängig sind.[44] Hierbei wird sich das kirchliche Individualarbeitsrecht nicht einfach mit dem kollektiven Arbeitsrecht und dem sog. Dritten Weg parallelisieren lassen, sondern beides ist durchaus abgeschichtet voneinander zu betrachten und zu bewerten.

(1) Wandlungsetappen des kirchlichen Individualarbeitsrechts

Bei der Prägung und Ausformung des kirchlichen Arbeitsrechts kommt der Rechtsprechung als Außensteuerungsfaktor nicht unerhebliche formative Kraft zu. Bis 2014 war dies in der Rechtsprechung des BVerfG v. a. eher affirmativ, durch die Rechtsprechung insbesondere des EuGH ist es hier zu einem bereits mehrfach angedeuteten Wandel gekommen.[45] Prägnant beschreiben Fischer und Schrage das Idealbild des „kirchlichen Dienstes" als im Ordensleben wurzelnd.[46] Der klösterlichen Disziplin wurde auch in profanen Kontexten durchaus Prägekraft zugemessen, etwa bei der „Fabrikdisziplin".[47] Die GrO von 1983 lastete die ganze Verantwortung für die Kirchlichkeit noch bei der Loyalität der Mitarbeitenden ab.[48] Wenn die GrO von 1993 hier eine größere Trägerverantwortlichkeit akzentuierte und insofern einen gewissen

---

43 Schrage, B., Reset-Knopf, 9 ff. (insbes. 13).
44 In diese Kontextualisierung sind auch Wandlungen und Änderungen des Denkens über „Kirche" wie theologische Grundaussagen mit einzubeziehen.
45 Giehl, A.-L., Europäisierung, 119 ff. Mit großer Tiefendimension ferner Morgenbrodt, K., Loyalitätsobliegenheiten.
46 Beitrag Fischer, M., Schrage, B., 17 f., 25 f.
47 Grundlegend dazu Treiber, H., Steiner, H., Fabrikation.
48 Sehr konzise ist dies und das Folgende beschrieben bei Deckers, D., Grundordnung, 4. Dieser Beitrag ersetzt ganze Monographien kirchlicher Arbeitsrechtsentwicklung bis 2014!

Perspektivenwechsel einleitete, so ging man seinerzeit noch davon aus, genügend katholisch sozialisiertes Personal zu finden.[49] In einer Zeit, in der die Zahl der Kirchenmitglieder zwar immer noch relativ hoch ist, aber gleichwohl nur noch weniger als die Hälfte der Gesamtbevölkerung überhaupt eine formale Kirchenmitgliedschaft aufzuweisen hat, ist die ursprüngliche Rechnung, die Fischer/Schrage prägnant als „volkskirchliche Profilformel": „100 % katholische Mitarbeitende ergeben 100 % katholisches Profil" titulieren, doch weitgehend obsolet geworden. Die Bundesrepublik Deutschland ist kirchenstatistisch „kein mehrheitlich christliches Land mehr".[50] Ungeachtet einer größeren Sensibilität der Staatskirchenrechtswissenschaft für die Veränderungen im religiösen Feld wurden die kirchlichen Eigenvorstellungen zum kirchlichen Dienst respektive zum kirchlichen Arbeitsrecht nicht zuletzt flankiert durch die kirchenfreundliche Rechtsprechung des BVerfG bis 2014 in den vorgespurten Bahnen über lange Zeit immer eher bestätigt als deren Veränderungsnotwendigkeit eingefordert. So jedenfalls in der Tendenz. Bei genauer Betrachtung würde sich zeigen, dass selbst kirchenfreundliche Autor:innen in früheren Jahrzehnten durchaus immer wieder auf juristische Inkonsistenzen und andere Rechtsprobleme hingewiesen haben. Eine Geschichte des kirchlichen Arbeitsrechts wird dies einmal genauer ans Licht bringen können und die entsprechenden Kontingenzen der Rechtsentwicklung ausmessen. Es kann aber angenommen werden, dass die aktuellen gesellschaftlichen Trends der Emanzipation der religiösen Autonomie der Bürger:innen und einer wachsenden Institutionenkritik Einfluss auf die weitere Entwicklung des kirchlichen Selbstbestimmungsrechts nehmen werden. Das kirchliche Arbeitsrecht wird hierauf reagieren müssen, wenn es nicht die Akzeptanz in einer säkularen Gesellschaft verlieren will.

Mit der GrO 2023 sind jedenfalls die klassischen Loyalitätsverstöße – zivile Wiederverheiratung, Homosexualität – entfallen. Übriggeblieben ist neben einer Kündigung für kirchenfeindliches Verhalten fast nur noch der Kirchenaustritt. Dieser war aber im Rahmen der Reformdiskussionen gerade auch bei den kircheninternen Anhörungen mehr als umstritten für den caritativen Bereich.[51] Die GrO 2023 hat aber, zumal es im deutschen Arbeitsrecht keine sog. absoluten Kündigungsgründe gibt, versucht, die Problematik zugunsten einer Abwägungskonstruktion zu lösen, sodass es dem Grunde nach keine Automatismen gibt (vgl., Art. 7 Abs. 4 GrO 2023). Ob diese nicht völlig unübliche Konstruktion Bestand haben wird, darüber werden deutsche und/ oder europäische Gerichte entscheiden. Die Prognosen der Rechtswissenschaft sind für die kirchliche Position aber eher schlecht, sofern es sich nicht

---

49 Beitrag Fischer, M., Schrage, B., 24 ff.
50 Damberg, W., Religiöse Dynamiken, 482.
51 Vgl. Caritas Deutschland, Diskussionspapier.

um Tätigkeitsfelder handelt, die eine Mitgliedschaft in der Kirche unbedingt voraussetzen;[52] ob dies immer mit der Verkündigungsnähe der betreffenden Tätigkeit korrespondiert, müsste konkret problematisiert werden, da auch dieses Kriterium durchaus deutungsoffen und sinnvariabel erscheint.[53] Würde die Rechtsprechung des EuGH oder die des BAG den Kirchenaustritt nur noch in besonderen Fällen als Kündigungsgrund anerkennen, hätte dies Auswirkungen darauf, ob und inwieweit die Arbeitnehmer:innen nach Religionszugehörigkeit ausgewählt werden können.

(2) „De-Individualisierung" des kirchlichen Arbeitsrechts?
Mit welchen Konsequenzen?

Die Abkehr vom kirchenarbeitsrechtlichen Sanktionsarsenal bei der GrO-Reform 2022 war höchste Zeit. Nur was tritt an die Stelle? Staatskirchenrechtlich von Bedeutung ist, dass religiöse Zwecksetzungen mit einem gewissen „lebendigen Konnex" zum Muttergemeinwesen religiöse Kerninstitution verfolgt werden.[54] Die GrO 2023 umschreibt einerseits durchaus im Pfad der bisherigen Regelungen, andererseits mit bis dato im kirchlichen Arbeitsrecht kaum verwendeten theologischen Wendungen, die Eigenart und die Grundprinzipien des kirchlichen Dienstes.[55]

Bemerkenswert ist Art. 3 GrO 2023, der die Umsetzung der in Art. 2 GrO 2023 genannten inhaltlichen Koordinaten der angeleiteten Selbstprogrammierung der jeweiligen Einrichtungen überantwortet. Nunmehr wird den jeweiligen Einrichtungen die Verantwortung zur Umschreibung der katholischen Identität bzw. des entsprechenden kirchlichen Profils zugeschrieben. An dieser konzeptionellen Konkretisierungsaufgabe, die zum einen dynamisiert und zum anderen an die Dienstgeberseite delegiert ist, zeigt sich die Institutionenorientierung, die als Ziel der Reform des kirchlichen Arbeitsrechts projektiert worden war, in besonderem Maße. Es zeigt sich aber auch, dass die religiöse Kerninstitution und damit auch kirchenverfassungsrechtlich der Diözesanbischof nur noch via Normtext im Spielfeld ist, ansonsten die Umsetzung des Übergangs vom personen- zum institutionenorientierten Verständnis eher ohne bischöfliche Assistenz vollzogen werden soll. Ob dies kritisch zu bewerten ist,[56] mag der Jurist differenziert beurteilen, da dieser

---

52 So das Ergebnis von Giehl, A.-L., Europäisierung. Kritisch dazu Unruh, P., Rezension, 323.

53 So ist etwa das Amt des Diözesanökonomen (c. 494 CIC/1983) – nicht jeder Finanzdirektor hat dieses Amt aber automatisch inne –, daran gebunden, dass die betreffende Person katholisch ist. Dem Verfasser ist zumindest eine Konstellation bekannt, in der eine deutsche Diözese einen Protestanten zum Diözesanökonomen ernannt hat. Dieser kirchenrechtswidrige Akt hat sich aber später erledigt.

54 Isensee, J., Karitative Betätigung, 403.

55 Maßgeblich beteiligt hat sich an dieser inhaltlichen Diskussion der frühere Münchener Generalvikar Beer, P., Institutionenorientierter Ansatz; ders., Loyalitätspflichten 2018; ders., Loyalitätspflichten 2019.

56 Zu diesem episkopalen Rückzug siehe Schrage, B., Reif für das 21. Jahrhundert, 87 f., 123: „Die Bischöfe haben sich selbst – außer in der möglichen Kooperation bei Hilfestellungen zur religiösen und spirituellen Zurüstung – keine Rolle, Verantwortlichkeiten und Aufgabe zuerkannt." (88).

Rückzug auf die ausschließlich normative Steuerung durch die Vorgabe GrO 2023 ein denkbares Modell ist – es fragt sich nur, mit welchen (auch verfahrenstechnischen) Konsequenzen.[57]

Fischer und Schrage problematisieren den Prozess der „De-Individualisierung" des kirchlichen Arbeitsrechts mit der (offenen) Frage, ob und inwieweit ein kirchenspezifisches Kirchenarbeitsrecht überhaupt noch notwendig und für Identitäts- und Identifikationsprozesse angemessen ist.[58] In der Tat wird auch im kirchenarbeitsrechtlichen Schrifttum die Problematik des objektiv überprüfbaren Zusammenhangs zwischen Tätigkeit und beruflicher Anforderung mittlerweile schon viel weitgehender erörtert: „Verwaltungstätigkeiten in kirchlichen Einrichtungen weisen „in der Regel" keinen inhaltlichen Bezug zum kirchlichen Selbstverständnis auf.[59] Dies dürfte zwar nicht dem Selbstverständnis sowohl katholischer als auch protestantischer Kirchenleitungen entsprechen, indiziert aber, dass keineswegs nur der caritative Sektor unter konzeptionellen Rechtfertigungsdruck gerät, sondern dies auch Verwaltungsstrukturen kirchlicher Kernorganisation erfassen kann bzw. erfasst.[60] Die GrO 2023 sucht dem schon durch eine Regelung wie Art. 6 Abs. 4 gerecht zu werden, indem katholisch die Personen sein müssen, „die das katholische Profil der Einrichtung inhaltlich prägen, mitverantworten und nach außen repräsentieren": diesem Personenkreis wird durch die GrO zudem eine „besondere Verantwortung für die katholische Identität der Einrichtung" zugeschrieben. Was diese Verantwortungsattribution bedeutet und wie weit sie sich erstreckt (Beschränkung nur auf Leitungsfunktionen?), wird zu beobachten bleiben.

So sehr man geneigt ist, mit der De-Individualisierung des kirchlichen Arbeitsrechts in einem Zuge dessen „Ent-Individualisierung" anzunehmen, so sehr muss man auch konstatieren, dass selbst der EuGH keineswegs kirchliche Besonderheiten in entsprechenden Arbeitsverhältnissen ausschließt. Die kirchlichen Regelungs- und Handlungsspielräume werden durch die Rechtsprechung aber wesentlich intensiver inhaltlich durch die antidiskriminierungsrechtlich vorgegebenen Parameter dirigiert und dabei auch formell einer höheren Kontrollintensität der unabhängigen weltlichen Gerichtsbarkeit ausgesetzt. Die GrO 2023 will die Mitarbeitenden nicht von Anforderungen

---

57 Als Beispiel dafür, dass ein Bischof selbst in diesem Kontext noch wohlmeinende, d. h. unterstützende Steuerungsverantwortung verspürt, das vom mittlerweile emeritierten Osnabrücker Bischof initiierte Projekt: Bode, F-J., Projekt. Siehe auch Erzbistum Berlin, Christliches Profil.

58 Beitrag Fischer, M., Schrage, B., 30 ff. (besonders deutlich in Heinig, H. M. u. a., Christlicher Religionsunterricht). Siehe an anderer Stelle Schrage, B., Reif für das 21. Jahrhundert, S. 89 ff.

59 Dezidiert Giehl, A.-L., Europäisierung, 235.

60 Siehe den in Fn. 53 angedeuteten Fall. Einmalige Besetzungen mit Nicht-Konfessionsangehörigen o. a. werden antidiskriminierungsrechtlich nicht selten als Dementi aufgefasst, dass die jeweilige Funktion mit einem Religionsangehörigen besetzt werden muss.

und Erwartungen freistellen (vgl. Art. 1 Abs. 1 und 3 GrO 2023), aber genauso wenig den Dienstgeber als dem jeweiligen Rechtsträger der Einrichtung (Art. 1 Abs. 1 und 4 GrO 2023). Personelle und einrichtungs- sowie trägerbezogene Aspekte werden in der GrO demnach auf „eigenartige" Weise miteinander verkoppelt. So ist zu fragen, ob der Institutionsansatz der GrO das kirchliche Selbstverständnis einer Einrichtung an der Konfessionalität einer Leitungsperson oder eher an konzeptionell verankerten Vergewisserungsstrategien und entsprechenden Verfahrensabläufen zur Entwicklung und Plausibilisierung des kirchlichen Selbstverständnisses festmacht.

3.2.3 Europarechtliche Rahmenbedingungen eines kirchlichen Arbeitsrechts

Die europarechtliche Einflussnahme auf das kirchliche Arbeitsrecht erfolgt über das Antidiskriminierungsrecht. Fischer/Schrage konstatieren daher, dass der EuGH in seinen kirchenarbeitsrechtlichen Entscheidungen den personen- und institutionenorientierten Ansatz um den tätigkeitsbezogenen erweitert und dies unter dem Dach eines Organisations-Ethos verhandelt.[61] Anhand des Maßstabs Ethos der Organisation wird europarechtlich geprüft, ob es sich nach der Art der Tätigkeit oder den Umständen ihrer Ausübung um eine „wesentliche, rechtmäßige und gerechtfertigte berufliche Anforderung angesichts des Ethos der Organisation" handelt, die wiederum verhältnismäßig sein muss. Dieser Maßstab ist durch die Antidiskriminierungsrichtlinie 2000/78/EG vorgegeben und wird durch den EuGH angewendet. Deutlich festzuhalten ist, dass das Europarecht und der EuGH nicht die „subjektive Primärgewichtung"[62] eines derartigen religionsgesellschaftlichen Selbstverständnisses verhindern wollen.[63] Insofern werden kirchliche Regelwerke weiterhin von Bedeutung bleiben. Relationiert und letzten Endes durchaus relativiert wird aber die Bedeutung dieses Selbstverständnisses für die effektive Gewährleistungsreichweite kirchlicher Selbstbestimmung. In der „objektiven Sekundärgewichtung"[64] kommt nicht mehr das bundesverfassungsgerichtliche „besondere Gewicht" des kirchlichen Selbstverständnisses zum Tragen, sondern der in der europäischen Rechtsprechungslinie angelegte „funktionsdifferente Ansatz".[65] Fischer und Schrage rekurrieren insofern völlig zu Recht auf die größere normative Relevanz des Tätigkeitsbezugs und weisen ihm in den weiteren Darlegungen einen großen Stellenwert zu.[66]

61 Beitrag Fischer, M., Schrage, B., 31 f.
62 Morlok, M., Selbstverständnis, 428 f. Rezipiert von Morgenbrodt, K., Loyalitätsobliegenheiten, 520 ff.
63 Dazu und zum Folgenden Morgenbrodt, K., Loyalitätsobliegenheiten, 517 ff. und passim.
64 Morlok, M., Selbstverständnis.
65 Dazu Morgenbrodt, K., Loyalitätsobliegenheiten, 204 ff., 534 ff. (zur Kompatibilität dieses Ansatzes mit Art. 140 GG i.V.m. Art. 137 Abs. 3 WRV) und passim.
66 Beitrag Fischer, M., Schrage, B., 40 f.

Ethos von Organisationen nach Antidiskriminierungsrecht und Rechtsprechung

Der Topos „Ethos der Organisation“ ist ein Rechtsbegriff, der explizit in Art. 4 der Antidiskriminierungsrichtlinie 2000/78/EG Verwendung findet, ohne dass er in den Erwägungsgründen zu dieser Richtlinie näher erläutert wird. Fischer/Schrage bedauern sehr, dass angesichts der begrifflichen Offenheit des Topos „Ethos der Organisation“ weder der europäische Gesetzgeber noch die Rechtsprechung des EuGH diesen Rechtsbegriff näher erläutert hätten.[67] Dem könnte man vielleicht juristisch entgegenstellen: Zum Glück! Angesichts der Definitionsoffenheit dieses Topos ist der juristische Gestaltungsraum noch nicht engmaschig abgeschlossen. Die Unbestimmtheit von Begriffen ist keine juristische Anomalie, auch wenn dieser Begriff eine zentrale Bedeutung für die künftige Bewertung der Selbstbeschreibung des kirchlichen Selbstverständnisses haben wird. Bevor auf den Transfer von anderen fachwissenschaftlichen Ethos-Definitionen zurückgegriffen wird, ist gemäß der herkömmlichen juristischen Hermeneutik, dieser Topos anhand der historisch-genetischen Auslegung zu analysieren (1), bevor dann auf einen die Terminologie Organisation/Institution betreffenden Aspekt eingegangen wird (2).

(1) Ethos – ein schwieriger Begriff nicht nur in rechtlichen Kontexten

Fischer und Schrage nehmen den Begriff des Ethos durchaus als eine „zentrale Leitkategorie“ ihrer Untersuchung,[68] sodass hier auch der staatskirchenrechtliche Kommentar anknüpfen kann, zumal es sich um eine terminologische Kategorie einer europäischen Rechtsquelle handelt. Fischer/Schrage rekurrieren zur Umschreibung des „merkwürdig unbestimmten Begriffs“ eher auf nicht-juristische Erklärungen und Umschreibungen, sodass der juristische Kommentar zu diesem Aspekt Trennendes wie Verbindendes ansatzweise andeuten kann. Erwähnt sei, dass die Ethos-Kategorie immer schon im Kontext des Beamtenrechts Verwendung fand. Das Beamtentum wird geprägt durch die Kategorie des Dienstes, die Idee des Amtes und das Ethos des Berufs.[69] Das Amtsethos ist in einem freiheitlich-demokratischen Rechtsstaat durch eine ausschließliche Gemeinwohlorientierung fundiert.[70] Die Pflichten „lassen sich nicht vollständig in Rechtssätze fassen. Soweit es

---

67 Ebd., 43 f.
68 Ebd., 41 f.
69 Vgl. Isensee, J., Affekte, 22. Aus verwaltungswissenschaftlicher Perspektive sehr aufschlussreich Seibel, W., Arbeitender Staat. Grundlegend wird die Problematik aufbereitet in der Bonner Dissertation von Hilp, U., „Den bösen Schein meiden“.
70 Näher Isensee, J., Transformation.

diese gibt, bleiben sie denn auch zumeist unbestimmt. Die geschriebenen und ungeschriebenen Rechtsnormen gehen über in ein weites Feld amtsethischer Gebote und diese in ein noch weiteres Feld des guten Stils."[71]

(2) Ethos der Organisation – mehr als Ziele der Organisation?
Der gesetzgeberische Bezug auf ein „Ethos der Organisation" war dem Europarecht bis zur Antdiskriminierungsrichtlinie fremd. Die Referenz „Ethos der Organisation" wurde auf das Drängen Irlands in den Richtlinientext aufgenommen.[72] Ein ursprünglicher Richtlinienentwurf verwendete noch die Formulierung „Ziele der Organisation".[73] Die bloße Ziel-Referenz erschien den Normgeber:innen letztlich zu unspezifisch, sodass sie aus dem irischen Rechtskreis den Topos „ethos of the institution" zwar nicht vollends rezipierten, aber das Grundmuster übernahmen.[74] Intendiert war damit, keine rein säkulare Formel zu verwenden, sondern eine Formulierung zu finden, die eine Berücksichtigung des Selbstverständnisses religiöser oder weltanschaulicher Organisationen ermöglichte.[75] Der irische Supreme Court hatte sich 1997 schon vor dem Hintergrund der Regelung in Art. 37 des Employment Equality Act mit dem Ethos-Begriff auseinandergesetzt und dessen hinreichende Bestimmtheit angenommen:[76] „It is true that ‚ethos' is a vague term and is nowhere defined in the Bill. Chambers English Dictionary gives, *inter alia*, the following meaning to the word ‚the distinctive habitual character and disposition of an individual group'".[77] Der irische Supreme Court reklamierte für sich aber durchaus ein weitgehende Überprüfungskompetenz hinsichtlich des Ethos und damit wohl eine Kontrollintensität, die der deutschen Verfassungsrechtsprechung eher entgegengesetzt ist.[78] Aber auch der EuGH schränkt die judikative Beurteilungskompetenz hinsichtlich dieses Tatbestandsmerkmal ein: Abgesehen von „ganz außergewöhnlichen Fällen" unterliegt „die Legitimität des Ethos der betreffenden Kirche oder Organisation als solche" nicht der Kontrolle nationaler Gerichte.[79] Dass der EuGH für sich aber darüber hinaus durchaus einschneidendere Entscheidungskompetenzen bei der weiteren Prüfung beansprucht, wenn es um die wesentliche,

---

71 So prägnant Isensee, J., Gemeinwohl, 130.
72 Fink-Jachmann, D., Antidiskriminierungsrecht, 205, 207.
73 Dazu und zum Folgenden Triebel, M., Religionsrecht, 160 f. Siehe auch Fink-Jachmann, D., Antidiskriminierungsrecht, 204 ff.
74 Art. 37 Abs. Employment Equality Act von 1997.
75 Fink-Jachmann, D., Antidiskriminierungsrecht, 205 f.
76 Vgl. Triebel, M., Religionsrecht, 161.
77 Supreme Court of Irland, Employment Equity.
78 Der Supreme Court führt in seiner Entscheidung vom 15. Mai 1997 aus: „It is probably true to say that the respect for religion which the Constitution requires the State to show implies that each religious denomination should be respected when it says what its ethos is. However the final decision on this question as well as the final decision on what is reasonable or reasonably necessary to protect the ethos will rest with the court and the court in making its overall decision will be conscious of the need to reconcile the various constitutional rights involved."
79 EuGH 17. April 2018 – C-414/16, Rdn. 61 – Rs. Egenberger; ferner EuGH – Rs. IR (= sog. Düsseldorfer Chefarztfall).

rechtmäßige, gerechtfertigte sowie verhältnismäßige Ungleichbehandlung geht, ist schon angedeutet worden. Damit ist eine erhebliche Modifikation im Vergleich zur Rechtsprechung des BVerfG und dessen – kirchenfreundlicher – Vorgehensweise verbunden.

(3) Der Ethos-Begriff wird zur Aufgabe

Die irische Gerichtsentscheidung zeigt, dass die Rechtsprechung ggf. auf allgemeine Nachschlagewerke zurückgreift, um einen Begriff wie Ethos zu definieren. In der deutschen Literatur wird nicht zuletzt mit Blick auf die bestehende staatskirchenrechtliche Rechtssprechungstradition geschlussfolgert, dass unter dem Ethos einer religiösen Organisation „die tragenden Grundsätze ihrer Glaubens- und Sittenlehre zu verstehen“ seien.[80] Zu bemerken ist, dass die irische Referenz das Ethos sprachlich auf die Institution bezieht, während der europarechtliche Normtext auf die Organisation abstellt. In anderen fachwissenschaftlichen Kontexten – z. B. der Soziologie – wird zwischen beidem durchaus unterschieden. Es mag historisch-genetisch erklärt werden, dass die Referenz Ethos ein politisch-gesetzgeberischer Kompromiss gewesen ist. Angesichts der geringen Bedeutung, die die europäische Rechtsprechung dem Auslegungsmodus Entstehungsgeschichte einer Norm zuspricht, ist er unter Umständen nicht streitentscheidend. Der Rechtsanwender muss den Begriff Ethos in seiner Kopplung mit Organisation operationabel machen. Es stellt sich demnach nicht die Frage, ob hier von der „Moral“ der Institution[81] oder der Ethik der Organisation oder etwas ähnlichem gesprochen werden kann. Zum Ethos im Gegensatz zu Ethik, Moral und Recht zählen gruppenspezifische Wertvorstellungen und Normen.[82] Dem Ethos eigen sein soll eine präskriptive Funktion. Das Ethos ist keine bloß deskriptive Beschreibung von Einstellungen, Haltungen o.ä. Es verwundert nicht, dass der Ethos-Begriff in Verbindung mit dem Organisationsbezug gerade in den ersten Publikationen zum Antidiskriminierungsrecht der EU aus deutscher Perspektive als das Vehikel genutzt wurde und wohl auch heute noch wird, aus dem Europarecht in die Fahrspur herkömmlicher staatskirchenrechtlicher, d. h. dann deutscher Grundannahmen zurückzukehren. Dann ließe sich normintern über den Topos „Ethos der Organisation“ das jeweilige religionsgesellschaftliche bzw. kirchliche Selbstverständnis erneut als normative Größe in den Regelungszusammenhang einschleusen. Der Topos wäre demnach so etwas wie ein „Schleusenbegriff“. Dieses Einschleusen des religionsgesellschaftlichen Selbstverständnisses mag so noch gelingen;

80 Triebel, M., Religionsrecht, 161; ebenso Fink-Jachmann, D., Antidiskriminierungsrecht, 207. Ohne große Problematisierung Kehlen, D., Europäische Antidiskriminierung, 172. Dazu, dass das Hantieren mit „Glaube und Sitte“ angesichts ekklesialer Polykrise problematisch ist, etwa Schrage, B., Reif für das 21. Jahrhundert, 92 f.

81 Sehr anregende und tiefschürfende Überlegungen dazu bei Lepsius, M. R., Die „Moral“.

82 Konzise, aufschlussreiche Problematisierung der Begriffe bei Knoepffler, N., Angewandte Ethik, 17–21.

misslingen muss aber die Intention, damit die relative Vorrangrelation des Bundesverfassungsgerichts zugunsten kirchlichen Selbstverständnisses künftig in die Abwägungsprozedur zwischen Institutionsinteresse und religiösen Rechten des Mitarbeitenden zu integrieren.

Die Untersuchung von Fischer und Schrage hebt die Relationalität des Topos Ethos noch einmal stärker und differenzierender in den Blick, indem einerseits an die Ethos-Klassifikation des Philosophen Wolfgang Kluxen angeknüpft wird[83] und andererseits – v. a. im Teil II – das Ethos der Berufe in der Caritas spezieller unter die Lupe genommen wird.[84] Hier deutet sich an, dass das Organisationsethos mitnichten eine Eindeutigkeit besitzt, die mit einer für sich wiederum hochauslegungsbedürftigen Kurzformel wie tragende Grundsätze der kirchlichen Glaubens- und Sittenlehre einzufangen wäre. Fischer und Schrage unternehmen einen organisationstheoretischen Erkenntnissprung, der über die jedenfalls staatskirchenrechtlich sehr eingefahrenen Gleise der kirchenarbeitsrechtlichen Diskussion herauszukommen sucht und letzten Endes auf ein praktisches, praxiswirksames Konzept abzielt. Die GrO 2023 verzichtet einerseits auf den Bezug auf Glaube und Sitte, kann andererseits aber nicht vom Topos „Glaubwürdigkeit der Kirche" lassen (vgl. Art. 7 Abs. 2 und 3 GrO 2023), sodass durchaus besorgte Nachfragen dahingehend gestellt werden, ob hier nicht einfach ein möglicher Wiedereintritt bestimmter präskriptiver Glaubens- und Moralvorstellungen vorbereitet wird.[85]

Ethos der Organisation oder der Institution? Und wer entscheidet darüber?

Aus der Perspektive der Staatskirchenrechtswissenschaft ebenso auffällig wie bemerkenswert sind noch gewisse terminologische und kategorial offene Punkte. Dies betrifft zum einen die Ethos-Referenz Organisation oder Institution, und zum anderen die für Jurist:innen immer relevante Frage, wer für die konkrete Disposition über Inhalte zuständig und befugt ist. Kurzum: wer entscheidet? Letzteres ist von staatskirchenrechtlicher Relevanz, weil für die Qualifikation einer Einrichtung als kirchlich nach der Rechtsprechung des BVerfG neben der kirchlichen Zwecksetzung auch die Einflussnahme-Optionen des Muttergemeinwesens „verfasste Kirche" als Trägerin des Selbstbestimmungsrechts nach Art. 140 GG i. V. m. Art. 137 Abs. 3 WRV und damit die Verbindung zwischen der religiösen Kerninstitution und den „Umfeldorganisationen" relevant ist. Es zeigt sich am Letztgenannten, dass die Topoi Institution und Organisation (wie auch Einrichtung lt. GrO 2023)

83 Beitrag Fischer, M., Schrage, B., 35 f.
84 Ebd.
85 Vgl. zu einer solchen Lesart Schrage, B., Reif für das 21. Jahrhundert, 93 f., 104 f.

zwar für juristische Beschreibungsvorgänge von Bedeutung sind, aber auch, dass es keine wirkliche Klarheit über sie im Einzelnen gibt. Es ist jedenfalls auffällig, wie wenig die Leitidee der Kirchenarbeitsrechtsreform 2022/23 vom personen- zum institutionenorientierten Verständnis grundlegend reflektiert wurde.[86] Die Formel hört sich gut an, verspricht eine entlastende Abkehr von den Hypotheken des kirchlichen Individualarbeitsrechts und konnte wohl an Vorverständnisse anknüpfen bzw. bot hinreichende Inspiration für ein konzeptionelles Umsteuern. Jegliche genauere Beleuchtung der oben genannten Begrifflichkeiten wie auch zur Klärung des Ethos-Begriffs mag in diesem Kontext dann als störende Sophisterei empfunden worden sein. Ist es das aber? Die qualitativen Interviews der Studie zeigen, wie notwendig eine Klärung im Sinne der Institution Kirche wie der Personen der Mitarbeitenden ist.

„Ethos der Organisation" muss nach dem europäischen Recht nicht automatisch auf das Selbstverständnis der „verfassten Kirche" rekurrieren, sondern ist auch in der Form denkbar, dass es auf das Selbstverständnis der konkreten Einrichtung und deren Zweck- und Zielsetzung ankommt. Oder anders formuliert: Gibt es möglicherweise ein „Ethos der Organisation" mit einem differenzierten Kirchenbezug und können religiös orientierte Einrichtungen selbst darüber disponieren? Die Rechtsprechung des EuGH lässt es offen und spricht in der Regel alternativ von der betreffenden „Kirche oder Organisation".[87] Dies würde dann aber eine erhebliche Abkehr von staatskirchenrechtlichen Ordnungsvorstellungen in Deutschland bedeuten. Kirchlichkeit setzt immer die über Aufgabenstellung und Aufsicht verbundene Bezogenheit auf das Muttergemeinwesen „verfasste Kirche" voraus.[88] Verrückt hier möglicherweise das Europarecht wiederum gewisse herkömmliche Koordinaten, indem es die religiöse Selbstthematisierung und damit auch die religiöse Selbststeuerung hinsichtlich der Identitätsfindung zugunsten der konkreten Organisation verschiebt und damit die religiöse Kerninstitution überspielt? Dies wäre

86 Ein Versuch dazu aber bei Hense, A., Kirchliches Arbeitsrecht.

87 Siehe EuGH, Urteil vom 17. April 2018 – C-414/16 [ECLI:EU:C:2018:257] – Rs. Egenberger, Rdn. 50 f., 65 ff., 69; ferner EuGH, Urteil von 11. September 2018 – C-68/17 [ECLI:EU:C:2018:696] – IR gegen JQ. Rdn. 51 f.

88 In der Rechtsprechung des BAG (nach einer Entscheidung aus dem Jahr 2007) liegt dies vor, wenn es eine institutionelle Verbindung „zwischen der Religionsgemeinschaft und der Einrichtung [gibt], auf Grund derer die Religionsgemeinschaft über ein Mindestmaß an Einflussmöglichkeiten verfügt, um auf Dauer eine Übereinstimmung der religiösen Betätigung der Einrichtung mit ihren Vorstellungen gewährleisten zu können." So BAGE 125, 100. Die religiöse Kerninstitution muss „sicherstellen können, dass die religiöse Betätigung der Einrichtung in Übereinstimmung mit ihren eigenen religiösen Vorstellungen erfolgt […]."

bei Lichte betrachtet ein weiterer sehr subtiler Nadelstich gegen die überkommene Lesart und Handhabung des Kirchlichkeitskriteriums. Unzweifelhaft lässt sich dies anhand bisheriger Rechtsprechung nicht beantworten.[89]

Bei vorrangig wissenschaftlicher Betrachtung wäre es in diesem Kontext hilfreich und notwendig, die Topoi Organisation und Institution mit Blick auf Kirche und kirchliche Einrichtungen zu klären. Ist beides überhaupt zu differenzieren? Es hat den Anschein, dass frühere Forschungen zu diesem Thema wieder in Erinnerung gerufen werden könnten.[90] Neuere Publikationen greifen diese Problematik durchaus auf.[91] Es wäre dies ein Beitrag zu einer über engere theologische Denkzusammenhänge hinausgehenden Selbstreflexion kirchlicher Sozialgestalt in einer modernen Gesellschaft. Denn: „Empirisch fundierte Organisationsanalysen sind notwendig, um Aussagen über die Dynamik, Ausrichtung und Veränderung von Institutionalisierungsprozessen machen zu können."[92]

Das Ethos der Kirche berührt ihre Vielfalt

Noch etwas anderes ist von Bedeutung: Gibt es nur ein Organisationsethos – oder versammeln sich unter dem einen Dach der Kirche verschiedene? Fischer und Schrage konzentrieren sich zu Recht auf den Caritasbereich. Dies wirft dann die Frage auf, wie denn das Ethos bspw. kirchlicher Verwaltungsstrukturen aussieht? Ist das Ethos anders aufzufassen, wenn es um die Verkündigung von Glaubensinhalten in nomine ecclesiae geht oder um eine Tätigkeit im Bereich des kirchlichen Finanzwesens, selbst wenn dies in der leitenden Funktion eines Finanzdirektors erfolgt? Die Diskussionen über die neue Missio-Ordnung für Religionslehrer:innen machten dies deutlich.[93] Es stellte sich nämlich die Frage, ob diese an den kirchenarbeitsrechtlichen Fortschritten hinsichtlich des Ausschlusses der privaten Lebensführung partizipieren können oder ob für verkündigungsnahe Tätigkeiten schärfere Anforderungen auch hinsichtlich privater Lebensführung pflichten- und sanktionsmäßig zu stellen sind? Letztlich wurde diese durchaus diskutierte Vorgehensweise nicht realisiert.[94] Der Sektor der sog. verkündigungsnahen Tätigkeiten ist aber der Bereich, in dem die Religionszugehörigkeit und vice versa der Kirchenaustritt eine hohe Relevanz hat. Es handelt sich um Tätigkeiten, die eine besondere religiöse Positionalität der betreffenden Person voraussetzen.

---

89 Dazu etwa die beiden Stellen EuGH, Urteil von 11. September 2018 – C-68/17 [ECLI:EU:C:2018:696] – IR gegen JQ. Rdn. 53 und 60, bei denen der EuGH anstatt der üblicherweise verwendeten Doppelformulierung „Kirche oder Organisation" das Possessivpronomen „ihres" ersetzt, womit es aber auf IR und damit die konkrete Einrichtung abstellen würde.

90 Vgl. etwa Kaufmann, F.-X., Kirche.

91 Besonders instruktiv aus evangelischer Sicht: Meyer-Blanck, M., Kirche, 37–54.

92 Weinert, R., Intermediäre Institutionen, 240.

93 Andeutungen dazu bei Röser, S., Neues kirchliche Arbeitsrecht, 27 f.

94 Die deutschen Bischöfe, Musterordnung.

Für die Gruppe der Religionslehrer:innen ist dies evident und wird sicherlich den europarechtlichen Anforderungen genügen. Wie sieht es aber für andere Beschäftigungsgruppen bspw. in der kirchlichen Verwaltungsstruktur, in den kircheneigenen Hochschulen oder in dem großen, beschäftigungsintensiven Bereich der Caritas aus?

Angesichts des funktionsdifferenzierenden Ansatzes des Europarechts bedarf es weiterer konzeptioneller Vertiefungen, Forschungen und wohl auch Verständigungen zur Thematik „religiöser Profession“[95] bzw. – weil es letztlich nicht nur um religiös-professionelles Personal geht – zu professionellen Tätigkeitsbereichen in religiös-kirchlichen Organisationen.[96]

3.2.4 „Ethos der Organisation“ und die neue Grundordnung

Die neue Grundordnung verwendet nicht die Kategorie „Ethos der Organisation“. Stattdessen finden sich im Normtext Umschreibungen wie „die spezifischen Grundlagen des kirchlichen Dienstes“ (Art. 1 Abs. 1, Art. 2 GrO 2023), deren maßgeblicher Bezugspunkt der kirchliche Sendungsauftrag ist.[97] Die Fundamentalreferenz ist insofern die Kategorie „Dienst“. Dessen Eigenart und Grundprinzipien werden in der GrO weiter ausbuchstabiert (z. B. Art. 3 GrO 2023). Flankiert wird dies durch Regelungen, die sich der katholischen Identität von Einrichtungen widmen und hierbei Verantwortlichkeiten für Erhalt und Stärkung des christlichen Einrichtungsprofils benennen. Ganz in der Spur des bisherigen staatskirchenrechtlichen Verständnisses wird die „Kirchlichkeit“ definiert: „Kirchliche Einrichtungen im Sinne dieser Ordnung sind alle Organisationen in öffentlich-rechtlicher oder privater Rechtsform, die als Wesens- und Lebensäußerung der katholischen Kirche einen Auftrag im Einklang mit dem Selbstverständnis der Kirche wahrnehmen und mit ihren Amtsträgerinnen und Amtsträgern in besonderer Weise verbunden sind.“ (Art. 1 Abs. 2 Satz 1 GrO 2023). Der vorstehenden Überlegung, nach der die konkrete Einrichtung selbst über ihr eigenes Ethos disponieren könnte, wird offenbar eine Absage erteilt. In Art. 2 Abs. 2 der GrO wird aber deutlich, dass die Selbstprogrammierung nicht allein zentral von oben erfolgen kann.[98] So ist die „Arbeit an der christlichen Identität der Einrichtung (…) eine Pflicht und eine Gemeinschaftsaufgabe aller und ein permanenter, dynamischer Prozess“ (Art. 3 Abs. 4 Satz 1 GrO 2023). Die grundlagengestaltende Leitidee der GrO beruht somit auf

---

95 Aus soziologischer Perspektive ganz instruktiv Sammet, K., Religiöse Profession.
96 Sämtliche Beiträge von Peter Beer (Fn. 55) legen dies als Programm nahe.
97 Kritisch zum Rekurs auf die kirchliche Sendung Schrage, B., Reif für das 21. Jahrhundert, 94 f.
98 Alle in den Einrichtungen der Kirche Tätigen, gleich ob sie haupt- oder ehrenamtlich, ob sie leitend oder ausführend beschäftigt sind und unbeschadet des Umstandes, ob es sich um Christ:innen, andersgläubige oder religiös ungebundene Mitarbeitende handelt, arbeiten gemeinsam daran, dass die Einrichtung ihren Teil am Sendungsauftrag der Kirche erfüllen kann (Dienstgemeinschaft).

wechselseitigen Pflichtigkeiten und „gemeinsamen" Verantwortlichkeiten von Dienstgebern und den übrigen Mitarbeitenden. Die Formulierung des Organisationsethos wird demzufolge von theologisch-religiösen Grundannahmen gesteuert, bedarf aber aufgrund der Abstraktheit der Konkretisierung, die sich wiederum nur arbeitsteilig verwirklichen lässt und die Mitwirkung aller Akteure voraussetzt. Dies besitzt das Potential, sowohl die Rolle der Führungskräfte als auch aller Mitarbeitenden in einer Einrichtung zu verändern. Der mit Verweis auf A. O. Hirschman bereits angesprochene Aspekt von Loyalität und Kritik wird sich möglicherweise dahingehend auswirken, dass nunmehr alle eine besondere Organisationsverantwortung wahrnehmen und insofern auch die einzelnen Arbeitnehmer:innen eine „Unterwachung"[99] etwa des Vorgesetztenhandelns einer kirchlichen Einrichtung zukommt wie eine Mitverantwortung hinsichtlich der Beschreibung und Verwirklichung des kirchlichen Organisationszwecks überhaupt.[100] Wie ein solcher Aspekt ggf. umzusetzen wäre, dürfte hinsichtlich der vielfältigen Erscheinungsformen kirchlicher Einrichtungs- und Organisationsstrukturen – jenseits des Hinweisgeberschutzsystems – noch nicht vollständig bedacht sein. Das in Art. 1 Abs. 2 GrO 2023 vorausgesetzte kirchliche Selbstverständnis der katholischen Einrichtungen scheint im Verlauf der Grundordnung selbst zur Frage zu werden.

3.3 Identitätsentwicklung – eine Aufgabe des Arbeitsrechts?

All das vorstehend Angesprochene hört sich – zumindest für juristische Ohren mit soziologischen bzw. organisationstheoretischen Interessen – erst einmal nicht völlig ungewöhnlich an. Indem Art. 3 Abs. 4 Satz 1 GrO 2023 die Arbeit an der christlichen Identität der Einrichtung als permanenten, dynamischen Prozess auf Dauer stellt, kann man umgehend die Frage des Soziologen Schelskys assoziieren, ob Dauerreflexion institutionalisierbar sei?[101] Die Verantwortungsteilung zwischen kirchlicher Kerninstitution und konkreter Einrichtung, das Zusammenspiel der in den Einrichtungen Tätigen ungeachtet ihrer dienstrechtlichen Stellung bei der Arbeit am christlichen Profil lassen sich möglicherweise in Beziehung setzen zum Subsidiaritätsprinzip als einem Baugesetz kirchlicher Soziallehre. Damit wird ein weiteres Mal ein inhaltlicher Aspekt verschoben, nämlich die weitgehende inhaltliche Abkehr vom sanktionsorientierten kirchlichen Individualarbeitsrecht[102] hin zu einem organisationsrechtlichen Ansatz, der die Umschreibung des Organisationsethos als Konkretisierungsprozess auffasst.

99 Luhmann, N., Unterwachung.
100 In diesem Sinn wohl die Ausführungen des Bonner Moraltheologen Sautermeister, J., Loyalität.
101 Schelsky, H., Dauerreflexion.
102 Dieses ist nur noch beschränkt auf Extrema wie kirchenfeindliches Verhalten und Kirchenaustritt, wobei letzteres wiederum eine theologische wie kirchenrechtliche Brisanz besitzt, die mitnichten ausdiskutiert ist.

Damit dies nicht im luftleeren Raum erfolgt, rekurriert die GrO auf Theologumena, die der Konkretisierungsaufgabe Maß und Richtschnur sein sollen. Die Topoi Dienstgemeinschaft, Sendungsauftrag, der Rekurs auf die vier Grundvollzüge der Kirche (vgl. Art. 2 Abs. 2 und 4 GrO 2023) und die Aufgabenumschreibung „Arbeit an der christlichen Identität der Einrichtung" (Art. 3 Abs. 4 Satz 1 GrO 2023) bzw. die Verantwortung für ihren „kirchlichen Charakter" (Art. 3 Abs. 3 Satz 1 GrO 2023) lassen leicht erkennen, dass hinter jedem dieser Worte eine begriffliche Problematik und Herausforderung steht. Sehr leicht könnte der mitunter „hohe Ton" theologisch imprägnierter Topoi deutlich werden lassen, dass ihre Orientierungs- und Anleitungskraft nicht sonderlich hoch ist, ja vielleicht sogar im Kontext ebenso fundamentaler wie kontroverser theologischer Diskussionen steht.[103] „Identität" ist sowohl eine juristische als auch in anderen Kontexten anstrengende, vielleicht sogar „gefährliche" Kategorie.[104] Identität kann in einer Organisationsgesellschaft als Differenzthema bespielt werden. Damit gibt es aber noch keine validen Anhaltspunkte dafür, was die „christliche Identität" oder sogar konfessionell zugespitzt die „katholische Identität" einer Einrichtung denn genau ausmacht.[105] Die Untersuchung von Fischer und Schrage verdeutlicht für juristische Leser:innen, dass nicht wenige Topoi in der Gefahr stehen, „Containerbegriffe" oder „Plastikwörter" für die jeweils eigenen Vorverständnisse zu werden, die sich relativ beliebig in die eine oder andere Richtung interpretieren lassen. Deshalb muss man diese Kategorien nicht a priori als Lebenslügen kirchlicher Selbstorganisation und Gestaltung der jeweiligen Arbeitswelten denunzieren. Das Gegenteil kann richtig sein, weil die Übersetzung solcher Kategorien in Theorie und Praxis notwendiger denn je ist und die Schärfung der Sinne für das Regelungsthema durch solche Untersuchungen wie die von Fischer und Schrage eindrücklich verdeutlicht wird. Die Epoche staatskirchenrechtlicher Selbstverständlichkeiten ist aber nicht nur im kirchlichen Arbeitsrecht vorbei. Demnach sind nicht einfach bloß irgendwelche theologisch dekorierten Argumentationslinien nachzutragen. Vielmehr bedarf es einer grundsätzlichen kirchlich-religiösen Selbstreflexion, die dann in (konkrete) Einrichtungskonzepte umgesetzt werden, die etwa transparente und vorhersehbare Aufgabenumschreibungen vornehmen, die Erwartungssicherheit hinsichtlich der Verhaltensanforderungen und

---

103 Sehr kritisch Röser, S., Neues kirchliche Arbeitsrecht, 26: „Die Artikel 2 bis 4 werden ihrer Gattung als Rechtstext nicht gerecht. Sie bieten eine Mischung aus Leitbild, Unternehmensphilosophie, Leitlinien guter Führung und auch etwas Recht."

104 Die schon länger zurückliegende Diskussion im Staatskirchenrecht und dessen Bedeutung für die „kulturelle Identität" eines Gemeinwesens – eine Frage, die durch die (inner-)kirchlichen Entwicklungen der letzten 15 Jahre in einem völlig anderen Licht erscheint – verdeutlicht dies ebenso wie die eher philosophische Positionierung von Jullien, F., Identität. Und sehr bemerkenswert für die vorliegende Thematik ders., Ressourcen.

105 Siehe zur näheren Umschreibung etwa Mathy, R., „Katholische Identität", 27 (insbes. 28–38 und passim).

sonstiger Aspekte generieren. Diese Vergewisserungsaufgabe und notwendige Konkretisierung auf die verschiedenen kirchlichen Handlungsfelder ist eben nicht bereits durch die Bischöflichen Erläuterungen erfolgt.[106]

Der Jurist liest die Untersuchung von Fischer und Schrage darüber hinaus v.a. als eine Mahnung, die arbeitsrechtlichen Kontexte nicht allein in einer juristischen, „amtskirchlich"-organisatorischen Perspektive zu bearbeiten. Gerade das kirchliche Arbeitsrecht hat die sensiblen Schnittstellen zwischen Theologie und Praxis wahrzunehmen und zu bedenken. Und selbst intradisziplinär stellen sich weitere Fragen wie z. B.: Was lässt sich möglicherweise von der Religionspädagogik lernen, ohne dass dies eins zu eins auf die individualarbeitsrechtlichen Zusammenhänge übertragen werden muss? Veranschaulichen lässt sich dies an der Diversitätsklausel des Art. 3 Abs. 2 Satz 1 GrO 2023: Vielfalt in den kirchlichen Einrichtungen wird als eine Bereicherung angesehen. Nur wie verhält sich dies ansonsten zur Einrichtungsidentität? In der Religionspädagogik wird über die Ausbildung einer „konfessorischen Identität als Gestalt religiöser Differenz" diskutiert, um Theologie und Biographie miteinander ins Gespräch zu bringen.[107] Ob dies sich auf kirchliche Arbeitskontexte übertragen lässt? Es zeigt aber, dass sich weitere fachliche, auch intradisziplinäre Seitenblicke nicht nur lohnen könnten, sondern für die geforderte Plausibilisierung des kirchlichen Selbstverständnisses im Sinne der EuGH-Rechtsprechung unabdingbar sind.

4 Offene Fragen an eine neue Ordnungsarchitektur

Die Überlegungen von Fischer und Schrage initiieren eine Reihe von Ethos-Überlegungen hinsichtlich der beruflichen Tätigkeit bei der Caritas. Angestoßen durch das Europarecht – genauer: die Antidiskriminierungsrichtlinie und die Rechtsprechung des EuGH – loten beide die unterschiedlichsten Dimensionen eines derartigen Fokus hinsichtlich einer funktions- und tätigkeitsbezogenen Betrachtung und Beurteilung aus. Sie lösen damit Wahrnehmungssperren, geben Anregungen und Hinweise für das Weiterdenken. Der staatskirchenrechtliche ‚Gebrauchswissenschaftler' hat diese Untersuchung zum Anlass für durchaus rechtsgrundsätzliche Betrachtungen genommen. Konkret stellt sich am Schluss deutlich die Frage, was der Sinn und

---

106 Kritisch etwa Röser, S., Neues kirchliches Arbeitsrecht, 26: „In diesen Erläuterungen haben einige Themen ‚zu viel Theologie' abbekommen". Röser moniert, dass teilweise rechtliche Selbstverständlichkeiten einen „pseudo-frommer Anstrich" verpasst worden sei. Sie anerkennt das Bemühen um religiös-theologische Fundierung, konstatiert aber, dass „gut gemeint" nicht gleich „gut gemacht" bedeute.
107 Kuhlmann, H., Identität.

die Funktion des kirchlichen Individualarbeitsrechts sind, wenn es um die Klärung und die Umsetzung des Organisationsethos geht. Darüber hinaus rührt der europarechtliche Topos des „Ethos der Organisation" an grundlegende Fragen und Herausforderungen einer formalen kirchlichen Selbstorganisation und einer inhaltlichen Selbstprogrammierung „der Kirche" als „komplexer Wirklichkeit" (LG 8).

Eine freiheitliche Rechtsordnung wird ermöglichen und ggf. sogar erwarten, dass Kirche und die ihr zugeordneten oder zurechenbaren Einrichtungen einen Unterschied zu anderen gesellschaftlichen Akteuren machen. Der soziale Gewährleistungsstaat sieht eine Trägerpluralität in den Anbieterstrukturen ebenso vor, wie sozialrechtliche Regelungen die religiösen Aspekte, die für eine Erbringung sozialer Dienstleistungen relevant werden können, zum Regelungsgegenstand erheben (vgl. § 2 Abs. 3 Satz 2 SGB V und § 2 Abs. 3 SGB XI). Die Kirche hat zu klären: Ist das Religiöse ein Superadditum oder ein integraler Bestandteil in ihren verschiedenen Handlungsfeldern?

Weiter stellt sich im Regelungsbereich des kirchliches Individualarbeitsrechts der neuen GrO 2023 die Frage, was ist dessen Funktion hinsichtlich der Herausforderung, religiöse Identität (oder eine andere religiös konnotierte Zielsetzung) zu gewährleisten bzw. zu konstituieren? Ist kirchliches Individualarbeitsrecht hierzu überhaupt geeignet? Oder legt die GrO 2023 konzeptionell die Ordnungsarchitektur schon so sehr in Richtung eines kirchlichen Organisationsrechts, dass es die individualarbeitsrechtlichen Aspekte eher in den Hintergrund treten lässt? Der reduzierte Titel Grundordnung für den kirchlichen Dienst verdeutlich dies ebenso, wie die Aufnahme eher arbeitsrechtsferner Regelungen in die GrO 2023 (z. B. in Art. 4 lit. f) GrO 2023: Aspekte wirtschaftlicher Betätigung, Unternehmensführung, ethisches Investment u. a. als Handlungsaufträge und Ziele des Dienstgebers; oder in lit, c): „angemessene und transparente Kommunikation"). Eine herausfordernde Problematik wird es sein, ob und inwieweit das kirchliche Arbeitsrecht ein Vehikel sein kann, extremistische Positionen, die im Widerspruch zu tragenden Grundsätzen der katholischen Kirche stehen, zu bekämpfen. Die GrO 2023 ist summa summarum zumindest ein sehr hybrides Konstrukt, wodurch die aufgeworfenen Grundsatzfragen aber nochmals verstärkt werden.[108]

---

108 Es wäre aufschlussreich, die einzelnen Aspekte organisationstheoretisch näher zu durchleuchten. Eine Publikation wie Kühl, S., Formaler Wahnsinn würde reichlich Anhaltspunkte liefern.

5 Als Ausblick – nichts Abschließendes

Eine Relecture der grundsätzlichen theologischen Beiträge des ehemaligen Münchener Generalvikars Peter Beer, der bei den Reformarbeiten das grundsätzliche, religiös-theologisch fundierte Neudurchdenken des kirchlichen Arbeitsrechts unternommen hat,[109] könnte zu dem Ergebnis führen, dass die bemerkenswert innovativen Ansätze von Peter Beer letztlich durch die Neufassung der GrO überholt worden sind, weil eine – durchaus allgemein begrüßte wie begrüßenswerte – weitreichende Schleifung des kirchlichen Individualarbeitsrechts vorgenommen wurde. Es stellt sich die Frage, welches kompensierende Konzept kirchlicher Identitätsbeschreibung sich an die Stelle setzt? Die Kurzformel vom personen- zum institutionenorientierten Ansatz mag auf den ersten Blick Entlastung verschafft haben. Auf den zweiten Blick zeigt sich aber erneut die unausweichliche Frage, was für operationalisierbare Ziel- oder Zwecksetzungen verfolgt werden sollen und welche handlungsstrukturierenden Programmatiken damit verbunden sind. Die Untersuchung von Fischer und Schrage hebt die damit konnotierten Herausforderungen und Schwierigkeiten deutlich ins Bewusstsein. Dies setzt zum einen voraus, dass sich die Kirche und die einzelnen kirchlichen Einrichtungen ihren Auftrag selbst reflektieren. Manche erblicken darin eine Selbstbezüglichkeit, die sich Kirche nicht leisten darf, weil sie sich letztlich darin verbrauche; andere sehen angesichts der erheblichen Auflösungstendenzen eines bestimmten römischen Katholizismus darin eine Notwendigkeit, da die gegenwärtigen Polykrisen der Kirche fundamentale Reflexionen erfordern, um wieder, wenn nicht als heilsbringende, so doch als glaubwürdige Institution erfahrbar zu werden. Religiosität und Kirchlichkeit sind zunehmend entkoppelt und es bedarf wieder der Schaffung neuer Relevanzzusammenhänge. Zum anderen kann diese Selbstreflexion nicht nur im systemischen Binnenbereich von Kirche erfolgen, sondern steht in Interaktion mit der die Organisation umgebenden Umwelt.[110] Diakonisch gewendet: Der Dienst-Topos der Grundordnung verlangt nach einer dienenden Kirche.

Fischer und Schrages intensives konzeptionelles Nachdenken über das Organisationsethos und dessen Übersetzung in die konkrete Lebenswirklichkeit caritativer Tätigkeit sowohl von Einrichtungsträgern als auch Mitarbeitenden zeigt, dass dies kein leichter Weg ist. Die Theologumena der GrO und deren Interpretation in den Bischöflichen Erläuterungen könnten für die Herausforderungen des Alltags in caritativen Einrichtungen und in Zeiten ganz erheblichen Fachkräftemangels letztlich noch zu „abgehoben", zu

---

109 Siehe Beer, P., Institutionenorientierter Ansatz; ders., Loyalitätspflichten 2018; ders., Loyalitätspflichten 2019.

110 Dazu etwa Nothelle-Wildfeuer, U., Herausforderungen.

wenig anschlussfähig sein.[111] Und dabei sind es wohl gerade die caritativen Einrichtungen, die hier über einen reflexiven Vorsprung verfügen, da gerade dieser Sektor kirchlichen Wirkens seit Langem auch unter institutionellem Rechtfertigungsdruck steht, was denn das religiöse „sur plus" genau ist. Mit der GrO 2023 ist die Diskussion über das kirchliche Individualarbeitsrecht nicht an ein vorläufiges Ende gekommen. Wie viele übersetzende Herausforderungen sind noch offen, um die neue GrO 2023 mit Leben zu füllen? Oder handelt es sich schon jetzt nur um eine Rechtsruine, die für die praktische Ordnung irrelevant ist? Es gehört aber zum religionsverfassungsrechtlichen Mantra des Verfassers, dass der weltliche Rechtsrahmen keine religiöse Vitalität substituieren kann.[112] Die GrO 2023 und die Untersuchung von Fischer und Schrage sind ein gewichtiger Anlass, über Grund und Grenzen des kirchlichen Arbeitsrechts ehrlich und zukunftsoffen nachzudenken. Es geht um nicht weniger als die Aufgabenanalyse der Kirche und ihrer Einrichtungen und die Frage, welche Rolle spielt dabei das hierzu gewonnene Personal. Fischer und Schrage fragen sehr zu Recht nach der Kirche als einem für das Leben relevanten und überzeugenden Dienstgeber.

---

111 Dies wirft dann auch die rechtssetzungstechnische Frage auf, ob nicht zu viel geregelt wird.
112 Hense, A., Kirche und Staat, 1865.

„Angesichts des Ethos dieser Kirche oder Organisation" (EuGH, C-68/17): Ein theologisch-ethischer Kommentar aus katholischer Perspektive

Bernhard Bleyer

Der Beitrag soll als ein fachwissenschaftlicher Kommentar verstanden werden. Er nimmt Bezug auf das Urteil des Europäischen Gerichtshofs (EuGH) zum Verfahren IR gegen JQ (C-68/17, 11. September 2018)[1] und auf die Grundordnung (GrO) des kirchlichen Dienstes (Fassung vom 22. November 2022). Die Perspektive, aus der die beiden Sachverhalte betrachtet werden, ist die der katholisch-theologischen Ethik – als gemeinsame Blickrichtung der katholischen Moraltheologie und der christlichen Sozialethik. Das erkenntnisleitende Interesse des Beitrags besteht darin, die Frage nach der Bedeutung des Ausdrucks „angesichts des Ethos dieser Kirche oder Organisation" mit Blick auf die Handlungsfelder der Caritas zu beantworten und mit den Erkenntnissen der Studie von Bruno Schrage und Michael Fischer in Verbindung zu setzen.

1 Ausgangspunkte

1.1 Das EuGH-Urteil im Verfahren IR gegen JQ

Der Europäische Gerichtshof betont im besagten Urteil, dass es „auf die Art der betreffenden beruflichen Tätigkeiten oder die Umstände ihrer Ausübung" ankommt, inwiefern „angesichts des Ethos der in Rede stehenden Kirche oder Organisation", Arbeitnehmerinnen und Arbeitnehmer rechtmäßig ungleich behandelt werden dürfen. Es sei die Aufgabe einer wirksamen gerichtlichen

1 Das EuGH-Urteil schließt mit dem Ausdruck „Angesichts des Ethos dieser Kirche oder Organisation" an die wenige Monate vorher veröffentlichte Erkenntnis zum Fall Vera Egenberger gegen Evangelisches Werk für Diakonie und Entwicklung e. V. (C-414-16, 17. April 2018) an. Auf den Egenberger-Fall wird hier nicht im Detail eingegangen. Dieser Beitrag aus katholischer Perspektive betrachtet das Ergebnis des Verfahrens IR gegen JQ deshalb genauer, da hier eine Gesellschaft mit beschränkter Haftung der Caritas als Arbeitergeberin beteiligt war. Unabhängig davon, ob es für die arbeitsrechtliche Bewertung keine oder eine untergeordnete Rolle spielt, ob der Begriff des Ethos für eine Organisation der evangelisch-lutherischen oder der katholischen Kirche gerichtlich überprüft werden soll, macht es für die theologische Betrachtung einen Unterschied. Methodische Differenzen zwischen einer evangelischen Sozialethik und einer katholischen Moraltheologie bzw. Sozialethik bestehen nach wie vor, vgl. Körtner, U. H. J., Diakonie, 10–13. Speziell zum Thema, vgl. Kirchliches Arbeitsrecht. Überlegungen, unter welchen erkenntnistheoretischen und methodologischen Voraussetzungen aus der Perspektive katholischer Theologie etwas über das Selbstverständnis eines evangelisch-lutherischen Ethos – und umgekehrt – für Beamten-, Angestellten- und Dienstverhältnisse gesagt werden kann und was nicht, bedürfen grundsätzlicher, konfessionstheologischer Klärungen, die über den Rahmen des hier zu besprechenden hinausführen.

Kontrolle, zu prüfen, ob wesentliche, rechtmäßige und gerechtfertigte Gründe, welche dem Grundsatz der Verhältnismäßigkeit zu entsprechen haben, vorliegen. Genauere Hinweise zum Inhalt des Ethos finden sich nicht.

Im Urteilstext wird lediglich erwähnt, dass dieses „Ethos auf religiösen Grundsätzen oder Weltanschauungen" beruhe und, dass im konkreten Fall die katholische Kirche die „Anforderung aufgestellt" habe. Die Caritas wird als ihr Wohlfahrtsverband benannt. Wenn aber die katholische Kirche als Urheberin des Ethos gesehen wird, dann richtet sich die Frage, was dies ist und wer dieses bestimmen kann, an sie. Dass es dabei nicht um ein deskriptives, sondern um ein normatives Verständnis geht, wird dadurch offensichtlich, dass das Urteil sich nicht dafür interessiert, ob die Katholikinnen und Katholiken empirisch nachweisbar bestimmte Verhaltensformen pflegen, sondern indem es eingehend die gerechtfertigte Anwendung einer kirchlichen Norm (Loyalitätsverletzung aufgrund einer zivilen Eheschließung nach Scheidung) prüft. In diesem Sinn betrachtet der Gerichtsentscheid das, was Bruno Schrage und Michael Fischer im Anschluss an Wolfgang Kluxen Organisationsethos nennen. Ihre Studie versucht, diese einseitige EuGH-Gewichtung einer Rede vom Ethos aufzubrechen und um die Sichtweise der Mitarbeitenden zum Dienst-, Professions- und Lebensethos zu ergänzen.

1.2 Die Grundordnung des kirchlichen Dienstes

Nun liegt mit der von der Vollversammlung des Verbandes der Diözesen Deutschlands beschlossenen und in allen (Erz-)Diözesen in Kraft getretenen Grundordnung des kirchlichen Dienstes (vom 22. November 2022) ein weiterer normativer Text vor. Er versucht v. a. das Organisations- und zum Teil auch das Dienstethos durch die Neuregelung kirchlicher Arbeitsverhältnisse näher zu bestimmen, indem er beansprucht, „zentrale Aussagen zu den Strukturmerkmalen und Grundprinzipien des kirchlichen Dienstes in Deutschland und zu wesentlichen Kennzeichen katholischer Identität"[2] zu treffen.

Die aktuelle Grundordnung nimmt zwar nirgends die Formulierung „angesichts des Ethos dieser Kirche oder Organisation" auf, platziert aber an zwei Stellen den Ethos-Begriff:

a) im Plädoyer für ethisch-nachhaltiges Investieren kirchlichen Vermögens (GrO Art. 4) sowie

---

2 Bätzing, G., Vorwort, 5 f.

b) beim Anspruch auf und bei der Verpflichtung zur Fort- und Weiterbildung. Dabei sollen berufs- und tätigkeitsbezogen spezifische religiöse und ethische Kompetenzen vermittelt werden. Das Ziel besteht darin, „das christliche Selbstverständnis der Einrichtung zu stärken" (GrO Art. 5 Abs. 1 und 2).

Die der Grundordnung beigefügten bischöflichen Erläuterungen zum kirchlichen Dienst nutzen den Begriff Ethos und dementsprechende Wortableitungen weit häufiger: Der Kommentar zum Artikel 3 „Ausprägungen katholischer Identität und Verantwortung für den Erhalt und die Stärkung des kirchlichen Profils" handelt vom Schutz des Lebens, des vorgeburtlichen wie des geborenen und des endenden. Dort heißt es, dass diese Aspekte eine „tragende Säule des christlichen Ethos"[3] bilden. Zudem prägt die bedingungslose Liebe Gottes zu allen Menschen mit ihren vielfältigen Erfahrungen, Fähigkeiten und Zugehörigkeiten dieses Ethos.[4] Wörtlich wird dabei aus dem Dokument der deutschen Bischöfe „Allen Völkern sein Heil. Die Mission der Weltkirche" zitiert: „Unsere Einladung und Bitte zur Mitarbeit gilt allen, die in der Kirche ihre religiöse Heimat gefunden haben. Sie ergeht aber auch an diejenigen, die eher Abstand wahren wollen, die auf der Suche sind oder sich dem Christentum als Kultur verbunden fühlen und seine Ethik sowie Ästhetik wertschätzen. Denn alle können auf ihre Weise das Evangelium in unserer Zeit auslegen und es den Zeitgenossen durch ihr Lebenszeugnis mitteilen."[5] Adressiert wird die Umsetzung all dessen einen Absatz später v. a. an den Dienstgeber. „Je klarer der spezifisch kirchliche Sendungsauftrag benannt und gelebt wird, umso mehr wird deutlich, für welche Werte sich die jeweilige Einrichtung einsetzt und welche ‚Un-Werte' sie aus ethisch-religiöser Überzeugung ablehnt."[6] Das Ziel besteht darin, dass die Überzeugungen „als christliche Kultur in den Einrichtungen von Leitung und Mitarbeitenden mitgestaltet und von allen mit Leben gefüllt sowie für die Menschen, die kirchliche Angebote wahrnehmen, erfahrbar wird."[7]

Auch die Passagen zu den Handlungsaufträgen und Zielen des kirchlichen Dienstgebers (Art. 4) äußern sich zum Ethos: „Die ethischen Anforderungen und Maßstäbe, die die Soziallehre der Kirche gegenüber dem Wirtschaftsleben formuliert und öffentlich vertritt"[8], muss sie auch an sich selbst und an das eigene wirtschaftliche Handeln anlegen. Später wird hinzugefügt: „Nach der christlichen Lehre von der Einheit des Menschengeschlechts sind

---

3 VDD, Bischöfliche Erläuterungen, 36.
4 Ebd., 37.
5 Die deutschen Bischöfe, Allen Völkern, 11.
6 VDD, Bischöfliche Erläuterungen, 39.
7 Ebd., 41.
8 Ebd., 47.

alle Menschen gleichwertige Mitglieder einer einzigen Menschenfamilie. Menschenfeindlichkeit, Rassismus und Fremdenhass sind mit diesem Ethos nicht vereinbar."[9]

Die Erläuterungen zum Artikel 5 (Fort- und Weiterbildung) greifen die Vorgabe der Grundordnung auf und führen aus: „Die Wertvorstellungen, die sich aus dem in der biblischen Botschaft grundgelegten christlichen Menschenbild ergeben, sind für die Arbeit in katholischen Einrichtungen von fundamentaler Bedeutung. Allen dort tätigen Menschen müssen Auftrag, Ziele und Werte, die kirchliche Einrichtungen kennzeichnen, bekannt sein (…). Eine Teilnahme an diesen Fort- und Weiterbildungsangeboten ist verpflichtend." Hingegen sollen „Angebote zu Spiritualität und Seelsorge", die die Möglichkeit schaffen, sich mit „den eigenen Sinn- und Glaubensfragen des Lebens zu beschäftigen",[10] freiwillig sein. Hierzu zeigt die Studie von Bruno Schrage und Michael Fischer bei den Aspekten „Existentielle Herausforderungen" und „Umgang mit existentiellen Herausforderungen" sowie beim Themenkomplex „Religion und Spiritualität", dass hier sehr wohl ein Bedarf an Austausch gegeben ist.

Im Zuge der Interpretation der Artikel 9 und 10 erfolgt eine Verteidigung des dritten Wegs als Ausdruck des kirchlichen Selbstverständnisses und Dienstes. Es wird jedoch eingeräumt, dass das Tarifvertragssystem (Zweiter Weg) auch ein Modell sein kann, um der „sozialethischen Grundforderung der Kirche"[11] gerecht zu werden.

2 Interpretation von Vorgaben der Grundordnung

Was tragen nun die aufgezeigten Befunde aus dem EuGH-Urteil, der Grundordnung sowie einzelne Aspekte der Studie von Bruno Schrage und Michael Fischer zur Klärung der Frage nach dem „Ethos dieser Kirche oder Organisation" mit Blick auf die Handlungsfelder der Caritas bei?

2.1 Akzentverschiebung

Das EuGH-Urteil zum Verfahren IR gegen JQ wägt das Selbstbestimmungsrecht einer konfessionell geprägten Institution gegen den Gleichbehandlungsanspruch einer dort beschäftigten Person ab.[12] Es fordert nicht ausdrücklich,

9 Ebd., 50 f.
10 Ebd., 52.
11 Ebd., 72.
12 Vgl. Świątkowski, A. M., Ethos and Differences, 187.

dass die Institution zur Trägerin des konfessionellen Ethos wird, verlangt dies aber gemäß dem Allgemeinen Gleichbehandlungsgesetz (AGG) als Voraussetzung, um eine Ungleichbehandlung zu rechtfertigen. Bedingung ist eine wesentliche, rechtmäßige und gerechtfertigte berufliche Anforderung angesichts des Ethos der Institution. Die Grundordnung nimmt den Impuls auf und richtet sich an kirchliche Einrichtungen „in öffentlich-rechtlicher oder privater Rechtsform, die als Wesens- und Lebensäußerung der katholischen Kirche einen Auftrag im Einklang mit dem Selbstverständnis der Kirche wahrnehmen und mit ihren Amtsträgerinnen und Amtsträgern in besonderer Weise verbunden sind“ (GrO Art. 1 Abs. 2).

Die oben vorgestellte Analyse zur Verwendung des Ethos-Begriffs zeigt auf, dass dieser bei den Themen verpflichtende Fort- und Weiterbildung, ethisch-nachhaltiges Investieren kirchlichen Vermögens, dem grundsätzlichen Schutz des Lebens, der universellen Liebe Gottes zu allen Menschen, der Unvereinbarkeit von Menschenfeindlichkeit, Rassismus und Fremdenhass mit christlichen Überzeugungen, der grundsätzlichen Orientierung an der Soziallehre der Kirche und der Verteidigung des sog. Dritten Wegs genannt wird. Vergleicht man dieses Ergebnis nun – wenn auch nur oberflächlich – mit der Struktur und den Inhalten der Moral- und der Soziallehre der katholischen Kirche, dann fällt auf, dass erstens viele relevanten Themen nicht genannt werden und zweitens Strukturdefizite in der offiziellen Lehre klarer hervortreten.

2.2 Leitfragen

Erstens, die nicht genannten Themen: Die Moral- und Soziallehre der katholischen Kirche kennt die Auseinandersetzung mit weitaus mehr Themen, als jene, auf die die Grundordnung hinweist und die dennoch die „Anforderungen (…) auf das Verhalten im Dienst“ (GrO Art. 7 Abs. 2) betreffen können. Hier seien einige aus den verschiedenen Handlungsfeldern der Caritas genannt: Kontrazeption bei Menschen mit Behinderung, Beihilfe zur Selbsttötung, Grenzen der ärztlichen Behandlungspflicht, Umweltmanagementsysteme, Kirchenasyl und vieles mehr. Jede diesbezügliche Positionierung prägt das normative Ethosverständnis von Einrichtungen. Weder aus der Grundordnung noch aus den bischöflichen Erläuterungen zum kirchlichen Dienst geht hervor, weshalb einige Ethos-Merkmale eingefordert werden und manche nicht.

Hinzu kommt, dass die Grundordnung einfordert: „Die Arbeit an der christlichen Identität der Einrichtung ist eine Pflicht und eine Gemeinschaftsaufgabe aller und ein permanenter, dynamischer Prozess“ (GrO Art. 3, Abs. 4).

Mit anderen Worten: die Einrichtungen sind selbst die Garantinnen ihres Ethos, also dessen, was sie auszeichnet. Sie müssen gewichten, was für ihr Tätigkeitsfeld wichtig ist: So macht es keinen Sinn, von einem Migrationsdienst eine Stellungnahme zur Kontrazeption bei Menschen mit Behinderung einzufordern, wohl aber eine Klärung ihrer Haltung zu einer grundsätzlich christlichen Überzeugung, dass ethnische Unterschiede keine Rolle in der Gewährung von Hilfe spielen dürfen. Auch wenn die Verbände, die Trägerschaften und die Einrichtungen die Verantwortung für das Ethos der Organisation tragen, können ihre diesbezüglichen Positionierungen nicht willkürlich sein, wenn sie der Tradition, in der sie als konfessionelle Organisation stehen, Bedeutung beimessen. Konkret muss also geklärt werden, welche Themen für ein Krankenhaus, eine Beratungsstelle, einen ambulanten Pflegedienst oder einen Kinderhort relevant sind. Hierzu scheint ein Vorgehen in drei Schritten ratsam:

a) Was soll die Organisation aus konfessioneller Sicht kennzeichnen?
b) Welche kirchlichen und rechtlichen Vorgaben sind zu beachten und was bedeuten sie für die jeweilige Tätigkeit und die Organisation?
c) Wie lässt sich das, was wichtig ist, in den Handlungsfeldern der Organisation verankern?

Der Beitrag kommt auf diesen Dreischritt noch zurück.

Zweitens zeigt sich hier ein Strukturdefizit der katholischen Morallehre auf der einen und der katholischen Soziallehre auf der anderen Seite: Der theoretische Zuschnitt beider Lehrbereiche führt dazu, dass eine katholische Institutionenethik für die Handlungsfelder der Caritas bestenfalls in Fragmenten ausgearbeitet wurde. Das hat mindestens zwei Gründe:

a) Strukturell setzt – grob gesagt – die Morallehre bei der Bewertung verantwortbarer Handlungen des Subjekts an, die katholischen Soziallehre bei gerechten gesellschaftlichen Ordnungskonzepten. Daraus folgt, dass eine Ethostheorie der mittleren Ebene (Einrichtung), die Subjekt und Gesellschaft institutionell vermittelt, lehramtlich weitgehend ausgeblieben ist.
b) Zum anderen erreichen die Organisationsformen der verbandlichen Caritas in Deutschland mit mehr als 6000 Rechtsträgern, den Diözesan- und Fachverbänden, der Eigenständigkeit vieler Kreis- und Ortsverbände, den unabhängigen Ordensträgerschaften und vielem mehr eine Komplexität, die weit weniger institutionell anschlussfähig ist als die vergleichsweise klar gegliederte hierarchische Kirchenstruktur (Leitung einer Pfarrei durch den Pfarrer, eines Bistums durch den Bischof etc.). Dieser grundsätzliche Unterschied lässt sich auch im Codex des kanonischen Rechts ablesen. Ein Wohlfahrtsverband als kirchliche Organisationsform

kommt darin nicht vor, sondern lediglich die Erläuterungen zu „Vereinigungen für Zwecke der Caritas“ (can. 215) und „Vereinen von Gläubigen“ (can. 299 und 321–326).

Damit öffnet sich ein weiteres Feld mit Klärungsbedarf: Trotz strittiger Punkte, welche Kriterien für die Mitgliedschaft bei der katholischen Kirche im ökumenischen Miteinander gelten[13], besteht z. B. die Grundüberzeugung darin, dass jemand mit einer gültigen Taufe „in die Kirche eingefügt“ (Katechismus der Katholischen Kirche, 1213) wird. Aber auch jede Person, die karitativ tätig ist, hat – den Vorgaben des Lehramts folgend – Teil am Wesen der katholischen Kirche, denn dieser Dienst, „ist unverzichtbarer Wesensausdruck ihrer selbst“ (Deus caritas est, 25). Konkret folgt daraus, dass, wenn eine Person einen Arbeitsvertrag eingeht, der gemäß den Richtlinien für Arbeitsverträge in den Einrichtungen des Deutschen Caritasverbandes (AVR) gestaltet ist, sie davon auszugehen hat, dass sie nun Teil der „Lebens- und Wesensäußerung der katholischen Kirche“ (AVR §1 Abs. 1) ist – ob getauft ist oder nicht, spielt keine Rolle. Die Grundordnung folgt dieser Ansicht (vgl. GrO Art. 2 Abs. 2 und Art. 3 Abs. 2). Mit anderen Worten: Die Caritas ist als Gemeinschaft von Getauften und Ungetauften Wesensbestandteil der katholischen Kirche. Wie der Widerspruch dogmatisch und kirchenrechtlich gelöst werden kann, muss theologisch erst noch erarbeitet werden.

Wenn aber alle Mitarbeitenden der Caritas „Repräsentantinnen und Repräsentanten der unbedingten Liebe Gottes und damit einer den Menschen dienenden Kirche“ (GrO Art. 3, Abs. 2) sind, dann müssen ihre vielfältigen Sichtweisen auf theologische, kirchliche, spirituelle, ethische und pastorale Themen auch regelmäßig zur Kenntnis genommen werden und mit den jeweiligen Vorgaben in Diskussion gebracht werden. Mitarbeitende haben je eigene Überzeugungen, die sich zu den institutionellen Vorgaben beobachtend, befragend, bestätigend, kritisierend, widerständig oder indifferent verhalten. Auf einige Herausforderungen (s. „Bedeutung von Religion und Spiritualität für Leben und Beruf“), die dabei entstehen, weist die Studie von Bruno Schrage und Michael Fischer hin. Z. B. legen die Ergebnisse beim Thema „Kenntnis normativer Grundlagen“ nahe, dass zwischen christlichen Grundsätzen oder Leitvorstellungen und dem konkreten Tätigkeitsfeld durchaus Bezüge hergestellt werden können. Offen bleibt, welche Modelle Einrichtungen und kirchliche Organisationen entwickeln können, um Mitarbeitende als Akteure eines Prozesses der Ethosentwicklung eines kirchlichen Trägers, Verbandes oder von Einrichtungen zu gewinnen.

---

13 Vgl. Petrat, N., Kirchenzugehörigkeit, 15–19.

3 Folgerungen

Ungeachtet der juristisch und kanonisch ungeklärten Fragen, die das EuGH-Urteil aufgeworfen hat,[14] ungeachtet der Prognosen, ob die Urteile Vorboten für eine Transformation des Dritten Wegs sind,[15] ungeachtet davon, inwiefern die Urteile zu einem neuen Rechtsverständnis der negativen Religionsfreiheit in konfessionellen Organisationen beitragen[16], und des Streits, inwiefern formale und materiale Anti-Diskriminierungsgrundsätze zum Ausdruck kommen,[17] und ungeachtet der Diskussion, wie das Ethos der katholischen Kirche im vollem Umfang einer wirksamen gerichtlichen Kontrolle zugänglich sein soll[18], besteht die Aufgabe für die katholisch-theologische Ethik nun darin, eine neue Form konfessioneller Institutionsethik anzudenken. Dass dieser Prozess Differenzierungsgrade zulassen muss, ergibt sich allein aus der Unterschiedlichkeit der Handlungsfelder.

Anknüpfend an die auf Seite 52f. formulierten Leitfrage sollte eine Analyse des jeweiligen Handlungsfelds, welche ethischen Fragen sich dort ergeben und welche Positionen zu erarbeiten und zu vertreten sind, nicht unabhängig von kirchlichen (z. B. Verbot der Abtreibung in katholischen Krankenhäusern) und rechtlichen (z. B. Berichterstattungspflicht entsprechend dem Lieferkettensorgfaltspflichtengesetz) Vorgaben angegangen werden. Das heißt nicht, dass diese ungefragt übernommen werden sollen, sondern, dass geklärt werden muss, wie eine Einrichtung, ein Träger, ein Verband sich dazu stellt. Den wohl bekanntesten Versuch, konfessionell unterscheidende Anforderungen für Einrichtungen des Gesundheitswesens anhand von Handlungsfeldern zu formulieren, bilden die „Ethical and Religious Directives for Catholic Health Care Services“ der US-amerikanischen Bischofskonferenz. Sie sind überwiegend eine Zusammenstellung der lehramtlichen Positionen. Jedes der sechs Kapitel[19] skizziert den „context in which concrete issues can be discussed from the perspective of the Catholic faith“, um dann in präskriptiver Form jene Anforderungen zu formulieren, die als „truths of the Catholic faith“ in konkreten Handlungsfeldern gefördert und geschützt werden sollen.[20] Ein solcher Versuch läuft Gefahr, die Überzeugungen der Mitarbeitenden, die laut Grundordnung die „Repräsentantinnen und Repräsentanten (...) einer

---

14 Vgl. Van den Brink, M., Religious Employers, 111f. Schouppe, J.-P., régimen jurídico, 151–154. Colombi Ciacchi, A., Direct Horizontal Effect, 302–304.
15 Vgl. Hien, J., Kneip, S., Rise, 257f. Brandt, J., Der Dritte Weg, 271–278.
16 Vgl. Witte, J. Jr., Pin, A., Faith, 654–651.
17 Vgl. De Vos, M., European Court of Justice, 81–83.
18 Vgl. Watson, P., Oliver, P., Court of Justice, 872/873.
19 Das Dokument zählt sechs Kapitel: die soziale Verantwortung, die pastorale und spirituelle Verantwortung des katholischen Gesundheitswesens, die Beziehung zwischen Fachkräften und Patientinnen und Patienten, Fragen der Versorgung zu Beginn des Lebens, Fragen der Versorgung von Schwerkranken und Sterbenden sowie Kooperationsvereinbarungen mit anderen Gesundheitsorganisationen und -anbietern.
20 Vgl. USCCB, Directives for Catholic Health Care, 4 f.

den Menschen dienenden Kirche“ (GrO Art. 3, Abs. 2) sind, zu übergehen und das Ethos auf einen Katalog von Normen, die von übergeordneten Institutionen (in diesem Fall der US-amerikanischen Bischofskonferenz) verfasst wurden, zu reduzieren. Einen anderen Weg, das christliche Ethos der Einrichtung herauszuarbeiten und sichtbar zu machen, beschreiten die Managementstandards von Caritas Internationalis. Sie stellen neben inhaltlichen Standards auch prozessuale Schritte zur Steuerung der Bereiche Governance, Management, Rechenschaftspflicht und die Einhaltung ethischer Kodizes zur Verfügung.[21] Ein vorgegebener Implementierungsprozess samt Methodologie soll die Durchführung leiten. Als ein drittes Beispiel sei das Gütesiegel des Bundesverbands Katholischer Tageseinrichtungen für Kinder erwähnt. Mit dem dafür konzipierten Bundesrahmenhandbuch wurde ein Qualitätsentwicklungsinstrument für katholische Kindertageseinrichtungen vorgelegt. Neun Qualitätsbereiche[22] gliedern das Vorhaben und präzisieren die jeweiligen Anforderungen und Praxisindikatoren. Das Ziel besteht darin, das Profil und die Arbeit katholischer Kindertageseinrichtungen zu entwickeln und dauerhaft sichtbar zu machen.

Allein beim Vergleich jener drei Ansätze zeigt sich: Zentral verfasste Anweisungen wie die „Ethical and Religious Directives for Catholic Health Care Services“ können der Ausgangspunkt eines Profilbildungsprozesses sein, ersetzen diesen jedoch nicht. Eine institutionsbezogene Position zu erarbeiten, bedeutet auch, damit zu rechnen, dass sie in Konflikt mit staatlichen oder kirchlichen Normierungen geraten kann (z. B. bei Therapieangeboten zu Varianten der Geschlechtsentwicklung oder beim Kirchenasyl), schließlich soll eine eigene Identität der Einrichtung, der Trägerschaft oder des Verbandes im Gesamtgefüge der Caritas als freier Wohlfahrtsverband und Wesensvollzug der katholischen Kirche (s. 52 f.) beschrieben und verantwortet werden. Mit anderen Worten: Das Ethos einer Organisation konstituiert sich aus personellen Überzeugungen und institutionellen Vorgaben. Es ist das immer vorläufige Ergebnis eines dauerhaft zu garantierenden Prozesses der Verständigung. Einerseits werden satzhaft vorgegebene Normen keine ethosprägende Kraft entfalten, wenn ihnen die Mitarbeitenden nicht mit Gründen zustimmen können. Andererseits können subjektive Überzeugungen von Mitarbeitenden – weil sie eben nicht einheitlich, sondern heterogen sind – kein Ethos einer Organisation ersetzen. Es braucht das verständigungsorientierte, argumentative Auseinandersetzen der Mitarbeitenden mit den bisherigen institutionellen Identitätsmerkmalen, um eine Haltung dazu entwickeln zu können. Diese kann, wie gesagt, beobachtend, befragend,

---

21 Vgl. Caritas Internationalis, Management Standards.
22 Sie lauten: Kinder, Eltern, Pastoraler Raum, Sozialraum, Glaube, Träger und Leitung, Personal, Ressourcen, Qualitätsentwicklung und Qualitätssicherung. Vgl. KTK, KTK-Gütesiegel.

bestätigend, kritisierend, widerständig oder indifferent sein. In jenen Fällen, in denen institutionelle Vorgaben von der Mehrheit der Mitarbeitenden nicht mehr verstanden und akzeptiert werden, werden Wege überlegt werden müssen, wie diese neu formuliert oder geändert werden können.

Insgesamt betrachtet, zielt die Beantwortung der Frage nach der Bedeutung des Ausdrucks „angesichts des Ethos dieser Kirche oder Organisation" mit Blick auf die Handlungsfelder der Caritas auf den Themenkomplex einer Good Governance (s. 52 f.). Darunter sollten die maßgeblichen regulativen Ideen und die Steuerung eines Ethos im Sinne einer Gesamtheit der Werte und Grundsätze für eine gute und verantwortungsvolle Unternehmensführung verankert werden. Die deutsche Bischofskonferenz hatte dazu bereits vor 20 Jahren und in dritter Auflage 2014 die Arbeitshilfe „Soziale Einrichtungen in katholischer Trägerschaft und Aufsicht"[23] veröffentlicht. Zusammen mit dem Deutschen Public Corporate Governance-Musterkodex[24] bildet sie die Grundlage des aktuellen Dokuments „Kirchliche Corporate Governance. Grundsätze guter Finanzwirtschaft in deutschen (Erz-)Bistümern" des Verbands der Diözesen Deutschlands.[25] Die dort beschriebenen formalen Prozesse, wie Rechnungslegung und Jahresabschlussprüfung, Kontrollsysteme, Risiko- und Compliance Management und Revisionsregeln bilden nicht den materialen Gehalt des Ethos, sondern helfen, dessen Gelebtwerden in sämtlichen Feldern des organisationalen Handelns zu gewährleisten. Da dies nicht allein über datenbasierte Tools funktioniert[26], braucht es Personen in Leitungsfunktionen, die mit entsprechenden Kompetenzen den Blick auf die Profilmerkmale der Einrichtung nicht aus den Augen verlieren. Speziell bei den theologisch-ethischen Themen bedarf es anwendungsorientierter Bildungsformate, um berufs- und tätigkeitsbezogen spezifische Kompetenzen zu vermitteln, mit dem Zweck, „das christliche Selbstverständnis der Einrichtung zu stärken" (GrO Art. 5 Abs. 2).

4 Fazit

Zur Beantwortung der eingangs gestellten Frage: Ausgangspunkt der Überlegungen war die Feststellung des EuGH im Verfahren IR gegen JQ, dass Ungleichbehandlung nur dann in Beschäftigung und Beruf zulässig ist, wenn es „angesichts des Ethos der in Rede stehenden Kirche oder Organisation" dargelegt werden kann. Dies muss in der Art erfolgen, indem eine spezifische

---

23 Vgl. DBK: Soziale Einrichtungen, 7–13.
24 Vgl. Deutscher Public Corporate Governance-Musterkodex.
25 Vgl. VDD, Kirchliche Corporate Governance, 9 f.
26 Vgl. Nerdinger, F. W., Organisationsentwicklung, 185–189.

Anforderung als so „wesentlich, rechtmäßig und gerechtfertigt" anzusehen und dem „Grundsatz der Verhältnismäßigkeit" entsprechend begründbar ist, sodass Beschäftigte diesbezüglich nicht gleich behandelt werden müssen. Damit schreibt der EuGH der katholischen Kirche und damit der Caritas mit all ihren Einrichtungen die Aufgabe zu, zu klären, von welchem Ethosverständnis sie ausgeht.[27] Die Grundordnung von 2022 nimmt jenen Impuls auf und versucht einzelne arbeitsrechtliche Aspekte zu erläutern. In diesem Beitrag wurde darauf hingewiesen, dass ein normatives Verständnis des Ethos einer Organisation sich jedoch nicht auf Fragen zu den Arbeitsverhältnissen eingrenzen lässt[28], sondern alle ihre Handlungsfelder betrifft.

An erprobten Instrumenten aus verschiedenen Managementrichtungen, die die Umsetzung dieses Anspruchs unterstützen können, mangelt es nicht. Ob das St. Galler Management-Modell[29] oder das European Foundation for Quality Management[30], der Whole Institution Approach aus den Konzepten einer Bildung für nachhaltige Entwicklung [31] oder Modelle der Governanceethik[32], sie alle ermöglichen – wenn auch auf sehr unterschiedliche Art – die Integration von insbesondere theologisch begründeten Normierungen in die Profilbildung einer Organisation. Der Zuschnitt der Studie von Bruno Schrage und Michael Fischer ruft ins Bewusstsein, dass der Erfolg solcher Modelle bei ethosbezogenen Themen auch davon abhängt, ob die Kriterien, mit denen das Ethos kenntlich gemacht werden soll, auf die Akzeptanz der Mitarbeitenden trifft. Anders als rechtliche können ethische Normen nicht durch externen Zwang durchgesetzt werden, sondern ihre Einhaltung bleibt von der inneren Zustimmung der Betroffenen abhängig. Insofern sind solche Modelle immer auf Diskursräume angewiesen. Sie sollen helfen, die oben beschriebene Dialektik von subjektiven Überzeugungen und intentionellen Vorgaben verständigungsorientiert ins Verhältnis zu setzen. Beispielhaft deutet die Studie beim Thema „Umsetzung der Leitbilder" an, dass dies durchaus in den Organisationen geschieht.

Für die Caritas geht es darum, die ständige Herausforderung zu klären, was das eigene Profil in den jeweiligen Aktionsfeldern ausmacht. Es ist der Eigenart eines Ethos geschuldet, dass es eben nicht definiert werden kann, indem man danach sucht, inwieweit sich die Einrichtung, die Trägerschaft oder der Verband von anderen, also konkret von der Diakonie, der Arbeiterwohlfahrt, dem Paritätischen Wohlfahrtsverband, dem Roten Kreuz oder der

27 Vgl. Vickers, L., Religious Ethos, 76–78.
28 Vgl. Kirchliches Arbeitsrecht, 272 f.
29 Vgl. Rüegg-Stürm, J, Grans, S., St. Galler Management-Modell.
30 Vgl. Moll, A., Khayati, S. (Hg.), Excellence-Handbuch.
31 Vgl. Deutsche UNESCO-Kommission e.V., Bildung, 28.
32 Vgl. Wieland, J. u.a., CSR Performance.

Zentralwohlfahrtsstelle der Juden in Deutschland unterscheidet. Ein Differenzethos, das nach der Andersartigkeit Ausschau hält, steht in Gefahr, die eigene Identität auf das Übriggebliebene zu reduzieren, wenn all jenes, was andere Vergleichsorganisationen auch anbieten, ausgeschlossen wurde. Die Aufgabe besteht vielmehr darin zu klären, was die Einrichtung, die Trägerschaft oder den Verband als Caritas ausmacht.

„Kompetent, motiviert und auch noch religiös!" pastoraltheologische Anmerkungen und Perspektiven zur Studie

Udo F. Schmälzle, OFM

Ausgangspunkt der vorliegenden Befragung von Mitarbeitenden in kirchlichen und caritativen Einrichtungen ist die Antwort des EuGH auf folgende Frage, die an den Gerichtshof gestellt wurde:
„Bei welchen beruflichen Tätigkeiten stellt die Religion nach der Art der fraglichen Tätigkeit oder den Umständen ihrer Ausübung eine wesentliche, rechtmäßige und gerechtfertigte berufliche Anforderung angesichts des Ethos dieser Kirche oder Organisation dar?" (Nr. 42).

Die Antwort fiel relativ einfach aus:
„Angesichts des Ethos dieser Kirche (…) müssen Begründungen (…) Gegenstand einer wirksamen gerichtlichen Kontrolle sein (Nr. 45)".
Konkret heißt dies: „Im Einzelfall ist zu prüfen (…) ob eine rechtmäßige und gerechtfertigte berufliche Anforderung (…) darstellt" (Nr. 60). Das Urteil verweist auf das „objektiv überprüfbare Vorliegen eines direkten Zusammenhangs zwischen der vom Arbeitgeber aufgestellten beruflichen Anforderung und der fraglichen Tätigkeit (Art der Tätigkeit oder Umstände ihrer Ausübung (Glaubwürdigkeit)."

Was bedeutet dies Urteil für die weitere Entwicklung der kirchlichen und caritativen Einrichtungen? Während die beruflichen Anforderungen für die Angestellten der katholischen Kirche im Bereich der pastoralen Dienste in Pfarreien, Schulen und der innerkirchlichen Verwaltung „die beruflichen Anforderungen" theologisch und kirchenrechtlich ziemlich klar im Sinne der Kriterien des EuGH „wesentlich, rechtmäßig und gerechtfertigt" und damit auch justiziabel umschrieben sind, trifft dies für die große Zahl der Angestellten im Bereich von Caritas und Diakonie weniger zu. Dies hat auch historische Gründe. In den 1970er-Jahren gab es im Kontext des Beratungsprozesses zur Arbeit der Kommissionen der Deutschen Bischofskonferenz (DBK) durch Leute von McKinsey Überlegungen, die Unterkommission „Caritas" der DBK aufzulösen und die caritativen Einrichtungen und Institutionen outzusourcen, weil sie nicht notwendig zu den pastoralen Aufgaben der Kirche gehören würden.

In diesem Kontext hat der Deutsche Caritasverband in Freiburg zu seinem hundertjährigen Bestehen die große repräsentative Studie „Meinungsbild Caritas. Die Allensbacher Studien zum Leitbildprozess" auf den Weg gebracht. Nach der Veröffentlichung der Ergebnisse konnte niemand mehr die Kirchlichkeit entsprechender Einrichtungen und ihrer Mitarbeitenden bezweifeln.[1]

Die Religiosität und Kirchlichkeit der Mitarbeitenden wurde in dieser Studie in drei Dimensionen operationalisiert:

- *Vertikale Dimension*: Welche Bedeutung hat der Glaube an Gott in der praktischen Arbeit?
- *Horizontal-diakonale Dimension;* Wie verstehen Mitarbeiterinnen und Mitarbeiter ihre Verantwortung für den Nächsten?
- *Ekklesiologische Dimension*: Wie verstehen sie ihre Arbeit im Blick auf andere pastorale Handlungsfelder in Gemeinde und Kirche?[2]

Seit den 1990er-Jahren sind die Einrichtungen der Caritas, Schulen in kirchlicher Trägerschaft und kirchlichen Stiftungen dabei, – wie diese aktuelle Studie auch feststellt –, „die Rolle der Angestellten" und das kirchliche Selbstverständnis im Management dieser Einrichtungen zu klären, Satzungen und Leitbilder neu zu formulieren und ihr kirchliches Selbstverständnis theologisch und sozialwissenschaftlich neu zu begründen. Bislang wurden diese Leitbilder hauptsächlich biblisch-theologisch und historisch aus den Traditionen der Verbände, bzw. Ordensträgern begründet. Nach dem Urteil des EuGH bleiben solche Begründungsmodelle weiterhin relevant, reichen jedoch nicht mehr aus. Der Gerichtshof stellt das „Ethos" von Kirchen und Organisationen in den Mittelpunkt und in Beziehung zur jeweiligen Tätigkeit. Er setzt damit auf Argumente, die philosophisch-ethisch und juristisch begründbar sind. Damit verschärft sich gleichzeitig der Diskurs um die Begründung des „Ethos" kirchlicher Organisationen.

---

1 Deutscher Caitasverband (Hg.), Meinungsbild Caritas.

2 Vgl. die ausführliche Darstellung und Interpretation der Daten: Köcher, R., Ergebnisse, 115–133; Schmälzle, U., Caritasmitarbeiter, 92–108. Die Operationalisierung der Dimensionen kann im Fragebogen nachverfolgt werden in: Köcher, R., Ergebnisse, 166–217. Die Ergebnisse zu den einzelnen Fragen können in Band 3, Tabellarische Ergebnisse, 1997 weiterverfolgt und damit ihre Interpretation in Band 1 und Band 2 selbst überprüft werden.

Welche Erkenntnisse ziehen Sie aus dieser Untersuchung?

Es ist das Verdienst der vorliegenden Untersuchung, die Impulse des EuGH aufzugreifen und auf einer sicher vorläufigen empirischen Grundlage den Begriff „Ethos“ im Rückgriff auf das Selbstverständnis von Menschen, die im Dienst der Caritas stehen, zu klären. Grundlage der Operationalisierung des Ethos-Begriffes bilden die drei von Kluxen vorgeschlagenen Ethosdimensionen: a) einem Rahmenethos (Werte und Normen der Organisation/Institution/Kulturraum), b) einem geschlossenen Ethos (Weltverständnis, Auffassungen von Herkunft und Zukunft des Daseins, Element der Sinnorientierung) und c) einem Rollenethos (Übernahme bestimmter sozialer Funktionen und Erwartungen). Hieraus leiten Fischer und Schrage für die Durchführung der Studie vier Ethosformen ab: Organisations-, Dienst-, Berufs- und Lebensethos. Was es künftig braucht und die Studie erfordert, ist eine Klärung des Religionsbegriffes, der in der Anfrage verwendet wird. Geht es dabei lediglich um die verschiedenen Religionen mit ihren Institutionen oder geht es um die Bedeutung von Religion im Leben und Arbeiten der Menschen in religiösen Organisationen?

Dienst- und Berufsethos

Die Rückmeldungen zur religiös-kirchlichen Dimension des *Dienstethos* in den Einrichtungen der Befragten weisen die höchsten Zahlen bei der Auswertung aus. Dies betrifft einmal die Stellungnahmen zu den „existentiellen Herausforderungen„ (105 Nennungen). Sie bestätigen bei Angestellten ein ausgeprägtes „christliches Compassion-Ethos„ im Umgang mit dem „Leid anvertrauter Menschen“ und bei der Bewältigung von „Belastungen der Mitarbeitenden“ durch das Leitungspersonal (149 N). Dieses *Dienstethos* zeigt sich „wesentlich“ (EuGH) in der „kollegialen Unterstützung“ (50 N) und wird durch „Glaube und Religion„ (44 N) mit ermöglicht.

Diese Angaben zum *Dienstethos* werden gleichzeitig durch Nennungen zu folgenden weiteren Fragen unterstützt:

- *Berufse*thos (59 f.): Menschen helfen (36 von 122 N);
- *zur beruflichen Motivati*on (71 f.): sowohl „aus der Perspektive Jesu“: Menschen begleiten, Empathie, Menschlichkeit, Nächstenliebe), wie auch aus der Perspektive der Mitarbeitenden (den Menschen sehen, helfen wollen, Respekt, Wertschätzung, Scham);
- ferner durch die erfassten *Kompetenzprofile* (Tabelle 11): Achtsamkeit, Respekt, Teamfähigkeit, Fachlichkeit).

Dabei zeigen sich auch deutliche Redundanzen und Überschneidungen bei den Ergebnissen, die im Blick auf ein Ethoskonzept zu bündeln und zu fokussieren sind. Die Untersuchung bestätigt in dieser Hinsicht nach mehr als 25 Jahren erneut die Daten aus der Caritas-Mitarbeiter-Studie.[3]

Organisationsethos

Weniger aussagekräftig fallen die Stellungnahmen zum Organisationsethos (85 N) aus. Konsens besteht zur Notwendigkeit einer „aktiven Auseinandersetzung“ (26 N) mit den normativen Grundlagen und entsprechenden „Fort- und Weiterbildungen“ (25 N) durch den Träger. „Trägerverantwortung“ und „systematische Umsetzung von Leitbildern“ werden nur von einer Minderheit angesprochen. Diese Rückmeldungen signalisieren ein Defizit, wenn es wirklich darum geht, dass kirchliche Einrichtungen ein christliches Ethos vertreten wollen, das auch den Ansprüchen eines EuGH entsprechen kann. Hier zeichnet sich ein fundamentaler Klärungs- und Handlungsbedarf ab. Bei der Frage nach den „Bereichen, die für die religiös-spirituelle Prägung bedeutsam sind“ (60 f., wird erst an 4. Stelle das „Profil des kirchlichen Trägers“ genannt. Am Ende rangieren spezifische spirituelle Angebote. In einem Statement wird die Verantwortung des Trägers für ein christliches Organisationsethos direkt eingefordert:

„Ich glaube, wenn es das Management nicht macht, würde es das ja gar nicht geben. Also, es ist ja nicht mehr so, dass es aus sich heraus genug christlich-sozialisierte Menschen gibt, die sagen: ‚Ist mir wichtig‘ (…) Das ist eben nicht mehr so!“

Religiosität und Kirchlichkeit

Im Mittelpunkt der Eingabe an das EuGH stand die Frage:

„Bei welchen beruflichen Tätigkeiten stellt die Religion nach der Art der fraglichen Tätigkeit oder den Umständen ihrer Ausübung eine wesentliche, rechtmäßige und gerechtfertigte berufliche Anforderung angesichts des Ethos dieser Kirche oder Organisation dar“ (Nr. 42).

Die Ergebnisse zum *Dienstethos* haben bereits einen spirituell-religiösen Bezug in der Art und Weise aufgezeigt, wie Mitarbeitende Anteil nehmen am Schicksal der Klient:innen und mit ihrer Anteilnahme bewusst oder unbewusst das jüdisch christliche *Compassion-Ethos* leben.[4] Gleichzeitig zeichnet sich in den Rückmeldungen eine große Unsicherheit ab, wie Religion und Kirchenzugehörigkeit zu verstehen und kriteriologisch zu fassen ist. Dies betrifft v. a. das Trägerverständnis, ob und wie das Management überhaupt diesen Religions- und Kirchenbezug in der eigenen Trägerstruktur verankern

---

3 Vgl. Schmälzle, U., Caritasmitarbeiter, Schaubild 3, 96.
4 Vgl. dazu: Metz, J. B., Compassion, 27.

und aktualisieren will und kann. Die Mitarbeiterschaft scheint in diesen Fragen auf sich selbst zurückgeworfen zu sein und erfährt wenig Unterstützung durch das Management. Unabhängig davon belegen die Rückmeldungen die große Bedeutung von Religion und Spiritualität im Leben und Arbeiten der Frauen und Männer *(Lebensethos)*:

- *Bewältigung von Grenzerfahrungen mit Religion und Spiritualität*: Tabelle 18, (79 N);
- *religiöse Prägung der Fähigkeiten und Haltungen im Blick auf die gelebte Selbst-, Sozial- und Fachkompetenz:* Tabelle 11, (150 N);
- *religiöse Prägung der beruflichen Motivation:* Tabelle 12, (87 N).

Den Autoren ist unbedingt beizupflichten, wenn sie zusammenfassend – unabhängig von der „Kirchlichkeit" der Mitarbeiterschaft feststellen: „Sie verwirklichen den biblischen Grundauftrag, den die Caritas sich selbst in der Erzählung des barmherzigen Samariters zu eigen gemacht hat".

Umso erschreckender sind die Rückmeldungen zum „kirchlichen Selbstverständnis des Trägers" (22 N). Lediglich 4 Beiträge sprechen die „Christliche Identität" des Trägers an:
„Man ist klar eine Organisation, die dazu dient, dass das Christentum weiterhin hier vertreten ist. Und auch, dass Mitarbeiter (…) ihren Glauben als Christen auch hier erleben können."

Von großer Bedeutung sind die Rückmeldungen zum Umgang mit den religiösen Bedürfnissen der Menschen, für die Mitarbeitende Verantwortung übernommen haben.
„(…) da ist ein Glaube und auch Bewohner, die im Sterben liegen, die vielleicht noch sprechen können und wenn man sich ans Bett setzt und ein Gebet spricht mit den Bewohnern, die werden ganz ruhig, wenn die vielleicht eine aufgeregte Atmung haben und dann denke ich immer, irgendwas ist da (…)" (8.2).
*„Ja für mich hat das eine religiöse Seite. Das hat Jesus uns auch gelehrt, wenn wir jetzt nur mal den Zöllner sehen. Er hat uns doch gelehrt, Menschen, die schwierig sind, die ausgegliedert sind, dazu zu nehmen. Also machen wir das ja auch. Ist ja ein Stück Glauben*sleben" (9.2).

Deshalb wird auch gefordert, die religiöse Begleitung der Menschen der Einrichtung weiter auszubauen. Dabei taucht die Frage nach religiöser Sprachkompetenz von Angestellten auf, die in ihrem persönlichen Leben keinen Zugang mehr zu Religion und Kirche haben.

Wie beurteilen Sie die Ergebnisse aus Ihrer staats- und arbeitsrechtlichen, caritaswissenschaftlichen und pastoral-theologischen Sicht?

Bei der Beurteilung der Ergebnisse halte ich mich an die Fakten, die mit dem Urteil des EuGH nicht mehr aus der Welt zu schaffen sind. Welchen Beitrag liefert diese Untersuchung zur Frage, ob mit „Religion" tatsächlich eine „wesentliche, rechtmäßige und gerechtfertigte Anforderung" an die berufliche Tätigkeit in den sozialen Einrichtungen von Caritas und Kirche gegeben ist?

Fragen zum methodischen Vorgehen

Bewundernswert ist die klassische Durchführung der qualitativen Inhaltsanalyse zu den Tiefeninterviews. Die Auswertung gibt einen hervorragenden Einblick in das *Lebensethos* der Befragten.

Zu Recht entwickeln die Autoren den Ethos-Begriff von Kluxen weiter. Auf Grundlage der vier genannten Ethoskonzepte wird die Bandbreite relevanter Handlungsfelder und der verschiedenen Akteure in den Einrichtungen. deutlich. Die Antworten zeigen, dass die vier Ethosdimensionen jedoch nicht trennscharf sind und sich überschneiden. Darauf wurde bereits verwiesen. Es geht eigentlich um zwei Dimensionen: Das *Organisationsethos* (Trägerverständnis, Leitbilder, professionelle Anforderungsprofile für die in der Organisation notwendigen Arbeitsfelder und Berufe) und das *Dienstethos* (professionelle Kompetenzen, Haltungen und Wertorientierungen, die sich aus den beruflichen Tätigkeitsfeldern für die Mitarbeiterschaft ergeben). In diesem Sinne bringt die von den Autoren benannte Definition von Böckenförde für die Umsetzung der EuGH-Kriterien mehr Klarheit: Ethos „als konkrete, bestimmte Handlungs- und Verhaltensform, die aus Lebenssituationen, Beruf und praktischer Arbeit, gegebenem Umfeld und der Befähigung zum sittlich-handelnden Wesen erwächst".

Die Kriterien bei der Auswahl der Personen, die in den Tiefeninterviews befragt wurden (Angehörige von christlichen Kirchen) sind zwar einsichtig. Es wäre spannend geworden, wenn Konfessionslose und Mitglieder anderer Religionsgemeinschaft sich zum Ethos der katholisch geführten Einrichtungen geäußert hätten. Notwendig bzw. hilfreich wäre es daher, wenn der ungeklärte Religionsbegriff, der ja die Grundlage der Anfrage darstellt, in der Untersuchung angesprochen wird.

Defizite im Blick auf das Trägerethos

Die Ergebnisse zum *Trägerethos* werfen Fragen auf. „Religion" scheint nicht im Mittelpunkt der Trägerinteressen zu stehen. Ansonsten müssten nämlich die Träger sich viel stärker im Bereich einer professionellen religiös-spirituellen Fort und Weitebildung engagieren und profilieren. Ein Grund für die Trägerdefizite, auf die wir in der Studie gestoßen sind, liegt sicher in der Historie vieler Einrichtungen, die aus ordensinternen Strukturen herausgewachsen sind und in der Folge das christliche Erwartungsprofil, wie es von Ordensangehörigen gelebt wurde, auf die Beschäftigten im Laienstand übertragen haben. Die Studie spricht diese Fakten im Einführungsteil selbst an. So bleibt auch heute noch mehr denn je gültig, was Zerfaß bereits vor drei Jahrzehnten zum „Caritassektor als dem am weitesten säkularisierten Bereich kirchlicher Arbeit" festgehalten hat: Als Grund nennt er nicht die Glaubens- und Kirchenfeindlichkeit der Mitarbeitenden, auch nicht das Versagen der Führungskräfte, sondern „die Unfähigkeit der Kirche zu sagen, was denn die Kirchlichkeit einer kirchlichen Einrichtung ausmacht".[5]

Die fundamentale Bedeutung des Dienstethos und Berufsethos von Mitarbeitenden

Es ist jedoch eindeutig, dass Religion und Gottesglauben bei den Mitarbeitenden fundamentale Motivationsfaktoren darstellen, um Herausforderungen und Grenzerfahrungen im Dienst an den Menschen zu bewältigen. Dieses christlich geprägte „Lebens- und Berufsethos" hängt nicht nur von der Intensität aktiv gelebter Kirchlichkeit ab, sondern wird entscheidend von gelebter und erfahrener Glaubenspraxis in der Herkunft-Familie, dem Bekannten- und Freundeskreis, der Schule und Gemeinden geprägt, v. a., wenn es um Anteilnahme, Empathie und Hilfsbereitschaft geht:

„Ja also …, wenn man selbstbewusst ist, dann kann man diese Dinge, die wir gerade genannt haben, ja auch einfacher umsetzen und sich selbst auch lieben, weil nur dann hat man ja den Mut, Fragen zu stellen, oder Sachen zu kritisieren, anzusprechen. Also sich selbst lieben und die Nächstenliebe, die Selbstliebe und die Nächstenliebe würde ich sagen, spielt da eine große Rolle" (6).

„Die in ihren Nöten sind, den mal zu helfen, Tipps geben, unterstützen, auch mal mit nettem Wort, was Nettes zu sagen. Ich glaube, genau, das ist genau das, was er (Jesus) im Leben auch gemacht hat, das machen wir in der Pflege auch" (6.2).

So bestätigt die aktuelle Untersuchung die Ergebnisse der Allensbacher Leitbildstudie, dass weniger auf der Grundlage von Trägeraktivitäten und schon gar nicht durch amtskirchliche Unterstützungsmaßnahmen, sondern auf der Grundlage personal gelebter Menschlichkeit und aktiv bezeugter

5 Zerfaß, R., Lebensnerv, 23.

Christlichkeit der Menschen, die in den caritativen Werken leben und arbeiten, diese Einrichtungen zu „christlichen Biotopen" wurden. Getragen wird dies vom Tatzeugnis der Mitarbeitenden in einer weitgehend säkularisierten Gesellschaft und den mit sich selbst beschäftigten Kirchen und Gemeinden. Damit verschärfen sich noch einmal die Anfragen im EuGH-Urteil nach der religiösen Begründung von entsprechenden Anforderungen an die Tätigkeit in kirchlichen und caritativen Einrichtungen.

Wann und wie kommt – ausgehend von den Kriterien und Begrifflichkeiten des EuGH – „Religion" als „wesentliche, rechtmäßige und gerechtfertigte" Anforderung im Rahmen der Tätigkeiten in kirchlichen und caritativen Einrichtungen ins Spiel? Das ist die zentrale Frage, der sich christliche Träger heute stellen müssen.

Dazu gibt vorliegende Untersuchung zentrale und wichtige Hinweise. In der Auswertung der Statements wurde eine Herausforderung klar festgestellt, es bedarf künftig in den Einrichtungen einer Stärkung der religiös-spirituellen Kompetenz, um den entsprechenden Bedürfnissen der anvertrauten Menschen und somit dem kirchlichen Anspruch gerecht zu werden.

In 89 Nennungen wurde die Arbeit mit diesen Menschen angesprochen. Es ging um folgende Themen: Gottesdienste/Ritualpraxis – Spirituelle Angebote – Bedeutung der Religion – seelsorgliche Begleitung. Mit diesem blinden Fleck sind jedoch die Auswerter auf ein zentrales zukünftiges Anforderungsprofil für Frauen und Männer, die in kirchlich-caritativen Einrichtungen arbeiten, gestoßen.

Perspektiven für die Zukunft

Faktum ist, dass sich im gegenwärtigen Prozess der Säkularisierung und Entkirchlichung Wertkonflikte in der Gesellschaft zuspitzen, v.a., wenn es um die gesellschaftlichen und sozialen Standards im Umgang mit Pflege, Behinderung, Alter, Krankheit und Tod geht. Dies zeichnet sich gegenwärtig bei der Frage nach dem begleiteten Suizid ab und hat in der Vergangenheit bei der Frage nach der Durchführung und Zuständigkeit für Schwangerschaftsabbrüche zu erheblichen Kontroversen und weltanschaulichen Differenzierungen bei entsprechenden Kliniken geführt. Es ist also damit zu rechnen, dass sich im Kontext von unterschiedlichen Werthaltungen und religiösen Bekenntnissen Menschen in Krisen- und Entscheidungssituationen an Einrichtungen wenden, in denen sie mit ihren religiösen und weltanschaulich-ethischen Orientierungen Heimat finden und eine entsprechende Begleitung erwarten. Es ist deshalb damit zu rechnen, dass in der weiteren gesellschaftlichen Entwicklung christliche und säkulare Einrichtungen sich in ihrem ethischen Selbstverständnis durchaus unterscheiden. In der Abtreibungspraxis hat sich das schon deutlich abgezeichnet.

Dies hat jedoch zur Folge, dass wir in den christlichen Einrichtungen zukünftig verstärkt auf Menschen treffen werden, die mit Recht erwarten, dass sie mit ihren religiösen Orientierungen und spirituellen Bedürfnissen ernst genommen und anerkannt werden. Obwohl nicht gefragt, verweist diese Untersuchung auf ein zentrales Anforderungsprofil, in dem „Religion“ durchaus „wesentlich, gerechtfertigt und rechtmäßig“ relevant wird und auch schon ist. Dabei ist entsprechend dem von den Autoren dargelegten veränderten Religionsverständnis (s. 18 f.) zu klären, was hier unter „Religion“ zu verstehen ist.

Dazu ein Vorschlag: Wenn wir unter Religion – wie wir es in der Religionspädagogik schon lange tun – transzendentalphilosophisch „die Gesamtheit der Erscheinungen, in den Menschen das Bewusstsein der radikalen Endlichkeit ihrer Existenz und deren reale Überwindung aus[zu]drücken“[6] verstehen, dann lassen sich aus dieser Definition durchaus „wesentliche, gerechtfertigte und rechtmäßige“ Kriterien entwickeln, die wegweisend werden können, wie wir Menschen, konfrontiert mit der endgültigen „Endlichkeit ihrer Existenz“ begleiten können.

Deutlich thematisieren die Beiträge die ganze Bandbreite von Situationen und Herausforderungen, die sich in der Begleitung von Menschen ergeben und von den Angestellten eine religiös-spirituelle Kompetenz voraussetzen: *„Organisation von Kontakten zur Pfarrgemeinde, Segen für Bewohner, verschiedene Andachten und religiöse Impulse. Negativ werden fehlende Demenzgottesdienste, mangelnde Unterstützung bei der Überwindung von Krankensalbungen ohne Bezug zum Adressaten. (…) Gespräche über religiöse Fragen, seelsorgerliche Begleitung von Patienten und Angehörigen, aber auch die eigene Erfahrung von Spiritualität in der Arbeit, den Austausch miteinander (…) Fortbildungen zum Thema Sterben, Trauer und Tod“ genannt (vgl. 9.2).*

Dabei kann es nicht nur um die Ausbildung spezieller Seelsorgerinnen und Seelsorger gehen, viel wichtiger ist die Begleitung der Angestellten, die tagtäglich den Menschen begegnen und sehr schnell auf die Bedürfnisse von anvertrauten Menschen reagieren müssen. Aus diesen Kommunikations- und Interaktionsstrukturen ergibt sich ein klar religiös-spirituell geprägtes Anforderungsprofil für Angestellte in kirchlichen und karitativen Einrichtungen.

---

6 Vgl. dazu: Schrödter, H., Religion, 83.

Es geht um eine religiös-spirituelle Kompetenz im Umgang mit den anvertrauten Menschen, eine Kompetenz, die sich nicht nur auf die christlichen Konfessionszugehörigkeiten, beschränkt, sondern auch von Menschen aus anderen Religionen gelebt werden kann.

Ich erinnere mich noch gerne an eine Erfahrung, die ich vor wenigen Jahren bei der Sterbebegleitung meines Ordensbruders auf der Intensivstation der Frankfurter Universitätsklinik gemacht habe. Nach einem schweren Todeskampf, der mich und die Angehörigen durchaus an Grenzen gebracht und mitgenommen hat, konnte er endlich um Mitternacht gehen. Der muslimische Pflegeleiter stellte sich zu uns und begann uns mit den Worten zu trösten:
„Ihr Christen und wir Muslime glauben doch an ein Weiterleben nach dem Tod. Das Leben geht doch weiter. Es wird ein Wiedersehen geben!“

Die Rückmeldungen zeigen, dass solche Begleitungen in unseren Einrichtungen ebenfalls geleistet werden. Auf dieser religiös-spirituellen Grundlage können Einrichtungen von Caritas und Diakonie heute in unserer säkularisierten und entkirchlichten Gesellschaft sich zu religiös-spirituellen „Biotopen“ mausern, in denen Christinnen und Christen gemeinsam mit Gläubigen aus anderen Religionen ihren Sendungsauftrag leben und mit kranken und pflegebedürftigen Menschen Überlebensgemeinschaften bilden.

Aus pastoraltheologischer Sicht stellt sich die Frage, wie die Arbeit in diesen Einrichtungen in Zukunft viel stärker von der Berufung aller Getauften zum allgemeinen Priestertum aller Gläubigen (LG Nr. 10) verstanden und begründet werden kann. Auf dieser Grundlage verschärft sich die Frage, welche Konsequenzen sich dann für ganz egalitäre Formen der Kommunikation und Interaktion und für alternative Führungs- und Partizipationsstrukturen in den caritativen Einrichtungen ergeben können.

Konsequenzen für die Caritas und ihre Einrichtungen

Wenn wir das Ethos von solidarischen Dienstgemeinschaften in Pflege, Krankenhaus, Jugendarbeit und Schule in einer christlich motivierten Compassion-Haltung verankern, die wir durchgängig in den Tiefeninterviews diagnostizieren konnten, dann kommt neben den klassisch-beruflichen Kompetenzen und Fähigkeiten „Religion“ im Sinne einer *religiös-spirituellen Kompetenz* im Umgang mit den anvertrauten Menschen eine zentrale Bedeutung zu. Dies hat Konsequenzen für die Ausbildung, für die Fort- und Weiterbildung und darüber hinaus für das Selbstverständnis und die Leitbilder bei der Arbeit des Managements, das für diese Einrichtungen die Verantwortung trägt.

Was religiös-spirituelle Kompetenz meint, ist zunächst einmal nicht gleichzusetzen mit der Frage nach der Kirchlichkeit der Angestellten und der Trägereinrichtung, um die es ja nach den Rückmeldungen schlecht bestellt ist. „Was der kirchliche Sendungsauftrag in einem konkreten Arbeitsfeld bedeutet, ist bei den Mitarbeitenden nicht angekommen“ (66f.). Kein Wunder, wenn im Abschnitt zum „kirchlichen Selbstverständnis“ in den Einrichtungen nur 4 Nennungen zur „christlichen Identität“ vorliegen (84) und einmal gefordert wird, „dass Mitarbeiter viel davon (gemeint ist das Christentum) erfahren bzw. ihren Glauben auch hier erleben können“ (ebd.). Diese Passagen stehen im Widerspruch zu all den Nennungen, die sich durchaus positiv mit den jesuanischen Perspektiven bei der Arbeit beschäftigen, die aber scheinbar nicht mit der Kirche und ihren Diensten zusammengedacht werden. Kirche wird als Machtfaktor und nicht als Spiritualitätsagentur wahrgenommen. Dies ist eine Hypothek, die uns noch lange in der Kirche beschäftigen wird. Wir müssen in der Kirche endlich wahrnehmen und begreifen, dass selbst engagierte Christinnen und Christen kirchlichen Aktivitäten und Angeboten nicht erst seit der Kenntnis des sexuellen wie auch spirituellen Missbrauchs in der katholischen Kirche mit großem Misstrauen begegnen.

Dies hat sich z. B. in der Evaluierung der Arbeit des „Refugiums“, – einer Einrichtung der Diözese Limburg zur spirituellen Begleitung von Frauen und Männern aus Pastoral und Caritas – zwischen 2018 und 2020 erneut bestätigt. Bei der anonymen Befragung der Besucher:innen des Refugiums (760 befragte Personen, 268 Antworten) haben mehr als neun von zehn Personen den Satz bestätigt: „Die Veranstaltungen wurden nicht zur Indoktrination missbraucht“ (93 %). Mehr als acht von zehn Personen bestätigten: „Ich habe mich in allen den Gesprächen frei gefühlt“ (85 %).[7]

Wie haben diese Menschen in all den Jahrzehnten zuvor Kirche erlebt? Wie kann dieses Misstrauen überwunden werden, damit endlich das kreative Potential christlicher Spiritualität in unseren Einrichtungen zum Tragen kommt, ein Potential, das sich auch in den Beiträgen zum „Dienstethos“ in dieser aktuellen Untersuchung erneut bestätigt hat? Wie können wir in unseren kirchlichen Einrichtungen unter diesen Voraussetzungen noch im

7 Schmälzle, U., Gott nicht im Wege stehen, 354.

Sinne des EuGH beanspruchen, dass „Religion“ als „wesentliches, rechtmäßiges und gerechtfertigtes“ Anforderungsprofil darstellt und auch eingefordert werden kann?

Dies wird nur möglich sein, wenn wir in den gegebenen Wertkonflikten einer säkularisierten Gesellschaft im Umgang mit Lebensrechten, Krankheit und Tod und den damit gegebenen Differenzierungen in der Trägerstruktur nicht nur mit der Kirchlichkeit des Trägers argumentieren, sondern unsere Anforderungsprofile viel stärker von den religiösen und spirituellen Bedürfnissen der Menschen her definieren, die uns in den Einrichtungen aufsuchen und für die wir verantwortlich sind. Die Mitarbeitenden bringen in diesen Diensten eine religiös-spirituelle Kompetenz zum Tragen, die sich durchaus aus kirchlichen Quellen speisen kann, aber v. a. in deren religiös-spirituellen Selbstkonzepten verankert ist. Dies setzt jedoch voraus, dass wir von einem weiten Spiritualitätsbegriff ausgehen.

Auch dazu ein Vorschlag: Wenn wir unter *Spiritualität das erkenntnis- und handlungsleitende Prinzip verstehen, aus dem heraus Menschen denken, fühlen und handeln,* dann geht es bei diesem Begriff um die ethischen, geistigen und geistlichen Grundlagen, die einen Menschen prägen. *Dieser Spiritualitätsbegriff* umfasst semantisch folgende Dimensionen:

- einer *kognitiven Bedeutungsstruktur:* Wissensbeständen, Kenntnissen, Werten und Normen, die als Sinnstrukturen Orientierung im Leben geben;
- einer *intentionalen Motivationsstruktur:* Strebungen, Bedürfnisse und Gefühle, die den Menschen antreiben, von etwas wegführen oder die etwas attraktiv machen;
- und einer *handlungsrelevanten Praxisstruktur:* Verhaltensweisen, die befähigen, Wertkonflikte in der gegebenen Leistungs- und Konkurrenzgesellschaft solidarisch zu lösen.[8]

Daraus ergeben sich für die Einstellungspraxis und darüber hinaus für die Fort- und Weiterbildung in den caritativen Einrichtungen durchaus relevante Kriterien, die mehr umfassen als den Nachweis einer Religions- und Konfessionszugehörigkeit.

Im kognitiv-intentionalen Bereich ist zu fragen, ob Mitarbeitende bereit und fähig sind, sich auf die religiösen Bedürfnisse der ihnen anvertrauten Menschen einzulassen. Dabei geht es einmal um Kompetenzen in der religiösen Kommunikation (religious literacy), aber auch um die Frage, ob jemand

---

8 Vgl. dazu: Schmälzle, U., Leerformel.

überhaupt auf der Grundlage der eigenen religiösen Erfahrungen und des eigenen Selbstkonzeptes bereit ist, sich auf solche Fragen und Bedürfnisse einzulassen.

Diese Kriterien können zur Sprache gebracht werden, ohne von den Mitarbeitenden ein religiöses Bekenntnis oder religiös-kirchliche Praxis einzufordern. Es geht um die Kompetenz im Umgang mit der Religiosität von Menschen, die mit Krankheit, Leid und Tod konfrontiert sind.

Zentrales Ziel muss sein, menschliche Religiosität als kreatives Potential zu verstehen, das sowohl den anvertrauten Menschen wie auch den Begleitenden und Pflegenden selbst hilft, Grenzerfahrungen zu bewältigen. Dass es möglich ist, „diesen spirituellen Glutkern" zu mobilisieren, hat sich in den Gesprächen mit den Theolog:innen im Refugium und in den Rückmeldungen der Menschen, die sie begleitet haben, deutlich gezeigt. Die Frage nach dem Geheimnis ihrer *Spiritualitätsdidaktik* hat zur Antwort geführt:
„Sich Gott nicht in den Weg stellen, sondern ihm den Weg frei machen. Er hat mit jedem Menschen bereits seine Geschichte!"[9]

---

9 Schmälzle, U., Gott nicht im Wege stehen, 356.

Bröckelt das Fundament? Ökumenische Parallelwelten: die neue Mitarbeitsrichtlinie der EKD und ihrer Diakonie

Astrid Giebel

Alles, was ihr tut, geschehe in Liebe (1. Korinther 16,14)

Diakonie wie Caritas stehen aktuell vor der Herausforderung, ihr christliches Selbstverständnis unter veränderten gesellschaftlichen wie auch kirchlichen Bedingungen fortzuentwickeln. In volkskirchlichen Zeiten stand dies nicht zur Debatte bzw. war dies nicht erforderlich, da es angesichts der Einstellungspraxis von vornehmlich konfessionellen Mitarbeitenden eher um die *Gestaltung* des evangelischen bzw. katholischen Profils ging, als um die *Gewinnung* von Mitarbeitenden für Werte und Ziele der christlichen Einrichtungen und Dienste. Berufliches Engagement war Ausdruck der je eigenen Zugehörigkeit zur christlichen Konfession; das christliche Berufsverständnis wurde vorausgesetzt und als Ausdruck kirchlichen Handelns verstanden. J. H. Wichern gab hierzu den maßgeblichen Impuls für die Diakonie in Zeiten der Industrialisierung bzw. im sogenannten Vormärz (die Zeit zwischen 1815 und 1848) in Deutschland:

„Die Liebe gehört mir, wie der Glaube ..."

Dieses berühmte Zitat – mit Bezug auf Galater 5,6: „In Christus gilt (...) der Glaube, der durch die Liebe tätig wird" – geht auf den Gründervater der Diakonie, Johann Hinrich Wichern (1808–1881) zurück. In jungen Jahren hatte er in einer Wohnung in Hamburg St. Georg eine Familie in schwierigen Lebensumständen angetroffen. In seinen Tagebuchaufzeichnungen schreibt er:

„Die Mutter ist nur bekleidet mit einem Baumwoll-Leibchen und einem Baumwoll-Rock, zum Teil zerlumpt. Vier Kinder treffe ich an, ein großer Bengel, August, 23 Jahre, ein groß gewachsenes Mädchen, Marie, 13 Jahre, ein Knabe, Heinrich, acht Jahre, und der kleine Hans mit seinen fünf Jahren. Alles zerlumpte, blasse Gestalten, klappernd vor Hunger und Frost. Ich habe in traurige, ausdruckslose

Augen gesehen, ohne Hoffnung auf morgen. Der kranke Vater liegt mit Lungenentzündung im Bett. Feuer haben sie nicht mehr gehabt seit langer Zeit. Zu essen haben sie ein Stück Brotrinde, das sie sich teilen. Was für ein Elend."

Ab 1832 arbeitet er nach seinem Theologiestudium als Oberlehrer in der von Johann Gerhard Oncken gegründeten Sonntagsschule in St. Georg/Hamburg. Haarsträubende Verhältnisse kommen Wichern zu Gesicht – Armut, Verwahrlosung, Gewalt. Und am meisten leiden die Kinder, es gibt keine Zukunft für sie. Einige Jahre später, beim Kirchentag in Wittenberg im September 1848 hält Wichern spontan eine 75-minütige leidenschaftliche Rede, die als programmatisch für die moderne Diakonie gilt. Mit seinem zentralen Satz „Die Liebe gehört mir wie der Glaube!" ruft er die evangelische Kirche auf, sich ihrer sozialen Verantwortung bewusst zu werden. Sozialarbeit gehört zur ureigenen Aufgabe der ganzen Kirche. Und er hat Erfolg. Ein deutschlandweiter *Centralausschuss für Diakonie* wird gegründet, die Geburtsstunde der *Inneren Mission*. Diese fusioniert im Jahre 1957 mit dem Ende August 1945 gegründeten *Hilfswerk der Evangelischen Kirche in Deutschland* (Hauptgeschäftsstellen in Ost-Berlin und Stuttgart) zum *Diakonischen Werk der EKD e. V.*, der heutigen Diakonie Deutschland.

Im Oktober 2012 tritt die *Diakonie Deutschland* als Teilwerk des *Evangelischen Werks* für Diakonie und Entwicklung e. V. (EWDE e. V.) die Nachfolge des *Diakonischen Werks der EKD e. V.* an.

Auf dem Wege der Fusion, nämlich der drei Werke *Diakonisches Werk der EKD* mit dem *Evangelischen Entwicklungsdienst (EED)* und *Brot für die Welt* zum EWDE e. V., findet am 23. Februar 2011 eine Theologische Konsultation statt.[1] Im April 2011 formuliert anschließend eine Arbeitsgruppe theologische Leitaussagen zu Diakonie und kirchlichem Entwicklungsdienst.[2]

Im Vorwort der Dokumentation der Theologischen Konsultation vom 23. Februar 2011 heißt es:
„*Die diakonische Arbeit ist aus der Inneren Mission hervorgegangen und versteht sich als Verkündigung durch die Tat. Dabei wird darum gerungen, ob diese Verkündigung durch die Tat für sich selbst spricht oder ob, wann und wie die Hilfestellungen durch Worte qualifiziert werden müssen. Dabei haben diese Fragen heute immer weniger mit Zurückhaltung und Achtung der Weltanschauung der Anderen zu tun. Die Diakonie muss sich mit den Fragen der Entkirchlichung ihrer Mitarbeitenden auseinandersetzen.*"[3]

---

1 Diakonisches Werk, Theologische Konsultation.
2 Diakonisches Werk, Leitaussagen.
3 Diakonisches Werk, Theologische Konsultation, 5.

In den im April 2011 verfassten Theologischen Leitaussagen steht im Leitsatz 10:

„Der christliche ***Gottesdienst*** *feiert die Liebe Gottes zur Welt, bringt das Ungenügen der Menschen vor Gott und lässt die heilsame und heilende Gemeinschaft mit dem Auferstandenen erfahren. Für diejenigen, die sich in Christi Namen dafür einsetzen, dass Not und Ungerechtigkeit überwunden werden, gehören Gebet und Gottesdienst, christliche Gemeinschaft und der Auftrag Christi zur tätigen Nächstenliebe in ihrer beruflichen Praxis zusammen. Diakonie und kirchlicher Entwicklungsdienst müssen sorgfältig und kritisch darauf achten, dass ihre* ***Mitarbeiter und Mitarbeiterinnen*** *[Hervorhebung im Originaltext] mit der fürsorgenden Teilnahme, der Achtung der Würde und den gerechten Bedingungen rechnen können, für die sie selbst tätig sind."*[4]

Während die These 10 diakonische und liturgische Praxis miteinander verknüpft, schlägt der Leitsatz 4 der Theologische Leitaussagen von 2011 – analog zu dem Handeln des barmherzigen Samariters (Lukas 10,30–37), der kein rechtgläubiger Jude war, sondern der Gruppe der Samaritaner mit ihrem Heiligtum und Tempel am Berg Garizim angehörte – den Bogen auch zur Mitarbeit von nichtkonfessionellen Mitarbeitenden:

„Als Gemeinschaft derer, die Gottes rechtfertigende, befreiende und heilende Fürsorge erleben, leben Diakonie und kirchlicher Entwicklungsdienst in weltoffener und selbstkritischer ***Solidarität mit allen Geschöpfen Gottes****. In der Erkenntnis, dass Gottes Handeln weiter reicht als das Handeln der Kirche, und dass er auch den kirchlichen Dienst relativiert und hinterfragt, arbeiten sie mit allen Menschen guten Willens zusammen, ungeachtet ihrer Herkunft und ihrer weltanschaulichen und religiösen Orientierung."*[5]

Diakonisch zu handeln in der Nachfolge des Christos Diakonos (Lukas 22,27, „Ich bin mitten unter Euch als Dienender"), ist daher letztlich nicht abhängig von einer Konfessionszugehörigkeit.

Aktuell arbeiten in der Diakonie Deutschland etwa 630.000 hauptamtliche und 700.000 freiwillig engagierte Menschen in 33.374 Einrichtungen und Diensten mit einer Kapazität von 1,18 Millionen Betten/Plätzen; dazu gehören neben den Einrichtungen und Diensten der evangelischen Landeskirchen auch die der evangelischen Freikirchen und der Altkatholischen Kirche.[6]

---

4 Ebd., 3.
5 Ebd., 2.
6 Vgl. Diakonie, Einrichtungsstatistik.

Die neue Mitarbeitsrichtlinie der EKD und ihrer Diakonie

„Bröckelt das Fundament des kirchlichen Arbeitsrechts?" – so fragte noch vor wenigen Jahren bspw. der Rechtsanwalt Andreas Schneedorf im Blick auf die Chefarzt- und die Egenberger-Entscheidung des Europäischen Gerichtshofs (Neue Juristische Wochenschrift 2018, 3086 und Neue juristische Wochenschrift 2018, 1869).[7] Inzwischen ist das Fundament der EKD neu verfugt worden: Seit dem 1. Januar 2024 ist die *Richtlinie des Rates über die Anforderungen an die berufliche Mitarbeit in der Evangelischen Kirche in Deutschland und ihrer Diakonie (Mitarbeitsrichtlinie)* in Kraft getreten, die in § 1 die Grundlagen des kirchlichen Dienstes der EKD und ihrer Diakonie regelt, in § 2 Anforderungen an die Anstellungsträger, in § 3 Anforderungen an die Mitarbeitenden bei der Begründung des Anstellungsverhältnisses, in § 4 Anforderungen an Mitarbeitende während des Anstellungsverhältnisses und in § 5 Verstöße gegen Anforderungen durch Mitarbeitende. Diese Mitarbeitsrichtlinie wurde am 20. Januar 2024 seitens der Evangelischen Kirche in Deutschland veröffentlich (berichtigt am 14. Februar 2024 (ABl. EKD S. 30) und im Amtsblatt der Evangelischen Kirche in Deutschland (EKD) Nr. 1, Jahrgang 2024 bekannt gemacht.[8]

In der Präambel der Mitarbeitsrichtlinie heißt es:
„Kirchlicher Dienst ist durch den Auftrag bestimmt, das Evangelium in Wort und Tat zu verkünden. Dies geschieht durch öffentliches Zeugnis, christliche Spiritualität, helfendes Handeln sowie kirchliche Gemeinschaft. Dieser Dienst orientiert sich am evangelischen Selbstverständnis und Ethos. Alle Mitarbeitenden in der Evangelischen Kirche in Deutschland und ihrer Diakonie leisten einen Beitrag für die Gesellschaft, der immer über die bloße Funktion der jeweiligen Tätigkeit hinausgeht und stets im Zusammenwirken mit anderen im Rahmen einer Dienstgemeinschaft geschieht. Hierfür erlässt die Evangelische Kirche in Deutschland diese Richtlinie, in der sie wesentliche kirchliche Äußerungen zur beruflichen Mitarbeit an Einrichtungen und Mitarbeitenden benennt."[9]

In den folgenden Paragraphen wird ausgeführt:

- Gemäß § 2, *Grundlagen des kirchlichen Dienstes* verbindet die gemeinsame Verantwortung für den Dienst der Kirche und ihrer Diakonie die Anstellungsträger und Mitarbeitenden zu einer *Dienstgemeinschaft* und verpflichtet sie zu vertrauensvoller Zusammenarbeit. Alle, die in Anstel-

---

7 Schneedorf, A., Diskriminierungsschutz.
8 EKD, Amtsblatt. Vgl. auch Baumann, K., Zur Zukunft; sowie Joussen, J., Profil schärfen, 14–16 u. 18 und Ulrich, L., Rechtssicherheit, 17.
9 EKD, Mitarbeitsrichtlinie EKD-Diakonie 2024.

lungsverhältnissen in der Kirche und ihrer Diakonie sowie in den zugeordneten Einrichtungen tätig sind, tragen zur Erfüllung des kirchlichen Auftrags bei. Dieser Auftrag bildet die Grundlage der Rechte und Pflichten von Anstellungsträgern sowie Mitarbeitenden. Er bestimmt unter den jeweiligen Rahmenbedingungen das Profil der Dienststellen und Einrichtungen.

- Gemäß den *Anforderungen an die Anstellungsträger* (§ 3) haben die Anstellungsträger der Kirche und ihrer Diakonie sowie aller weiteren zugeordneten Einrichtungen die Aufgabe, ihre Dienststellen und Einrichtungen unter Berücksichtigung der jeweiligen Rahmenbedingungen und örtlichen Herausforderungen dem kirchlichen Auftrag gemäß zu gestalten: Sie vermitteln ihren Mitarbeitenden die christlichen Grundsätze ihrer Arbeit und fördern die Auseinandersetzung mit Themen des christlichen Glaubens.
- Die *Anforderungen an die Mitarbeitenden bei der Begründung des Arbeitsverhältnisses* (§ 4) „richten sich nach der Erfüllung des kirchlichen Auftrags in seiner konkreten Ausgestaltung. Das Erfordernis der Mitgliedschaft von Mitarbeitenden in einer Gliedkirche der Evangelischen Kirche in Deutschland, einer Kirche der Arbeitsgemeinschaft Christlicher Kirchen in Deutschland (ACK) oder der Vereinigung Evangelischer Freikirchen (VEF) bestimmt sich nach der Art der Tätigkeit und den Umständen ihrer Ausübung (1). Für die Tätigkeiten in der Verkündigung, der Seelsorge, der evangelischen Bildung oder in besonderer Verantwortlichkeit für das evangelische Profil wird die Mitgliedschaft in einer Gliedkirche der Evangelischen Kirche in Deutschland (EKD) vorausgesetzt. (…) Der Mitgliedschaft in einer EKD-Gliedkirche gleichgesetzt ist die Mitgliedschaft in einer Kirche in Kirchengemeinschaft mit der EKD. (2) In weiteren Fällen kann aufgrund der Art der Tätigkeit oder der Umstände ihrer Ausübung die Mitgliedschaft in einer Gliedkirche der EKD, einer Kirche der ACK oder der VEF erforderlich sein. Dies ist insbesondere dann der Fall, wenn die Tätigkeit mit einer Verantwortung für die evangelische oder christliche Profilierung der Dienststelle oder Einrichtung (...) und ihrer sonstigen Mitarbeiterschaft sowie des jeweiligen Umfeldes erforderlich machen. Der Anstellungsträger legt diese Erfordernisse entsprechend fest (3).“[10]
- Ist das Arbeitsverhältnis begründet, wird erwartet, so § 5, *Anforderungen an Mitarbeitende während des Arbeitsverhältnisses*, dass „alle Mitarbeitenden in ihrem Aufgabenbereich Mitverantwortung für die glaubwürdige Erfüllung kirchlicher und diakonischer Aufgaben übernehmen. Sie haben

---

10 EKD, Mitarbeitsrichtlinie EKD-Diakonie 2024.

sich daher gegenüber der evangelischen Kirche loyal zu verhalten und sich innerhalb und außerhalb des Dienstes so zu verhalten, dass die Ausübung ihres jeweiligen Dienstes nicht beeinträchtigt wird. Alle Mitarbeitenden haben das evangelische Profil der jeweiligen Dienststelle oder Einrichtung zu achten."[11]

- Erfüllen Mitarbeitende eine in der Mitarbeitsrichtlinie genannte Anforderung nicht mehr, soll durch Beratung und Gespräch der Anstellungsträger auf die Beseitigung des Mangels hinwirken, so § 6, *Verstöße gegen Anforderungen durch Mitarbeitende*. „Als letzte Maßnahme ist nach Abwägung der Umstände des Einzelfalles eine außerordentliche Kündigung aus wichtigem Grund möglich, wenn der Mangel nicht auf andere Weise behoben werden kann (1). Absatz 1 findet auch Anwendung auf Mitarbeitende, die während des Arbeitsverhältnisses aus der Kirche austreten, wobei das jeweilige Mitgliedschaftserfordernis nach § 4 zu berücksichtigen ist (2). Für die Fortführung des Dienstes kommt daneben nicht in Betracht, wer in seinem Verhalten die evangelische Kirche und ihre Ordnungen grob missachtet oder sonst die Glaubwürdigkeit des kirchlichen Dienstes beeinträchtigt (3)."[12]

Die Richtlinie spiegelt die veränderte Wahrnehmung bzgl. der Anstellungspraxis wider und nimmt die Träger selbst stärker als bisher in die Verantwortung: „Sie vermitteln ihren Mitarbeitenden die christlichen Grundsätze der Arbeit und fördern die Auseinandersetzung mit den Themen des christlichen Glaubens."[13] Wie dies zu geschehen hat, wird nicht näher ausgeführt. Vielmehr werden einige Sonderbereiche (pastorale Tätigkeit, evangelische Bildung, Verantwortlichkeit für Profilbildung) im Sinne der Mitgliedschaftslogik aufgeführt, die eine Konfessionsbindung erfordern bzw. die Kündigung bei Kirchenaustritt bisher der evangelischen Kirche zugehörigen Mitarbeitenden festsetzen. Hier zeigen sich weitestgehende Parallelen zur Grundordnung für den kirchlichen Dienst in der katholischen Kirche und ihrer Caritas. Die Zugehörigkeit zur Kirche bzw. das loyale Verhalten gegenüber der evangelischen Kirche bleiben maßgeblich. Hintergrund ist das Narrativ der Dienstgemeinschaft aller, die in der Kirche einer Tätigkeit nachgehen (bzw. einen Dienst tun).

11 Ebd. § 5.
12 EKD, Mitarbeitsrichtlinie EKD-Diakonie 2024.
13 EKD, Mitarbeitsrichtlinie EKD-Diakonie 2024, § 3.

Dienstgemeinschaft – was genau ist gemeint?

Peter Dabrock schrieb 2010 zum von ihm problematisierten Konzept der Dienstgemeinschaft:

„Kann man unter solch verschärften Bedingungen [im Gesundheits- und Sozialwesen, aber auch im damaligen Verhalten von diakonischen Einrichtungen und Diensten, Anm. der Verf.] noch kirchliches Profil zeigen? An keinem Konzept macht sich der Anspruch von diakonischen Dienstgebern „Wir sind Kirche", aber auch die zunehmende Kritik von Dienstnehmer:innen an diesem Anspruch, so deutlich wie an der Formel, dass die Diakonie eine „Dienstgemeinschaft" von Dienstgebern und Dienstnehmer:innen bilde. Was aber bedeutet „Dienstgemeinschaft theologisch und rechtlich?

Theologisch könne man es auf folgenden Punkt bringen: Dienstgemeinschaft bedeutet, sich jenseits von möglichen Interessensgegensätzen als eine Gemeinschaft zu verstehen, die die Liebe Christi in der Welt zum Vorteil der Benachteiligten wirklich werden lässt. Der Gedanke der Dienstgemeinschaft erinnert dabei an die IV. These der Barmer Theologischen Erklärung, in der es heißt, dass ‚die verschiedenen Ämter in der Kirche keine Herrschaft der einen über die anderen begründen, sondern die Ausübung des der ganzen Gemeinde anvertrauten und befohlenen Dienstes' erwarten lassen. Die durch den Nachsatz dezidiert machtkritisch zu deutende IV. Barmer These bindet ihrerseits den Gedanken der Dienstgemeinschaft innerhalb der Kirche zurück an neutestamentliche Vorstellungen wie die der Gemeinde als des einen Leibes Christi (vgl. 1 Korinther 12,12–27; Römer 12, 4–6), in dem jedem Glied seine spezielle, unaustauschbare Funktion zukommt, oder an Figuren wie die des allgemeinen Priestertums aller Gläubigen (vgl. 1. Petrusbrief 2,9 f.; Offenbarung 1,6).

Rechtlich betrachtet begründet das Konzept der Dienstgemeinschaft den arbeitsrechtlich so attraktiven ‚Dritten Weg'. Das deutsche Verfassungsrecht bietet bekanntlich den als Körperschaft des öffentlichen Rechts anerkannten Religionsgemeinschaften, also auch der Evangelischen Kirche, das Privileg, unter Anerkennung der Schranken des geltenden Rechts ihr Dienst- und Arbeitsrecht eigenständig zu gestalten (Art. 140 GG i.V.m.Art 137 Abs. 3 WRV). Dieses Recht schließt nicht nur die Gestaltung von geregelten Arbeitsverhältnissen nach öffentlich-rechtlichem, sondern auch privatrechtlichen Recht, also beispielsweise die von diakonischen Unternehmen, ein. […] Wenn die Evangelische Kirche die Diakonie als ‚Wesens- und Lebensäußerung' der Kirche begreift, braucht darüber, ob Diakonie unter das juristische Kirchenprivileg fällt, nicht mehr diskutiert werden. Wenn Arbeitgeber und Arbeitnehmer in der Kirche und der Diakonie sich derartig von der Gemeinschaft der Glaubenden und ihres gemeinsamen Dienstes der Liebe her verstehen können und sollen, dann verwundert es nicht, dass ihr Verhältnis nicht in den üblichen arbeitspolitischen und rechtlichen Kategorien zu stehen kommen soll. Dieses andersartige Selbstverständnis fängt damit an, dass man sich eben nicht mehr als Arbeitgeber und Arbeitnehmer bezeichnet, sondern sich unter dem ideell-religiös als gemeinsamen Arbeitgeber verstandenen Christus als Dienstgeber und -nehmer deutet. Im Gefolge dieser Interpretation verpflichtet man sich in Kirche und Diakonie nicht mehr, den sogenannten ‚ersten Weg' zu gehen, auf dem der Arbeitgeber sagt, wo es lang zu gehen habe, noch dem sog. ‚zweiten Weg' zu folgen, auf dem durch zähe Verhandlungen bis hin zu Druckmitteln auf beiden Seiten wie Streiks und Aussperrungen ein tarifpolitischer Kompromiss gefunden wird. Vielmehr sucht man vor dem Hintergrund des Leitbildes der Dienstgemeinschaft einen sog. ‚dritten Weg' einzuschlagen. Dieser zeichnet sich durch die folgenden, im Rahmen des kirchlichen Auftrags von Dienstgeber und -nehmer zu achtenden und zu wahrenden Standards, benchmarks würde man heute sagen, aus Partizipation, Mitverantwortung, faire Konfliktlösung und Gleichgewicht, keine Möglichkeit zur einseitigen Aufhebung vereinbarter Bestimmungen, Geltung für alle Mitarbeitenden."[14]

Mit dem Begriff der Dienstgemeinschaft vermittelt sich ein Ideal, wie es im biblischen Bild des Leibes Christi bei Paulus seinen Ausdruck findet (Zur doppelten Christuspräsenz, nämlich einerseits in seiner Gemeinde, 1. Korinther 12,27, und andererseits im Geringsten, Matthäus 25,40, siehe Wendland et al.[15]). Paulus reagiert mit diesem Bild auf die Realität in der Gemeinde Korinths, die offenbar unter heftigen Lagerbildungen mit ebenso starken Konflikten litt. Das theologische Idealbild des einen Leibes im Geiste Jesu, der seine Glaubwürdigkeit durch den Dienst aneinander und der Gesellschaft findet, wird nun in eine rechtlich normierte Organisationslogik des Interessenausgleiches zwischen Arbeitnehmer:innen und Dienstgebern überführt.

Dabrock weist darauf hin, dass das Ideal der Dienstgemeinschaft allerlei Skepsis, Spöttelei und Kritik ausgesetzt ist: von Leerformel über „Phantombegriff" (Friedhelm Hengstenbach) zu „Schweizer Käse" (Benno Schuckart-Witsch) bis hin zu Charakterisierungen, die ihren Gipfel darin finden, in dem Konzept ein Macht- und Disziplinierungsinstrumentarium der Dienstgeber zur Unterdrückung der Dienstnehmer:innen erkennen zu wollen. Und dennoch: Am Konzept der Dienstgemeinschaft hängt, so Dabrock, – mit allen dramatischen Konsequenzen – das Selbstverständnis der Diakonie im Innen- wie im Außenverhältnis: ohne gestaltete Dienstgemeinschaft auf Dauer kein Sonderweg im Arbeitsrecht mehr! Und quasi prophetisch schreibt Dabrock 2010:

---

14 Dabrock, P., Diakonie, 206 ff.

15 Wendland, H.-D., Christos Diakonos: „Es geht in der Diakonie um die ungeheure ‚Spannung' der diakonischen Präsenz Christi in seinen Knechten, seiner Gemeinde (und in den diakonischen Charismen) auf der einen Seite, und der verborgenen Präsenz desselben Christus als des in den Tiefen des Weltelends und des Weltleidens in eigener Person verborgen anwesenden und anzutreffenden Herrn der Welt."

„Aber nur, wo auch gegen die äußeren Widrigkeiten des Sozialmarktes und die inneren Probleme der Gestaltung Dienstgemeinschaft erkennbar bleibt, wird der Diakonie dieses Privileg auch zuerkannt – die pure Behauptung, dass die Dienstgemeinschaft prägend sei, wird im Konfliktfall am Europäischen Gerichtshof kein unbedarfter Richter mehr glauben, wenn der Unterschied nicht sinnenfällig erkennt, sondern nur einen ganz besonderen Konkurrenten auf einem europäischen Gesundheits-, pflege- und Sozialmarkt identifiziert, der eigentümliche Vorteile für sich verbuchen kann."[16]

Als Rechtsbegriff, so Dabrock, ist das Leitbild Dienstgemeinschaft möglicherweise an Grenzen seiner Verwendbarkeit gekommen, als theologischer Begriff aber ist er für die Diakonie unaufgebbar. Unaufgebbar ist das Verständnis der Diakonie und der diakonischen Dienstgemeinschaft als Mitarbeit beim Tun Gottes in dieser Welt, als Glieder seiner Gemeinde. Für dieses Verständnis müsse unter Mitarbeitenden der diakonischen Unternehmungen immer neu geworben werden (so nun auch der Ansatz der Richtlinie von 2024, § 3). In diesem Sinne fragt die Studie von Michael Fischer und Bruno Schrage notwendigerweise nach den Haltungen, Einstellungen und Motivationen von Mitarbeitenden im caritativ-kirchlichen Dienst, ohne diese gleich kirchlich zu vereinnahmen. So werden sich auch diakonische Unternehmen anstrengen müssen, die Mitarbeitenden selbst für eine Sicht der Diakonie als Mitarbeit am Werk Gottes und der Dienstgemeinschaft als einer die Mitarbeitenden tragenden Kraft zu gewinnen. Mit dieser Aufgabe erhält der Name der Diakonie „Innere Mission" eine ganz neue Bedeutung, denn es gehe in der diakonischen Tradition auch um die Mission den Mitarbeitenden gegenüber, nicht nur wie im 19. Jahrhundert um die Mission gegenüber einer kirchen- und glaubensfernen Welt. Dabrock sieht – so sein Fazit – in der Dienstgemeinschaft einen guten, hoffnungsvollen Ansatz, die berufliche Mitarbeit in der Diakonie aus der Geschichte zu verstehen und sie für die Zukunft auszugestalten. Es bleibt zentraler Auftrag für Diakonie, die inhaltliche Ausprägung ihrer Tradition fruchtbar werden zu lassen für die Gestaltung der diakonischen Arbeit heute und morgen.

16 Ebd., 209.

Evangelisch engagiert – wie tragfähig ist das theologische und rechtliche Fundament der Diakonie?

Selbstkritisch ist seitens der Diakonie zu fragen, ob die sogenannte *Mitarbeitsrichtlinie*, gültig ab Januar 2024, das Fundament des kirchlichen Arbeitsrechts der Diakonie Deutschland vor der Verwitterung schützen wird. Es ist mit Dabrock zu fragen, ob die Mitarbeitsrichtlinie dazu beitragen wird, „die Mitarbeitenden für eine Sicht der Diakonie als Mitarbeit am Werk Gottes und der Dienstgemeinschaft als einer die Mitarbeitenden tragenden Kraft zu gewinnen".

Ebenfalls selbstkritisch ist zu fragen, ob sich der Deutsche Caritasverband nicht gerade zukunftsfest aufstellt: Aktuell mit ihrer breiten hierarchie- und arbeitsfeldübergreifenden, interdisziplinären, Praxis, Forschung und Lehre einbeziehende Beteiligungsmöglichkeit, Themen des katholischen Arbeitsrechts in einer Reihe von Onlineformaten kontrovers zu diskutieren.[17] Es bedarf einer neuen Sichtweise auf die Fragestellung der Identifikation von Mitarbeitenden wie die leitfadengestützte Untersuchung von Fischer und Schrage aus den Jahren 2020–23 „Kompetent, motiviert und auch noch religiös. Warum Menschen bei der Caritas arbeiten" aufzeigt. Der Ansatz ermöglicht es im qualitativen Forschungsdesign, in Anlehnung an die Grounded Theory mit Erhebung in Form von problemzentrierten Interviews (nach Andreas Witzel), nun im Wissen um die Überzeugungen und Motivationen der Mitarbeitenden, neue Formate der Identitätsvermittlung und in der Folge ein gemeinsames kirchlich-diakonisches Selbstverständnis (Ethos) zu entwickeln.[18] Ziel der Befragung ist das Verständnis von Sendung, glaubwürdiger Umsetzung und Art der Ausübung der Tätigkeiten. Geklärt werden, so das Anliegen der Studie, soll der Begriff „Ethos" – aufgefächert in *Ethos der Berufe in der Caritas* und *Ethos der Organisationen, der katholischen Kirche und der Caritas als Anstellungsträgerin* – als Schlüsselbegriff des EuGH-Urteils vom 17. April 2018 im Fall Egenberger und vom 11. September 2018 im Fall des Düsseldorfer Chefarztes. In dieser Studie wird ein hilfreicher Orientierungsrahmen geschaffen, der nun weiter ausgestaltet werden kann: Mit der Gliederung von Ethosformen (nach Wolfgang Kluxen) in Rahmenethos, Rollenethos, Lebensethos und Dienst-/Professionsethos, jeweils bezeichnet als Werte und Normen der Organisation, Werte und Normen in der

17 Vgl. die beispielhafte Online-Vortragsinitiative des Diözesan-Caritasverbands im Erzbistum Köln e. V.: DiCV Köln, Grundordnung.

18 Hinsichtlich des kirchlichen Auftrags fragt Bruno Schrage an anderer Stelle, ob es für beruflich wie ehrenamtlich Tätige künftig notwendig ist, zwischen Glaubens- und Überzeugungsgemeinschaft zu differenzieren: Schrage, B., Reset-Knopf, 9–13.

Klient:innenbeziehung, Werte und Normen aus der eigenen Biografie und Werte und Normen des jeweiligen Berufsfeldes. Die Stärke der Studie liegt in der Identifikation der Ansatzpunkte, wie das Management von Einrichtungen und Unternehmen der Caritas die christliche Identität und die Identifikation einer religiösen und kulturell diversen Mitarbeitendenschaft in einer sich in der Transformation befindenden Kirche fördern und entwickeln bzw. operationalisieren kann: nämlich tätigkeits- und berufsfeldbezogen anhand der drei inhaltlichen Merkmale, a) Kompetenzen, b) Religionsbezug und c) Fort- und Weiterbildungsbedarf. Genau hier konkretisiert sich der kirchliche Sendungsauftrag. Mitarbeitende mit und ohne Religionsbezug erwarten in Diakonie wie Caritas eine Auskunftsfähigkeit und Diskurskompetenz diakonischer Einrichtungen und Dienste zu ihrem kirchlichen Selbstverständnis im jeweiligen Handlungsfeld.

„Die Ernte ist groß, der Arbeiter sind wenige!" (Matthäus 9,37)

Fachkräfte- bzw. Arbeitskräftemangel ist kein neuzeitliches Phänomen; schon Jesus hat gezielt Menschen angesprochen und sie zur Nachfolge und zur Mitarbeit eingeladen. Sein christlicher Sendungsauftrag ist – auch für Caritas und Diakonie – geblieben: „Geht aber hin und sprecht: das Himmelreich ist nahe herbeigekommen. Macht Kranke gesund, weckt Tote auf, macht Aussätzige rein, treibt Dämonen aus." (Matthäus 10, 8a). Menschen, deren Gesundheit gemäß der WHO-Definition in einer oder mehrere der bio-psycho-sozial-spirituellen Dimensionen Beeinträchtigungen erfährt, gilt es zu unterstützen, zu beraten, zu begleiten und zu heilen. Die Überwindung der Todesmächte, des Unfriedens, der Ungerechtigkeit und Unbarmherzigkeit ist eine bleibende humane Aufgabe. Menschen, die im Elend leben – schon vor 200 Jahren von Johann Hinrich Wichern prägnant von seinen Hausbesuchen geschildert; aufsuchende Sozialarbeit und häusliche Krankenpflege wissen heute ähnliche Lieder in Moll zu singen – sollen nicht länger ausgegrenzt, benachteiligt und ihrer Würde beraubt werden. Dämonen in ökologischen, Lebensgrundlage vernichtenden, menschenverursachten Katastrophen, lebensfeindlichen Strukturen, wirtschaftlicher Ausbeutung, zivilisationszerstörender verbaler oder tätlicher Gewalt, Grund- und Menschenrechte verletzendem Hass, übergriffigem, grenzverletzendem Machtgebaren, sexuellem Missbrauch, … gilt es zu bannen, wo nötig rechtlich zu ahnden, auszutreiben, um des Evangeliums vom anbrechenden Reiches Gottes willen. Das braucht zuallererst fachliche Auseinandersetzung und professionelles Handeln, das einen christlichen Deutungs- und Begründungskontext einschließt und so eine christliche Prägung dieser diakonischen Arbeit für Mitarbeitende ermöglicht.[19] Die Autoren der vorliegenden Studie fragen daher zu Recht, ob das Arbeitsrecht das richtige Instrument christlicher Identitätsbildung für heutige Mitarbeitende in Diakonie wie Caritas sei. Greift man auf die Aussendung der Jünger zurück, so setzt Jesus im Ausdehnen des Wirkradius darauf, die „Mitarbeitenden" zu zweit auszusenden: „Danach setzte der Herr zweiundsiebzig andere ein und sandte sie je zwei und zwei vor sich her in alle Städte und Orte, wohin er gehen wollte und sprach zu ihnen: Die Ernte ist groß, der Arbeiter aber sind wenige. Darum bittet den Herrn der Ernte, dass er Arbeiter aussende in seine Ernte." (Lukas 10,1-2) Zur Sicherung der Nachhaltigkeit von Kompetenzentwicklung und Bildungsförderung wie auch gemeinsamer Überzeugungen wäre dann zu überlegen, Mitarbeitende zumindest in Tandems in Fort- und Weiterbildungen zu schicken, um sich später an das Gelernte im Alltag zu erinnern sowie den Diskurs zur christlich geprägten Praxisumsetzung zu unterstützen. So hat es bereits Jesus gemacht und auf den erfahrungsbezogenen Dialog gesetzt.

Was motiviert, was bindet, was stärkt in der Mitarbeit?

Ein zentraler Satz der Studie von Fischer und Schrage „Kompetent, motiviert und auch noch religiös. Warum Menschen bei der Caritas arbeiten" findet sich auf 66f., Berufliche Motivation. Er lautet: „Einen wesentlichen Einfluss auf die Ausübung einer Tätigkeit haben die Motivation und die Freude daran." Biblisch klingt hier das Wort aus Nehemia 8,10 an: „Und seid nicht bekümmert, den die Freude am Herrn ist eure Stärke!" Wer sich aus innerer Überzeugung in seinem beruflichen Arbeitsfeld einsetzt, beweist häufig – auch in schwierigen Leidsituationen – den längeren Atem und erzielt bessere Ergebnisse in der Behandlung, Pflege, Betreuung und Begleitung. Intrinsische Motivation kann nicht per Dekret oder Richtlinie verordnet werden und ist ausschließlich selbstbestimmt. Den motivierenden Anreiz stellt – so häufig in Bewerbungsgesprächen/Berufungsgeschichten berichtet – die Zuwendung aus Liebe zum Menschen dar. Aus purer Freude und angesichts vielfältiger Leidsituationen engagieren sich Menschen ehrenamtlich oder bringen sich nach dem Maß ihrer Kraft und Fähigkeiten hauptamtlich in ihrem Arbeitsfeld ein, bilden sich aufgrund ihres Interesses fort, entwickeln sich weiter. Gesteigert werden kann diese intrinsische Motivation in den diakonischen und caritativen Handlungsfeldern unter anderem durch Selbstbestimmung, konstruktives Feedback und soziale Eingebundenheit. Schlagartig verringern kann sich die Motivation und innere und äußere

19 Siehe zum Ansatz der „christlich geprägten Professionalität": Schrage, B., Reif für das 21. Jahrhundert.

Bindungskraft von Mitarbeitenden, wenn Unternehmenswerte – auch und v.a. durch Führungskräfte, die ihrer Vorbildfunktion nicht nachkommen und sich inkongruent verhalten – verletzt werden. Die Voten in den Leitfadengestützten Interviews in der Studie (65) heben hier die Erwartungen/Werte/gewünschten Haltungen von Mitarbeitenden an ihr christliches Unternehmen hervor: *Menschenfreundlichkeit, Empathie, Nächstenliebe, Empathie, Fürsorge, Respekt, Wertschätzung und Achtung der Scham.* Die Studie verändert die Perspektive in Bezug auf die künftigen Prozesse zur Förderung und Weiterentwicklung des christlichen bzw. kirchlichen Selbstverständnisses diakonischer Einrichtungen und Dienste. Indem die Erwartungen, Wertevorstellungen sowie Haltungen der Mitarbeitenden im Kontext der Tätigkeit erfragt werden, können diese in einen konstruktiven Prozess mit den Vorstellungen des kirchlichen Auftrags gebracht werden. Eine Loyalität im arbeitsrechtlichen Sinne kann künftig kaum mehr vorausgesetzt werden, sondern sie kann nur durch Prozesse der Aneignung auf Basis von Auseinandersetzung und Kohärenzerfahrung mit den eigenen Werten, Haltungen und Vorstellungen gewonnen werden. Genau hier kann dann die Dienstgemeinschaft als ein Ideal kirchlicher Vorstellungen wieder eine Berechtigung erfahren.

„Alles, was ihr tut, geschehe in Liebe" (1. Korinther 16,14)

Die beste Arznei für den Menschen ist der Mensch. Der höchste Grad dieser Arznei ist die Liebe (Paracelsus). Woran bewähren sich die geistigen Kräfte von Mitarbeitenden in sozialen und Gesundheitsberufen, im Management und in der Verwaltung? Welche geistigen Kräfte werden ihnen tagtäglich in Einrichtungen und Diensten von Caritas und Diakonie abverlangt? Welche Kriterien geben den Ausschlag, sich dort zu bewerben oder im Arbeitsfeld zu bleiben? Die Geisteshaltung eines Trägers lebt davon, dass im Alltagsgeschäft die zustimmende Überzeugung der Vielen widerhallt. Insofern ist der „Geist des Hauses", der diakonische bzw. caritative Geist einer Einrichtung, ein Resonanzkörper der hier arbeitenden Mitarbeitenden. Eine vollständige Identifikation der Mitarbeitenden mit den theologischen Leitlinien wird immer eine Utopie bleiben; es kann sich immer nur um Annäherungen an die ‚Unternehmensphilosophie' handeln. Auch ein rechtlicher Rahmen (Arbeitsrecht als Tendenzentwicklung, nicht zum Tendenzschutz) kann dies nicht komplett absichern bzw. leistet eben nicht die notwendige offene Form der Auseinandersetzung. Da nicht nur die Zustimmung, sondern die Einstimmung der vielen Einzelnen notwendig ist, um eine Institution tatsächlich in eine ähnliche Richtung zu orientieren, ist das unermüdliche Bemühen um die Verstetigung, Absicherung und praktische Erfahrbarkeit aller Werte und Normen der Organisation, in der Klient:innenbeziehung, der eigenen Biografie und des jeweiligen Berufsfeldes, also insgesamt in der Personal-, der Organisations- und Kulturentwicklung notwendig. Ein respektvoller Umgang – auch im Verhältnis der Mitarbeitenden untereinander – ist nicht nur in Zeiten von Arbeitskräftemangel relevant. Wahrung und Wertschätzung der Würde des oder der anderen kann dabei – mit Avishai Margalit, israelischer Philosoph und Friedensaktivist – als ein *möglichst wenig demütigender Stil im Miteinander* verstanden werden. Zu jeder anspruchsvollen und strapaziösen Berufstätigkeit und Berufsrolle hinzugehörend sollte auch die Unterstützung der *Selbstsorge* von Mitarbeitenden durch die Unternehmen nicht zu kurz kommen, nämlich die Verantwortungsübernahme für sich selbst, das Erkennen der eigenen Grenzen und die Sorge dafür, dass die Quellen für eine sinnstiftende Grundhaltung und das eigene geistliche Leben nicht verstopfen.

Leben in Fülle (Johannes 10,10)

Eines können Reflexionen über die theologischen Grundlagen und juristischen Rahmenbedingungen von Diakonie und Caritas nur begrenzt widerspiegeln: Die tatsächlich erlebbare Freiheit, Freude und Lebendigkeit, wenn sich inmitten der diakonischen oder caritativen Arbeit in der Begegnung von Menschen Horizonte eröffnen des respektvollen Umgangs und der wertschätzenden Verständigung, der erfahrenen Gerechtigkeit und des Zurechtkommens. Es sind diese Momente der Verheißung eines ‚integren' Lebens in seiner ganzen Fülle, der Hoffnung, sprich der Geistesgegenwart, die nicht machbar und planbar sind. Solche Räume und Momente haben entscheidende Auswirkungen für die Erneuerung einer gesunden Berufsmotivation, auf das Einsetzen von Veränderungsprozessen in Diensten und Einrichtungen und für den ‚Geist des Hauses': Dann leuchten – in allen Bemühungen zu lösen, lindern und heilen – Erbarmen, Güte, Mitgefühl, die Liebe Gottes des Schöpfers, Erlösers und Trösters auf, die – im christlichen Glauben, aber auch in anderen Weltreligionen – bei allen Menschen guten Willens (Matthäus 25,27ff) eine besondere spirituelle Würdigung erfahren. Schlüsselfunktionen können hierbei offene, lebendige Liturgien in den unterschiedlichsten Formaten sein, die den diakonischen bzw. caritativen Arbeitskontext im Horizont des Reiches Gottes reflektieren und prophetisch-kritische und prophetisch-erneuernde Kraft in sich bergen. Eine alltags- und erfahrungsbezogene christliche spirituelle Begleitung,[20] Diskursformate

20 Vgl. hierzu auch Oesselmann, D., Spiritualität und soziale Veränderung,. 104–111, sowie das neue Modell für Gesundheitsberufe: Projekt SpECi.

zur Motivation wie auch tätigkeitsbezogene Bildungssettings (Christliche geprägte Professionalität, B. Schrage) sind zukunftsweisende Ansätze mit Blick auf eine diverse Mitarbeitendenschaft. Statt über das Arbeitsrecht Loyalitäten zum kirchlichen Auftrag per Dekret abzusichern oder extrinsisch einzufordern, bedarf es neuer Gestaltungsräume, die Mitarbeitende darin vergewissern, dass sie bereits den kirchlichen Auftrag durch ihr sozial-diakonisches Handeln verwirklichen. Auf dieser Grundlage kann die Vermittlung des spezifischen kirchlichen Selbstverständnisses (Ethos) gelingen und eine bewusste und reflektierte Kohärenz bei christlich nicht sozialisierten Mitarbeitenden mit den christlichen Werten und Überzeugungen entstehen. Die vorliegende Studie eröffnet dazu in der Hinwendung zu den Überzeugungen und Motivationen der Mitarbeitenden einen neuen Weg für den anstehenden Diskurs um das kirchliche Selbstverständnis, denn „alles, was ihr tut, geschehe in Liebe“. (1. Kor 16,14)

Teil V Ausblick

Bruno Schrage, Michael Fischer

Der abschließende Teil bündelt die Ergebnisse der Studie unter Einbindung der Expertenkommentare und aktueller Diskurse. Daraus erwachsen Verdichtungen, Schwerpunktsetzungen und der Ausblick auf anstehende Aufgaben und Herausforderungen hinsichtlich der künftigen Identifikation von Mitarbeitenden, der dynamischen Entwicklung des christlichen Selbstverständnisses caritativer Träger und der gemeinsamen Verbundenheit im christlichen Auftrag. Daher können die abschließenden Reflexionen grundsätzlicher Natur sein, aber auch konkrete Hinweise auf notwendige Handlungsfelder beinhalten.

1 Wandel des religiösen Selbstverständnisses

Die vorliegende Studie zeigt, wie hoch die Bedeutung von Werten für die befragten Mitarbeitenden der Caritas ist. Aus ihrer Sicht steht für ihre Tätigkeit weniger der Glaubensbezug als der Wertebezug im Vordergrund (65). Dieses Ergebnis wäre bei nicht kirchlich sozialisierten Mitarbeitenden erwartbar (ad extra).

Aber jetzt zeigt sich dies bei religiös und kirchlich sozialisierten Kolleg:innen, die bewusst für die Studie angefragt wurden (ad intra). Das dogmatisch-institutionelle Selbstverständnis von Kirche als Gemeinschaft von Gläubigen ist offenbar nicht mehr übertragbar auf das Selbstverständnis der kirchlichen Unternehmungen als Gemeinschaft von Dienstnehmer:innen.[1]

Es gilt ad intra, was ad extra vermutet wurde. Deutlicher kann der Wandel des kirchlichen Selbstverständnisses kaum sein. Es wäre wünschenswert, wenn entsprechende Befragungen bspw. auch in kirchlichen Generalvikariaten/Offizialaten, katholischen Bildungswerken, Rendanturen durchgeführt würden. Es steht zu vermuten, dass die vielfältigen kirchlichen Träger der Caritas dann in der großen Holding katholische Kirche gar nicht so singulär dastehen.

---

1 Entsprechend ist zu fragen, ob es die kirchliche Dienstgemeinschaft überhaupt gibt, bzw. wie sie sich in diesem Wandel begründet.

2 Von der Glaubensgemeinschaft zur Überzeugungsgemeinschaft

Es braucht eine neue Verhältnisbestimmung zwischen Glaubensgemeinschaft (Zugehörigkeit zur katholischen Kirche) und Überzeugungsgemeinschaft (Mitarbeitende am Sendungsauftrag der Kirche).[2] Heutige Mitarbeitende kommen mit ihrer Religiosität oder ohne jegliche Religiosität.[3] Jan Loffeld spricht hier vom rasch zunehmenden Phänomen der „religiösen Gleichgültigkeit“, einem „Apa-Theismus“ und in der Folge von „völlig singularisierten und hybridisierten Glaubensexistenzen, auf die die kirchliche Lehre überhaupt nicht vorbereitet ist.“[4]

Der Versuch hier als Glaubensgemeinschaft mit „universalen und allgemeinen Geltungsansprüchen, die allerdings individuell als Gesamtkonzept ihre Gültigkeit eingebüßt haben,“ zu argumentieren, muss daher scheitern.[5] In dieser Kommunikation muss die „Adressatenseite stärker berücksichtigt werden, damit man nicht etwas voraussetzt, was nicht ist.“[6] Mitarbeitende erwarten eine tätigkeitsbezogene Darlegung der religiösen Vorstellungen und Beweggründe sowie der ethischen Haltungen des christlichen Trägers. Ob diese als relevant, brauchbar, vernünftig oder sinnvoll erachtet wird, entscheiden die Mitarbeitenden selbst.[7] Je nach Akzeptanzgrad werden sie diese in der Tätigkeit umsetzen. Weiter fragen sie, wie dies in der Kultur des Unternehmens und im Führungshandeln erfahrbar wird.

Die vorgestellten Ziele und gelebten Werte müssen somit mit den eigenen Vorstellungen kohärent sein bzw. als Bereicherung erlebt werden. Was ist die Motivation, die Vision (Zukunftsbild) sowie die konkrete Mission (Daseinszweck) dieses kirchlichen Trägers? Kann und will ich mich damit identifizieren? Was ist bei diesem Träger der Mehrwert für die Klient:innen, Bewohner:innen, Patient:innen, Kund:innen? Erlebe ich mich darin als selbstwirksam? Kann ich meine Vorstellungen von gesellschaftlichem Zusammenleben und Entwicklungen hier verwirklichen? Was trägt die Religion zu meinem professionellen Handeln bei?

---

2 Vgl. Schrage, B., Reset-Knopf, 9–13.
3 Vgl. Ebertz, M. N., Segler, L., Die Würzburg-Studie. Loffeld, J., Wenn nichts fehlt.
4 Loffeld, J., Wenn nichts fehlt, 34, 57 u. 89.
5 Vgl. ebd., 89.
6 Vgl. ebd., 64.
7 Vgl. ebd., 94.

3 Von der Unterscheidung zur Entschiedenheit

Das neue Verständnis von Identifikationsprozessen setzt nicht einfach auf ein statisches Verständnis von Katholizität, welches seine Identität in der Unterscheidung von Anderen sucht (Profildiskussion). Ein solches Vorgehen führt zu einem exklusiven Selbstverständnis und in der Folge zur Abwertung anderer sozialengagierter Einrichtungen und Träger (Othering).[1] Stattdessen verlangt das christliche Menschenbild ein inklusives Identitätsverständnis. Gottesliebe als Ursprung jedes Lebens ist nicht exklusiv katholisch, sondern in jedem Menschen anwesend und findet im sozialen Handeln seinen Ausdruck.

Folgerichtig sagt die kirchliche Grundordnung aus dem Jahr 2022, „(…) alle Mitarbeitenden können (…) Repräsentanten der Liebe Gottes sein."[2] Diese allen Menschen geschenkte Liebe Gottes ist religionsunabhängig und weltweit mit der ganzen Menschheit (Ebenbild Gottes) aktiv. In diesem Sinne braucht es eine kirchliche Kultur der Demut in Bezug auf das eigene Tun und eine Hochachtung in Bezug auf das soziale Handeln Anderer und der darin sich zeigenden Überzeugungen. Das christliche Selbstverständnis (Ethos) entsteht nicht durch Unterscheidung, sondern durch eine bewusste Entschiedenheit für die Menschen in der Haltung der Liebe zum Menschen. Aus welchem Grund setzt sich ein christlicher Träger oder seine Einrichtung für eine gesellschaftliche Fragestellung oder eine benachteiligte bzw. ausgegrenzte Personengruppe ein? Mitarbeitende wollen verstehen, was dies mit den dahinterliegenden Glaubensüberzeugungen zu tun hat, unabhängig davon, ob sie selbst diesen Glauben teilen. Der christliche Universalismus einer alles ins Leben setzenden und solidarischen Liebe wird hier auf eine säkulare Weise greifbar.

Wenn also Menschen die grundlegenden christlichen Überzeugungen und Ideale in Bezug auf menschliches Zusammenleben und Gestaltung von Leben teilen, gilt es als Kirche und Glaubensgemeinschaft neu zu fragen: „Wie können wir darin das Evangelium und damit den kirchlichen Auftrag im Heute entdecken?"[3]

---

1 Vgl. Morrison, T., Herkunft. 33.
2 Die deutschen Bischöfe, GrO 2022., Art. 3 Abs. 2.
3 Jan Loffeld formuliert diese Grundfrage mit Blick auf die im Säkularen allenfalls noch „Ästhetische, Rituelle, Caritative bzw. im Bildungssektor" wahrgenommene kirchliche Wirksamkeit, um dort neu nach Gott zu suchen. „Dort (im Ästhetischen, Rituellen, Caritativen bzw. im Bildungssektor, Anm. der Autoren) wird er auch heute sichtbar, sicherlich diverser, nicht mehr in erster Linie dogmatisch fassbar, dafür aber wirksam." Loffeld, J., Wenn nichts fehlt, 127.

4 Commitment und Identifikation

In einem religiös pluralen und säkularen gesellschaftlichen Umfeld ist es somit künftig notwendig, aus der Perspektive der Mitarbeitenden die Prozesse der Identifikation zu denken. Die persönliche und berufliche Motivation der Mitarbeitenden wie von Bewerber:innen gilt es wahrzunehmen.[4] Die darin zum Ausdruck kommenden Haltungen sind hinsichtlich der Kohärenz zum Selbstverständnis (Ethos) und Daseinszweck (Sendungsauftrag) des kirchlichen Trägers zu reflektieren. Dies – so sagt es auch bereits die Grundordnung – ist ein kontinuierlicher und dynamischer Prozess.[5] Es gilt Identifikation zu ermöglichen und im Verlauf der Anstellung zu fördern und fortzuentwickeln. Mitarbeitende wollen ohne religiöse Vereinnahmung ihre (sozialen) Werte und Ziele verwirklichen und sind unter dieser Voraussetzung für kirchliche Ziele und Werte zu gewinnen.

Kirchliche Träger sind gut beraten, die Sinnhaftigkeit ihres jeweiligen kirchlichen Selbstverständnisses und ihres spezifischen Dienstleistungsauftrags im Kontext der pluralen Gesellschaft darzulegen, wie Udo Schmälzle aufzeigt.[6] Aspekte von Schutz der Würde jedes Menschen, Lebensdienlichkeit, Gemeinwohl, Nachhaltigkeit usw. werden in ihrem Bezug zum Christentum von Mitarbeitenden aller befragten Berufsgruppen wertgeschätzt (vgl. Teil III, Kap. 3).

Der Ansatzpunkt liegt im Begriff der „Identifikation“, wie Astrid Giebel mit Blick auf die Studie feststellt.[7] Dies verlangt ein responsives Verfahren als Aushandlungsprozess zwischen Träger und Mitarbeitenden hinsichtlich eines gemeinsamen Verständnisses des Auftrags und Daseinszwecks der jeweiligen kirchlichen Einrichtung. Es braucht mit Blick auf „Mitarbeitende mit und ohne Religionsbezug (…) eine Auskunftsfähigkeit und Diskurskompetenz diakonischer Einrichtungen und Dienste zu ihrem kirchlichen Selbstverständnis im jeweiligen Handlungsfeld.“[8]

---

4 Es gilt Aussagen wie „Menschen helfen, Gestaltungsmöglichkeiten haben, Kontakt zu Menschen, Zusammenarbeit, …“ oder Äußerungen zum Lebensmotto „Zuversicht, Nächstenliebe, Orientierung, Aufrichtigkeit, …“ ohne religiöse Vereinnahmung wahrzunehmen und zu fragen, ob sie den Zielen und Werten des kirchlichen Trägers entsprechen.
5 Vgl. Die deutschen Bischöfe, GrO 2022, Art. 3 Abs. 4 Satz 1.
6 Beitrag Schmälzle, U., 133.
7 Beitrag Giebel, A., 151.
8 Ebd.

Diese Feststellung hat Auswirkungen auf das vom EuGH eingeforderte Ethos der Organisation und somit der Berufe in der Caritas bzw. auf die in der kirchlichen Grundordnung geforderte Verantwortung der kirchlichen Träger (Institutionsansatz).[9] Es geht letztlich um das Commitment.

Welche Vorstellungen haben und entwickeln kirchliche Träger in Bezug auf das Commitment? Interessanterweise gibt es bisher keine hinreichende Forschung darüber, auf welche Weise sich z. B. die drei klassischen Commitment-Dimensionen des TCM-Modells von Allen und Meyer (affektives, kalkulatorisches und normatives Commitment)[10] im spezifischen Kontext von kirchlichen Anstellungsverhältnissen und gelebter christlicher Organisationskultur zeigen. Hier hat das kirchliche Arbeitsrecht mit seinen normativen Vorgaben der „Moralagentur Kirche" (Hans Joas) allzu lange die kirchliche Hybris noch verstärkt und, entgegen den Zeichen der Zeit, die notwendige Analyse verhindert.

Erst jetzt ändert sich die Perspektive, wenn die Bischöfe in der Grundordnung den Institutionsansatz vertreten. Dagegen fragen sich viele kirchliche Träger gerade in der Caritas schon länger: Was bieten wir Mitarbeitenden und Bewerbenden mit ihrer religiös pluralen Sozialisation an, um zu einer reflektierten und authentischen Entscheidung für einen kirchlichen Träger zu kommen?[11] Wie gelingt es die und den Einzelne:n, das Team und die Betriebsgemeinschaft im christlichen Sinne zu motivieren und zu orientieren? Künftig wollen Mitarbeitende für die Werte und Ziele einer Einrichtung gewonnen werden. Wie können diese Prozesse seitens des Managements kontinuierlich, angemessen und zielführend operationalisiert werden? Die Grundordnung macht hierzu – wie Ansgar Hense kritisiert – keine Angaben, „auf welche Weise die Ziele und Werte einer Einrichtung letztlich bestimmt werden, die Bewerbende mit Vertragsunterzeichnung anerkennen bzw. mit denen sie sich in der Tätigkeit identifizieren sollen (vgl. Art. 6, Abs. 1, 4 Satz und Abs. 2 GrO 2023)."[12]

---

9 Beitrag Hense, A., (95 f. u. 102 f.) zeigt auf, dass die GrO selbst eine eigenartige Melange von personellen, einrichtungs- sowie trägerbezogenen Aspekte darbietet. Er fragt, „ob der Institutionsansatz der GrO das kirchliche Selbstverständnis einer Einrichtung an der Konfessionalität einer Leitungsperson oder eher an konzeptionell verankerten Vergewisserungsstrategien und entsprechender Verfahrensabläufe zur Entwicklung und Plausibilisierung des kirchlichen Selbstverständnisses festmacht."

10 Vgl. Felfe, J., Mitarbeiterbindung, S. 35 ff.

11 In diesem Kontext kann die Frage nach den unterschiedlichen Ebenen der Identifikation nicht behandelt werden – hierzu verweisen wir auf eine aktuell durchgeführte Studie von Lotte Pummerer, Bruno Schrage u. Michael Schüssler zur „Identifikation von Mitarbeitenden der Caritas", wo u. a. die unterschiedlichen Organisations- und Institutionsebenen und der Grad der Identifikation untersucht wird. Die Studie wird im Herbst 2025 veröffentlicht.

12 Beitrag Hense, A., 96 f.

Mitarbeitende erwarten eine berufsbezogene, fachliche und authentische Erläuterung, was die Einrichtung ideell trägt (Mission), die Mitarbeitenden gemeinsam motiviert (Vision), welche Werte und Haltungen für die Tätigkeit relevant sind (Professionalität). Sie entscheiden, ob die Kohärenz von Werten und Zielen der Organisation mit ihren einhergehen. Sie erleben und reflektieren, wie glaubwürdig die im Unternehmen propagierten Werte und Haltungen gelebt werden (Organisationskultur). In einer pluralen und säkularen Gesellschaft zumal mit einen Arbeitnehmermarkt wächst das Bewusstsein von Arbeiternehmer:innen für die Bedeutung des jeweiligen Selbstverständnisses von Unternehmen. Mit welchem Arbeitgeber, welchem Handlungsfeld will ich als Arbeitnehmer:in mich identifizieren und von Bekannten, Freund:innen und gesellschaftlich wahrgenommen werden? Moralisch-normative und loyalitätsbezogene Vorgaben in der Logik einer konfessionell-kirchlichen Zugehörigkeit mit entsprechendem geistlichem Führungsanspruch werden selbst von kirchlich sozialisierten Mitarbeitenden nicht mehr akzeptiert. Die Polykrise der Kirche bleibt hier nachhaltig wirksam.

5 Theologische Grundlagen des kirchlichen Sendungsauftrages

Ansgar Hense zeigt auf, dass wir vor einer weiteren Entwicklungsstufe des wandelbaren Individualrechts des kirchlichen Arbeitsrechts stehen. Mit dem europarechtlichen „Topos des Ethos der Organisation" wird die Frage an das kirchliche Selbstverständnis in formaler wie inhaltlicher Weise als „komplexer Wirklichkeit (LG 8)" gestellt.[13] Es braucht im Sinne der Studie eine veränderte „Perspektive in Bezug auf die künftigen Prozesse zur Förderung und Weiterentwicklung des christlichen und kirchlichen Selbstverständnisses diakonischer Einrichtungen und Dienste."[14] Es braucht einen Paradigmenwechsel vom juristischen Rahmen hin zu einer Reflexion der theologischen Grundlagen des kirchlichen Sendungsauftrags.

Die Praxis des Evangeliums wird nicht durch juristische Kategorien der Loyalität und Zugehörigkeit, sondern von der Haltung und Motivation des sozialen, solidarischen Handelns im Sinn der Nächsten- und einer darin aufscheinenden Gottesliebe ermöglicht. Ansgar Hense formuliert dieses Anliegen prägnant und deutlich: „Der Dienst-Topos der Grundordnung

13 Beitrag Hense, A., 96 f.
14 Beitrag Giebel, A., 143 f.

verlangt nach einer dienenden Kirche." Andernfalls könnte es sich bei der aktuellen Grundordnung und wohl ebenso bei der Richtlinie der EKD als evangelischem Pendant um eine „Rechtsruine" handeln." [15]

Diese Beschreibung des Selbstverständnisses kirchlicher Unternehmungen, Organisationen und Initiativen ist nicht ohne die beruflichen wie ehrenamtlichen Mitarbeitenden möglich. Dies hat auch die neue Grundordnung erkannt, ohne zu klären, wie dies faktisch umzusetzen ist. Die Studie zeigt aber, so das Fazit von Ansgar Hense, maßgeblich für die Mitarbeitenden sei ein lebensrelevanter und in diesem Sinne überzeugender Dienstgeber.[16] Einrichtungen und Dienste sind Resonanzkörper, in denen Tradition, Mission, Vision, Werte und Haltungen unter dem Anspruch theologischer Leitlinien im Diskurs sind, die im Sinne eines Horizonts dem jeweiligen Ethos der Organisation eine Richtung geben.[17]

6 Dienstgemeinschaft oder Gemeinschaft von Dienstnehmer:innen?

Aus heutiger Sicht ist es daher fraglich, ob das kirchliche Arbeitsrecht als Instrument der Identitätsentwicklung noch sinnvoll, angemessen und aus staatlicher Sicht legitim ist.[18] Astrid Giebel zeigt auf, dass sowohl in der evangelischen wie in der katholischen Kirche das alte Paradigma der Zugehörigkeit zur Kirche bzw. das loyale Verhalten im Kontext des Narrativs der Dienstgemeinschaft weiterlebt. Mit Peter Darbock fragt Astrid Giebel, ob der noch vom Bundesverfassungsgericht angenommene Leitbildbegriff ‚Dienstgemeinschaft' nicht eher als theologischer Phantombegriff (Friedhelm Hengstbach) in seiner rechtlichen Verwendung an seine Grenzen gekommen ist.[19]

Ideengeschichtlich liegt die Entwicklung des Begriffs der Dienstgemeinschaft vor der NS-Zeit, wie Sarah Röser in ihrer in Kürze erscheinenden Dissertation zeigt.[20] Zugleich stellt sie fest, dass eine tiefere theologische Durchdringung des Begriffs bis heute fehlt. Der Begriff verdankt seine Bedeutung

---

15 Beitrag Hense, A., 90 f.
16 Ebd.
17 Beitrag Giebel, A., 143 f.
18 Schrage, B., Reif für das 21. Jahrhundert, S. 123 f.
19 Beitrag Giebel, A., 143 f.
20 Zur fehlenden theologischen Darlegung des Begriffs der Dienstgemeinschaft verweisen wir auf die in Kürze erscheinende Promotionsarbeit von Sarah Maria Röser, Die Entstehung der Loyalitätsobliegenheiten. Eine rechtshistorische Arbeit – zugleich ein Beitrag zur Frage nach der Kirchlichkeit kirchlicher Einrichtungen und dem Ursprung der Dienstgemeinschaft. Ansgar Hense (s. 90 f.) merkt hierzu an: „Sehr leicht könnte der mitunter ‚hohe Ton' theologisch imprägnierter Topoi deutlich werden lassen, dass ihre Orientierungs- und Anleitungskraft nicht sonderlich hoch ist, ja vielleicht sogar im Kontext ebenso fundamentaler wie kontroverser theologischen Diskussionen steht."

im kirchlichen Arbeitsrecht eher der Rechtsprechung des Bundesverfassungsgerichts und seiner juristischen Verwendung. Trotz der berechtigten Anfragen kann der Begriff der Dienstgemeinschaft theologisch im Sinne der darin ausgedrückten Kohärenz von Nächstenliebe und Gottesliebe, von Wohl des Nächsten und Würde der Person, von solidarischem Handeln und tiefer Empathie zum anderen eine Brücke zwischen religiösen und säkularen Motivationen, Wertevorstellungen und Haltungen der Mitarbeitenden wie kirchlichen Trägern sein.

Die Kirchen in Deutschland wie die Theologie sind aufgefordert, eine von den Gerichten im guten Glauben angenommene Darlegung des Dienstgemeinschaftsbegriffs vorzulegen. Diese muss theologisch konsistent, die heutigen Erfordernisse wahrnehmend von Verantwortlichen in Kirche und ihrer Caritas akzeptiert sein und der bisherigen arbeitsrechtlichen Rechtsprechung entsprechen.

7 Identifikation in der Tätigkeit

Es ist möglich, dass Mitarbeitende auf Grund von Erfahrungen und Problemstellungen in ihrem beruflichen Tun hin und wieder nach dem Fundament der gemeinsamen Überzeugungen fragen. Insbesondere wenn es um einen letzten Halt oder eine grundsätzliche Orientierung geht, wird das Fundament relevant. Es sind ethische und existentielle Herausforderungen wie auch das Erleben von glückenden Interventionen, die nach den Gründen der säkular anerkannten Überzeugungen (Menschenfreundlichkeit, Empathie, Nächstenliebe, Fürsorge, Respekt, Achtung der Scham, u. a.) fragen lassen. Hier erwarten Mitarbeitende keine Belehrung oder Verkündigung, sondern eine wertschätzende Diskurs- und Unternehmenskultur, die im respektvollen fachlichen Dialog deutlich macht, welcher Glaube diese Überzeugungen zu tragen vermag. Was für die Überzeugungen gilt, muss ebenso für die Ziele im jeweiligen Handlungsfeld geleistet werden: Mit welchen Zwecken und Zielen der kirchlichen Einrichtung identifiziere ich mich? Was macht diese zu christlichen Zielen, die durch das Fundament des Glaubens gegründet und begründbar sind?

Die Identifikation oder bewusste Zugehörigkeit zur Glaubensgemeinschaft ist nicht die Voraussetzung für die Anstellung und Mitarbeit in kirchlichen Einrichtungen, sondern durch die Anstellung und Mitarbeit können Mitarbeitende ihre Überzeugungen und die Ziele ihrer Tätigkeit auch in diesem Sinne neu grundlegen.[21] In diesem Sinne fordert Astrid Giebel „neue Gestaltungsräume, die Mitarbeitende darin vergewissern, dass sie bereits den kirchlichen Auftrag durch ihr sozial-diakonisches Handeln verwirklichen."[22] Es gilt nicht den Glaubenskontext als „sur plus" an die Fachlichkeit heranzutragen, sondern die innere Stimmigkeit und gegebenenfalls weitere hilfreiche weil lebensdienliche Aspekte des christlichen Verständnisses zu verdeutlichen.

Die Studie zeigt, dass die befragten Mitarbeitenden für ihre beruflichen Motivation und die sie bewegenden sozialen Haltungen synonyme Begrifflichkeiten aus dem christlichen bzw. säkularen Sprachkontext wählen (vgl. 61 f.). Udo Schmälzle spricht hier von einem ausgeprägten „christlichen Compassion-Ethos".[23] Die bereits angesprochene biblische Parallele der Gleichniserzählung Jesu vom barmherzigen Samariter im Streitgespräch mit dem Gesetzlehrer (Lk 10,25–37) zeigt, wie selbstkritisch die Kirchen in Deutschland hinsichtlich einer arbeitsrechtlich geführten Identitätssicherung sein müssen. Erneut spricht Jesus zu den Gesetzestreuen mit Blick auf die heutige Vielfalt von sozial engagierten Mitarbeitenden: Dann geh und handle genauso!

Udo Schmälzle ist ausdrücklich zu zustimmen, dass sich ein christliches Einrichtungsethos von Beginn an nicht „amtskirchlicher Unterstützungsmaßnahmen, sondern auf Grundlage personal gelebter Menschlichkeit und aktiv bezeugter Christlichkeit der Menschen, die in den caritativen Werken leben und arbeiten"[24] verdankt. Die beispielhaften Motive, die sozialen Haltungen, die in der fachlichen Praxis bereits verwirklichten Werte gilt es zu entdecken, wahrzunehmen und christlich wertzuschätzen. In diesem Moment scheint die Attraktivität des christlichen Selbstverständnisses auf und wird als Begründung für bereits geteilte Überzeugungen realisiert. Die gemeinsame Entschiedenheit im diakonischen Handeln ist die Basis für das Entdecken der darin geteilten Überzeugungen und gegebenenfalls der Anlass für eine Vertiefung.

Hier stehen gerade die caritativen Träger nicht am Nullpunkt und es ist Ansgar Hense zu zustimmen, wenn er schreibt: „Dabei sind es wohl gerade die caritativen Einrichtungen, die hier über einen reflexiven Vorsprung

---

21 Beitrag Hense, A., 90 f. zeigt auf, dass der vom EuGH verwendete Ethos-Begriff aus der irischen Rechtsprechung entstammt und einen umfassenden Kontext des Selbstverständnisses der Institution anspricht, der Werte und Ziele umfasst.
22 Beitrag Giebel, A., 156.
23 Beitrag Schmälzle, U., 132.
24 Beitrag Schmälzle, U., 136.

verfügen, da gerade dieser Sektor kirchlichen Wirkens seit langem auch unter institutionellem Rechtfertigungsdruck steht, was denn das religiöse „sur plus" genau ist.![25]

8 Christlich geprägte Diskurskultur – der neue Gestaltungsauftrag

Das bisher Gesagte soll im Folgenden in einem Schaubild (s. Schaubild 1) zusammengefasst werden. Das Management caritativer Organisationen steht vor der Herausforderung, christlich geprägte Diskursräume anzubieten. Hier begegnen sich die persönlichen wie beruflichen Vorstellungen, Haltungen und Werte der Mitarbeitenden (Lebensethos) mit denen des caritativen Trägers (Organisationsethos) sowie denen der katholischen Kirche (normatives Ethos der Glaubensgemeinschaft). Grundlage des Diskurses sind die Erfahrungen im Arbeitsprozess des jeweiligen Handlungsfelds der caritativen Dienstleistung.

Die Art und Weise der Dienstleistung ergibt sich aus dem Bedarf der Klient:innen, gesellschaftlichen Vorstellungen, fachlichen Standards, gesetzlichen Vorgaben, der Finanzierbarkeit und dem spezifischen kirchlich-caritativen Selbstverständnis des Trägers. Hier verwirklicht der oder die Mitarbeitende sein/ihr soziales Engagement, der caritative Träger seine spezifische christliche Vision und Mission sowie die Kirche ihre Sendung. Dies geschieht konkret in einer Einrichtung oder einem Dienst. Die Herausforderung ist, auf Ebene der Einrichtung eine dynamische Kultur des Diskurses zu schaffen, um eine kontinuierliche Auseinandersetzung der jeweiligen Vorstellungen, Haltungen und Ziele zu ermöglichen. Diese Diskurskultur ist zum einen die Voraussetzung für die wachsende Identifikation der Mitarbeitenden mit dem caritativen Träger und seinem sozial-caritativen Auftrag (Mission) wie auch seiner Vision von gesellschaftlicher Entwicklung. Zum anderen ist es die Voraussetzung für eine Fortentwicklung des jeweiligen kirchlich-caritativen Trägerverständnisses (Mission, Vision, Tradition). Hieran sind die Mitarbeitenden aktiv durch ihr Handeln, ihre Professionalität, ihre Erfahrungen, Werte, Haltungen, Vorstellungen und Visionen beteiligt.

Dies geschieht in einer christlich geprägten Kultur, die bezogen auf das jeweilige Handlungsfeld eine Befassung mit den ideellen Vorstellungen des Evangeliums, den kirchlichen Werten und Haltungen und Grundlagen der

25 Beitrag Hense, A., 90 f.

Glaubensgemeinschaft ermöglicht.[26] So kann sich gerade durch die Vielfalt der Mitarbeitenden ein gemeinsames Verständnis für den kirchlichen Sendungsauftrag im Sozial- und Gesundheitswesen entwickeln.[27] Hier wächst aus der Vielfalt eine Dienstgemeinschaft, in der alle als „Repräsentanten der Liebe Gottes" in der Welt wahrgenommen werden, auch wenn sie nicht der sie begründenden Glaubensgemeinschaft angehören. Auf diese Weise kann eine Überzeugungsgemeinschaft auf Grundlage der Glaubensgemeinschaft entstehen.

Es liegt in der Natur der Sache, dass diese Kultur und ihre Diskursprozesse je nach ihrer Qualität sowohl auf die Mitarbeitenden wie auch die Kirche Einfluss nehmen. Vorstellungen, Haltungen, Werte, Visionen können an Kohärenz gewinnen und so zur Identifikation und Bindung, aber auch zur Trennung von Mitarbeitenden und Organisation führen. Die Identität von christlichen Organisationen sowie die Identifikation mit ihnen wird zur Aufgabe, die eine hohe Aufmerksamkeit des jeweiligen Managements bedarf. Das Management hat auf Trägerebene die entsprechenden konzeptionellen, fachlichen, personellen wie materiellen Rahmenbedingungen zu schaffen.

Schaubild 1

B. Schrage/M.Fischer

---

26 Hier sei auf Thorsten Moos hingewiesen, der aus verschiedenen Perspektiven diesen neuen Programmbegriff beleuchtet und ihn als Instrument der Unternehmensführung wahrnimmt. Moos, T., Diakonische Kultur, 266.

27 Joachim Windolph ist zuzustimmen, wenn er sagt: „Unter den Bedingungen der Moderne ist mit flächendeckenden Übereinstimmungen kaum zu rechnen. Die vollständige Identifikation der Mitarbeitenden mit den spirituellen Leitzielen einer Einrichtung angesichts pluraler Lebensvorstellungen bleibt eine Illusion; eine mangelnde Identifikation allerdings würde jede Einrichtung um ihre Verständigung auf eine kollektive Haltung bringen." Windolph, J., Spiritualität und Soziale Arbeit, 242.

Eine solche christliche Diskurskultur wird sich verschiedener Formate bedienen. Hierzu bedarf es eines konzeptionellen Vorgehens, das die religiöse Autonomie der Beteiligten achtet, Offenheit und Interesse am religiösen Diskurs zeigt und entsprechende praxisbezogene fachliche Angebote macht. Bereits heute gibt es vielfache Aufbrüche bei caritativen Trägern und entsprechende konzeptionelle Grundlagen.[28] Führungskräfte sollten für die hierzu notwendige Steuerungskompetenz fortgebildet werden.

Ob es zur Absicherung eines solchen identitätsstiftenden Modells künftig ein eigenes, nur in Deutschland existentes kirchliches Arbeitsrecht braucht, darf bezweifelt werden. Vielmehr werden kompetente Personen benötigt, welche die Mitarbeitenden in den jeweiligen caritativen Handlungsfeldern mit den theologisch-ethisch-pastoralen Inhalten in einen gewinnbringenden Diskurs bringen. Eine Aufgabe, der sich theologische Fakultäten, kirchliche Hochschulen, Caritasträger und die Diözesen gemeinsam stellen sollten.

9 Der Beruf – ein religiöser Sozialisationsort?

In aktuellen Studien zur Kirchenbindung, zur Akzeptanz von Kirche und Kirchenaustritt fällt auf, dass die Mitarbeitenden in kirchlichen Einrichtungen nicht Gegenstand des Interesses sind.[29] Die aktuelle Kirchenmitgliedschaftsuntersuchung der evangelischen und katholischen Kirche in Deutschland kommt zu weitreichenden Schlüssen hinsichtlich der Bedeutung der Kirche in der Gesellschaft. Nicht explizit befragt wurden die 1,5 Millionen Beschäftigten von Caritas, Diakonie und anderen kirchlichen Trägern wie Schulen, Generalvikariate, Bildungseinrichtungen und weitere. Unter dem Aspekt von „Partizipation und Engagement – vom Mehrwert der Kirche in der Gesellschaft“ wird der Kontakt zur Caritas und Diakonie und deren hohe gesellschaftliche Akzeptanz angesprochen.

Unter dem Aspekt „innerkirchliches Engagement“ wird eine Unterscheidung von Ehrenamtlichen als Kirchlich-Religiöse, Distanzierte, Alternative und Säkulare vorgenommen. Die Autoren kommen zum Ergebnis: „In allen Freiwilligenorganisationen unterliegen Identitäten aber auch Wandlungsprozessen.“ So betrachten auch „kirchlich verbundene Menschen ihr Engagement überwiegend nicht als religiös motiviert (…) Das Hauptmotiv (…) für kirchliches Engagement ist: Gemeinschaft erleben und für andere da

28 Siehe hierzu: Schrage, B. u. a., Wert mal praktisch; DCV Köln, Diskussionspapier; DCV Köln, Handreichung.
29 Eine echte Ausnahme bildet hier die Studie von Michael N. Ebertz und Lucia Segler, Dies., Die Würzburg-Studie.

(zu) sein. (…) das soziale Miteinander ist wichtiger als religiöse Fragen.“[30] Inwieweit Gemeinden, freiwillige Initiativen der Kirche, caritative Träger selbst prägende Orte sind, wird nicht weiter erörtert. Offenbar erleben Engagierte hier aber einen wertschätzenden Umgang und eine Sinnhaftigkeit des Engagements, was auf die Organisationskultur rückschließen lässt.[31]

In der vorliegenden Studie wollten wir daher wissen, ob auch das berufliche Umfeld ein für die eigene Spiritualität prägender Ort ist. Die Befragten konnten angeben, in welchem Maß bestimmte Bereiche ihre religiöse/spirituelle Einstellung prägten. Sie konnten dabei abstufen zwischen 1 (gar nicht bedeutsam) bis 10 (sehr bedeutsam). Erwartungsgemäß steht die Prägung durch das Elternhaus an erster Stelle (7,8). Bereits an zweiter Stelle folgt die Praxis der beruflichen Tätigkeit (7,6) und an vierter Stelle wird die Unternehmenskultur und das Profil des kirchlichen Trägers genannt (6,9). genannt. Beachtlich ist bei dieser Reihung, welch hohen Stellenwert das berufliche Umfeld einnimmt.

Dies ist im Zusammenhang mit der hohen Nennung von existentiellen Herausforderungen zu sehen, die meist durch das Leid der anvertrauten Menschen entstehen. Um mit Belastungen umzugehen, stehen an erster Stelle der Austausch und die kollegiale Unterstützung. Fast genauso wichtig ist eine persönliche religiöse und spirituelle Verankerung, um die Belastungen zu verarbeiten. Zum ersten Mal steht die Religiosität an zweiter Stelle. Offenbar hat Religion und Spiritualität eine Bedeutung für die Bearbeitung von lebensrelevanten Herausforderungen. Aber auch eine organisierte professionelle Unterstützung des Arbeitgebers ist wichtig.

Bereits in der Studie von Michael Ebertz und Lucia Segler ‚Spiritualitäten als Ressource‘ wurde deutlich, dass persönliche wie berufliche Zugänge gleichermaßen Einfluss auf die spirituelle und religiöse Verortung der Mitarbeitenden haben. Inwieweit die Verbundenheit mit der Kirche eher ein Ergebnis der Auswahlverfahren in der Einstellungspraxis oder durch eine prägende Kultur, Erfahrungen im beruflichen Kontext und spezifischer religiöser Angebote in der beruflichen Tätigkeit war, mussten Ebertz und Segler offenlassen.[32]

Die hier vorliegenden Ergebnisse lassen zumindest darauf schließen, dass die Erfahrungen im jeweiligen beruflichen Handlungsfeld, die Organisationskultur und fachliche Diskurse einen hohen Einfluss auf die religiöse und explizite Identifikation und kirchliche Bindung haben. Die Berufswelt kann also

30 EKD, 6. KMU, 91f.
31 Ebd.
32 Vgl. Ebertz, M. N., Segler, L., Die Würzburg-Studie, 61.

ein religiös prägender Ort sein. Hierbei gilt es zum einen, künftig genauer auf die spezifischen fachlichen Herausforderungen der Mitarbeitenden und impliziten religiösen Bedarfe zu schauen, und zum anderen zeigt sich hier ein künftiges religionssoziologisches Forschungsfeld.

10 Religiöse und spirituelle Bedürfnisse

Eine christliche Unternehmenskultur der Resonanz, des Diskurses, der gemeinsamen Deutung verwirklicht die Würde des Menschen, seine Gottebenbildlichkeit und die darin begründete (religiöse) Autonomie jedes Mitarbeitenden. Vielfalt in Einheit gründet selbst in dem jesuanischen Auftrag, für die und den Nächsten – also zu jedem Menschen – die Beziehung zu suchen und zu gestalten. Das ist christlich nicht nur möglich, sondern gefordert.

Dass Spiritualität und Religion als bedeutsam erlebt werden, zeigt die hohe Bedeutung, die Mitarbeitende der Aufgabe beimessen, die religiösen und spirituellen Bedürfnisse der anvertrauten Menschen wahrzunehmen (vgl. Tab. 12). Dabei kommt eine grundsätzliche Wertschätzung religiöser Bedarfe als Ausdruck spiritueller Überzeugungen und somit einer religiösen Autonomie zum Ausdruck. Es ist davon auszugehen, dass Mitarbeitende in gleicher Weise selbstbestimmt mit ihren spirituellen und religiösen Bedürfnissen im Arbeitskontext umgehen wollen. Daher ist zwischen vom Klienten geforderter religiöser Fachlichkeit, den fachlich religiösen und ethischen Fragen im Tätigkeitsfeld und den persönlichen religiösen Fragen der anvertrauten Menschen zu unterscheiden. Letztere sind Teil der spirituellen und seelsorglichen Begleitung. Der kirchliche Träger kann sie im Rahmen der Mitarbeitendenseelsorge zum Thema machen (vgl. GrO 2022). Anders verhält es sich bei der vom Klienten erwarteten Fachlichkeit in spirituellen und explizit religiösen Fragen.[33] Hier sind entsprechende Fort- und Weiterbildungsformate anzubieten, die als Teil der zu erwerbenden fachlichen Kompetenz notwendig sein können.[34]

Daneben kann es Angebote zur gezielten Identifikation mit den jeweiligen religiösen und Grundlagen des Trägers (Gründungsmythos, Auftrag, Leitbild, Vision, Strategie, …) geben. Diese haben ein eher institutionsstabilisierendes Interesse und dienen aus Sicht des kirchlichen Trägers dem vertieften

---

33 Zur Definition und Unterscheidung von Spiritualität, Religiosität und Seelsorge siehe Schrage, B. und Giebel, A., Kommunikation.
34 Zu dem Thema religiöse Bildung in der beruflichen Praxis siehe DCV Köln: Religiöse Bildung.

Aufbau von Identifikation und Bindung. Hinsichtlich der Gestaltung solcher Formate ist die anfangs erwähnte responsive Haltung maßgeblich, da nur so eine glaubwürdige christliche Organisationskultur erlebbar wird.

11 Christliche Gestaltungspraxis der Organisation

Die Verantwortung für den kirchlicher Charakter trägt der Dienstgeber. In der aktuellen Grundordnung aus dem Jahr 2022 heißt es: „Die Verantwortung für den Schutz und die Stärkung des kirchlichen Charakters der Einrichtung kommt zuallererst dem Dienstgeber zu. Er hat dafür Sorge zu tragen, dass alle Mitarbeitenden ihren besonderen Auftrag glaubwürdig erfüllen können. Er ist insbesondere dafür verantwortlich, geeignete und befähigte Mitarbeitende zu gewinnen, die bereit und in der Lage sind, den kirchlichen Charakter der Einrichtung zu erhalten und zu fördern."[35]

Diese Zuschreibung an die Leitung einer Einrichtung fand sich bereits in der vorhergehenden Grundordnung. Dies ist eine anspruchsvolle und komplexe Aufgabe zugleich. Es reicht daher nicht, wenn es bspw. Seelsorge oder Wertebeauftragte gibt. Möchte man eine Einrichtung oder eine Organisation normativ prägen und gestalten, in der Sprache des St. Galler Management-Modells sie auf der Grundlage eines Sinnhorizonts managen, kann das nur gelingen, wenn eine Organisation als Ganze ins Blickfeld gerät. Um eine Organisation als Ganze ins Blickfeld zu nehmen, muss man sich an komplexen Unternehmens- und Managementmodellen orientieren.

Was dies im Einzelnen bedeutet, kann an dieser Stelle nicht eingehender ausgeführt werden.[36] In nur wenigen Sätzen soll auf die St. Galler Managementschule als ein geeignetes Referenzmodell hingewiesen werden.[37] Dieses versteht sich als in integratives Management-Modell, das der Frage nach dem Sinn und den Werten eine fundamentale Bedeutung zumisst. Dabei geht es nicht um eine technokratische Anwendung von Managementtools, sondern es hilft, die Komplexität von Organisationen zu erfassen, ihre Wechselbeziehungen zu verstehen und die Unternehmenspraxis zu gestalten. Dabei sind bspw. die normative, strategische und operative Ebene zu beachten sowie die sogenannten Management-, Geschäfts- und Unterstützungsprozesse. Wie

35 Die deutschen Bischöfe, GrO 2022, Art. 3 Abs. 3.
36 Fischer, M., Das konfessionelle Krankenhaus. In diesem Werk wird das St. Galler Management-Modell auf ein kirchliches Krankenhaus übertragen. Ders., Barmherzigkeit.
37 Vgl. Rüegg-Stürm, J, Grans, S., St. Galler Management-Modell. Dies ist die die 4. Modellgeneration aus der St. Gallener Managementschule. Die drei vorhergehenden Modellgenerationen haben in gleicher Weise zentrale Gedanken und Impulse beigetragen.

sollen kirchliche Einrichtungen und Organisationen Glaubwürdigkeit erlangen, wenn ihr eigener kirchlich-caritativer Sinnhorizont sich z. B. nicht in der Personalentwicklung, in den Verfahren des Qualitätsmanagements oder in Entscheidungsprozessen niederschlägt?

Johannes Ruegg-Stürm, einer der Vertreter des St. Galler Management-Modells in seiner vierten und damit aktuellen Version, geht auf den Unterschied ein, den es zwischen einer formalen Kirchenzugehörigkeit einer Mitarbeiterin und eines Mitarbeiters und einer Konfessionsbindung als Identitätsmerkmal einer Organisation gibt. Mit Bezug auf Johannes Ruegg-Stürm kann festgestellt werden: Während die formale Kirchenzugehörigkeit das Verhältnis zwischen einer Person und einer Organisation beschreibt, bedeutet die Konfessionsbindung als Identitätsmerkmal, dass die Organisation einer Konfession zugehörig ist.[38] Im St. Galler Management-Modell kann Konfession als interpretierte Heilstradition zu einer Schlüsselreferenz des normativen Sinnhorizonts werden.[39] Mit einem normativen Sinnhorizont sind jene Werte und Überzeugungen gemeint, die einer Organisation zugrunde liegen und die ihr gesamtes Gestalten, Lenken und Leiten bestimmen.[40] Johannes Rüegg-Stürm hält dieses Konzept allerdings für wesentlich anspruchsvoller, als nur auf eine formale Kirchenzugehörigkeit abzustellen. Dies erfordert einen hohen Reflexionsanspruch an ein Unternehmen: „Was macht unsere Konfession genau aus, und wie muss sich dies in der Alltagspraxis, und ganz besonders in der Entscheidungspraxis, zeigen".[41]

Gemäß dem systemischen Grundverständnis des St. Galler Management-Modells wird dort streng zwischen Organisationen (soziale Systeme) und Personen (psychische Systeme) unterschieden. Beide agieren als autonome Systeme, bilden aber füreinander wechselseitig relevante Umwelten. Das bedeutet, dass die Verantwortung von Individuum und Organisation radikal unterschieden werden muss.[42] Jede Person ist für ihre Art des In-der-Welt-Stehens verantwortlich und hat somit auch eine religiöse Autonomie. Diese Verantwortung kann nicht delegiert werden. Bei einer Organisation handelt sich um eine vergemeinschaftete oder kollektive Verantwortung. Es geht hier um die Verantwortung für die Regeln und Routinen in der Organisation. Als Element einer Organisation werden Kommunikation, Handlungen und Entscheidungen betrachtet. Das Geschehen in einer Organisation ist viel voraussetzungsreicher, „(...) als dass man sagen könnte, eine Person

38 Vgl. Rüegg-Stürm, J., Konfession als Schlüsselreferenz, 167.
39 Ebd., 170.
40 Vgl. die Buchreihe von Alfred Jäger: Ders., Leiten, Lenken, Gestalten.
41 Rüegg-Stürm, J., Konfession als Schlüsselreferenz, 171.
42 Ebd., 172–173.

habe jetzt richtig und falsch gehandelt. (...) Verantwortung in Organisationen ist immer etwas Gemeinschaftliches, weil die einzelnen Individuen in einem losen gekoppelten Verhältnis zu einer Organisation stehen."[43] In diesem Zusammenhang zitiert Johannes Rüegg-Stürm das berühmte Wort Jesu: „Wer von euch ohne Sünde ist, der werfe den ersten Stein." (Joh. 8,7)

Um dem eigenen Anspruch gerecht zu werden, müssen Organisationen sich selbst beobachten: „Den Blick freizubekommen für die Bedingungen, für die Regeln, die gewachsenen Routinen, die Denkvorstellungen und die Referenzen, auf die im Organisationsalltag fortlaufend Bezug genommen wird. Es geht dabei um so etwas, wie eine Organisationsgrammatik, die einer Organisation eine Prägung verleiht."[44] Dies ist keine Einzelarbeit, sondern derartige Beobachtungen müssen gemeinschaftlich sprachfähig gemacht werden. Die Selbstbeobachtung der eigenen Entscheidungspraxis ist dabei eine Schlüsselfrage. Bezogen auf das Identitätsmerkmal stellt sich die Frage, ob wir uns unserer Identität bewusst sind. Die Kontingenz der eigenen Identität muss fortlaufend rekonstruiert und kritikfähig gemacht werden: „Entspricht die Identität, die wir leben, eigentlich der Art und Weise, wie wir unsere Tradition interpretieren?."[45] Dem Management als eine reflexive Gestaltungspraxis kommt es zu, solche Prozesse kommunikativ zu organisieren. All das kann nicht abgehoben geschehen, sondern indem man gemeinsam das eigene Handeln reflektiert.

Bernhard Bleyer bringt es auf den Punkt: „Insofern sind solche Modelle immer auf Diskursräume angewiesen. Sie sollen helfen, die oben beschriebene Dialektik von subjektiven Überzeugungen und intentionellen Vorgaben verständigungsorientiert ins Verhältnis zu setzen.[46] An dieser Stelle ist Kritik im Blick auf die theologisch relevante Frage wichtig: Werden wir unserem Anspruch aus der christlichen Botschaft überhaupt gerecht? Was müssen wir besser machen? Wo müssen wir uns eingestehen, dass wir uns in Dilemmata oder gar Paradoxien bewegen? Und was bedeutet dies für die Gestaltung unserer Prozesse, Strukturen, Aktivitäten und die Festlegung von Prioritäten?[47]

Auf dem Hintergrund der hier vorgestellten Gestaltungskompetenz zur Umsetzung des konfessionellen Anspruchs macht die in der Studie festgestellte fehlende Umsetzung einer konstruktiven Auseinandersetzung mit Leitbildern und Werten skeptisch. Es ist eben zu wenig, wenn das Management

43 Ebd., 174.
44 Ebd., 175.
45 Ebd.
46 Beitrag Bleyer, B., 127.
47 Vgl. Rüegg-Stürm, J., Konfession als Schlüsselreferenz, 177.

dies fordert, aber keine personellen Zuständigkeiten, Konzepte und Verfahrensweisen zur Operationalisierung umsetzt (vgl. 55f.). Udo Schmälzle fragt zu Recht, (...) ob und wie das Management überhaupt diesen Religions- und Kirchenbezug in der eigenen Trägerstruktur verankern und aktualisieren will und kann. Die Mitarbeitendenschaft scheint in diesen Fragen auf sich selbst zurückgeworfen."[48]

12 Wo ist die Kirche?

Die Herausforderung für kirchliche Einrichtungen wächst, da klassische kirchliche Identifikations- und Bindungssysteme versagen: „Kirchenmitgliedschaft ist begründungspflichtig geworden, nicht mehr die Konfessionslosigkeit."[49] Da wiegt es umso schwerer, dass das Management den Bezug zu Kirchengemeinden im beruflichen Kontext eher als konfliktbeladen und schwierig erleben (vgl. 60f.) Das klassische Feld kirchlicher Aktivität, Identifikation und Bindung steht kaum mehr zur Verfügung. Ein weiteres Defizit zeigt sich bei der Relevanz kirchlicher Dokumente für die beruflichen Tätigkeitsfelder.

In der Studie erfolgten bei 48 Nennungen lediglich 7 Nennungen, die eine kirchliche Orientierung oder Vorschrift kennen, die die eigene berufliche Tätigkeit betrifft (s. 61f.). Von diesen sieben erleben vier diese als hinderlich. Dies darf als ein Totalausfall bezeichnet werden. Es sind den Mitarbeitenden so gut wie keine kirchlichen Orientierungen für das konkrete Arbeitsfeld (hier Pflege, Soziale Arbeit, Medizin und Management) bekannt. Faktisch liegen kaum fachliche relevante kirchliche Dokumente für die vielfältigen Berufe bei kirchlichen Trägern vor. Es gibt allerdings einige Veröffentlichungen seitens der Kirchenleitung, zu den als extrem relevant wahrgenommenen Themen, wie bspw. Abtreibung, Assistierter Suizid, Lebensanfang/-ende. Diese haben eher einen belehrend autoritativen und normativen Charakter. Es fehlen dagegen berufs- oder tätigkeitsbezogene Handreichungen, die wertschätzend, motivierend, die Fachlichkeit um christliche Aspekte erweiternd und so den konkreten kirchlichen Sendungsauftrag im Sinne einer förderlichen Lebensgestaltung erläutern.

48 Beitrag Schmälzle, U., 133.
49 EKD, 6. KMU, 64f.

Weder die Bischofskonferenz noch die theologischen Fakultäten haben die Notwendigkeit oder die Chancen erkannt, die darin liegen.[50] Hier gilt es, erneut mit Udo Schmälzle noch einmal Rolf Zerfaß in Erinnerung zu rufen: „Als Grund nennt er nicht die Glaubens- und Kirchenfeindlichkeit der Mitarbeitenden, auch nicht das Versagen der Führungskräfte, sondern ‚die Unfähigkeit der Kirche zu sagen, was denn die Kirchlichkeit einer kirchlichen Einrichtung ausmacht.'"[51] Dieses seit Jahrzehnten anhaltende Defizit hat offensichtlich auch mit der Selbstbefassung der Kirchen und ihrer Fokussierung auf die Gemeindepastoral zu tun.[52]

Hinzu kommt ein weiteres Vermittlungsproblem, da kirchliche Schreiben eher aus dem Glaubenskontext heraus argumentieren und normative Vorgaben machen, statt aus dem gesellschaftlichen Kontext die individuelle und gesellschaftliche Relevanz der Lebensdienlichkeit auf der Grundlage des christlichen Menschen-, Welt- und Gottesbildes darzulegen. Im Sinne von Udo Schmälzle braucht es einen indoktrinationsfreien Raum.[53] Hier kann mit Bernhard Bleyer geklärt werden, „welche Themen für ein Krankenhaus, eine Beratungsstelle, einen ambulanten Pflegedienst oder einen Kinderhort relevant sind."[54] Relevanz und Plausibilität sind die Identifikationspfeiler im Arbeitsleben, auf denen sich Person und Organisation in ihrem Selbstverständnis begegnen.[55] Der Glaube ist das Fundament, auf dem sich die Pfeiler der geteilten Überzeugungen zwischen Person und Einrichtung aufbauen. Während diese diakonischen Brückenpfeiler zwischen persönlichen Einstellungen der Mitarbeitenden und Selbstverständnis der Einrichtung in der gemeinsamen Praxis bewähren müssen, liegt das tragende Fundament des Glaubens eher unsichtbar darunter.

13 Wo ist die Theologie?

Bereits in der Hinführung zur Studie hatten wir ein ausführliches Kapitel zum Thema „Der Wandel erfordert eine Theologie der Berufe der Kirche" vorangestellt. Neben den oben dargelegten fehlenden praxisbezogenen kirchlichen Orientierungen kann in den Interviews eine weitere Leerstelle festgestellt werden. Die Theologie findet als Bezugswissenschaft im Sinne des

---

50 In diesem Sinne besteht für Bernhard Bleyer „die Aufgabe für die katholisch-theologische Ethik nun darin, eine neue Form konfessioneller Institutionsethik anzudenken. Dass dieser Prozess Differenzierungsgrade zulassen muss, ergibt sich allein aus der Unterschiedlichkeit der Handlungsfelder", 125.

51 Beitrag Schmälzle, U., 136.

52 Udo Schmälzle spricht hier von „den mit sich selbst beschäftigten Kirchen und Gemeinden", Ders., 130 f. Die fundamentale Bedeutung des Dienstethos und Berufsethos von Mitarbeitenden.

53 Vgl. Schmälzle, U., 139.

54 Beitrag Bleyer, B., 122.

55 Ebd. B. Bleyer kommt zu dem Schluss, dass „eine Ethostheorie der mittleren Ebene (Einrichtung), die Subjekt und Gesellschaft institutionell vermittelt, lehramtlich weitgehend ausgeblieben ist".

kirchlichen Selbstverständnisses, des Wertebezugs, der spezifischen Fort- und Weiterbildung, nötiger Kompetenzen im Umgang mit existentiellen Herausforderungen oder im Spannungsfeld von Wirtschaftlichkeit und Barmherzigkeit wie dem kirchlichen Arbeitsrecht keinerlei Erwähnung.[56] Weder werden Erwartungen formuliert noch Erfahrungen wiedergegeben oder Plausibilitäten angefragt. Die Theologie hat offenbar keine wahrnehmbare Relevanz für die interviewten Personen und in den von ihnen vertretenen Berufsfeldern. Die Theologie kommt schlichtweg nicht vor.

Sowohl die spürbare Abstinenz einiger theologischen Disziplinen und der Diözesen im Kontext des Sozial- und Gesundheitswesens müssen beendet als auch die christliche Gesellschaftslehre und caritaswissenschaftlichen Bezüge aufgewertet werden.[57] Ungefähr 750.000 Mitarbeitende allein in der Caritas und weitere 100.000 Mitarbeitende in kirchlichen Verwaltungen, Akademien, Tagungshäusern verdienen eine höhere Aufmerksamkeit. Es bedarf einer neuen Sprachfähigkeit und Relevanz der Theologie in den caritativen Handlungsfeldern und im Bereich der Aus-, Fort- und Weiterbildung der unterschiedlichen Professionen bei kirchlichen Trägern. Der Rückzug auf die Bereiche Seelsorge und Ethik entspricht nicht den vielfältigen strategischen, operativen und qualitativen Ansprüchen, denen sich Mitarbeitende im Sozial- und Gesundheitswesen wie in der Bildungsarbeit täglich stellen müssen. Eine Akzeptanz muss sich die Theologie durch Relevanz – also Praxistauglichkeit zum Wohle der Menschen – bei den Mitarbeitenden wie den Klient:innen in den kirchlichen Einrichtungen erarbeiten.[58] In diesem anstehenden Dialog mit der gesellschaftlich-diakonischen Wirklichkeit wird die Theologie selbst angefragt und zeigen können, ob sie auch künftig eine gesellschaftliche Relevanz hat.

Auf diesem Weg wäre die Theologie nicht nur eine hilfreiche, sondern eine wichtige Weggefährtin.[59] Sie hätte Grundlegendes und Konkretes als Bestärkung oder Kritik einzubringen. Wer sich allerdings gemeinsam auf einen Weg begibt, braucht nicht nur eine gemeinsame Zielvorstellung, sondern auch eine Vorstellung davon, was der Weggefährte braucht und auf welche gemeinsamen Anforderungen man sich einstellen sollte. Angefragt und ungefragt könnte die Theologie aus unterschiedlichen Dimensionen und Fachdisziplinen ihren wichtigen Beitrag leisten:

---

56 Siehe Studienergebnisse, 49 ff.
57 Hier sei auf die Neugründung des „Wissenschaftsnetzwerks Caritas" hingewiesen, dass sich zum Ziel gesetzt hat, diesen notwendigen Diskurs zwischen Caritas, Theologie und weiteren Wissenschaftsdisziplinen sowie den Kirchen zu stärken. www.christliche-sozialethik.de/2024/03/21/neu-wissenschaftsnetzwerkcaritas/(Abruf 10.01.2025).
58 Vgl. zur Diskussion zwischen Relevanz und Identität Fischer, M., Qualität, 115–117.
59 Ebd., 107–129.

- Die Theologie kann zur Klärung der Grundfragen menschlichen Lebens aus theologischer Perspektive vieles beisteuern. Was heißt Menschsein? Was bedeutet Gesundheit und Krankheit? Welche Verbindung gibt es vom Verständnis schwerer Krankheit und der Heilsvorstellung Gottes? Was bedeutet Lebensqualität? Was bedeutet der Tod? Diese Klärungen haben Einfluss auf das medizinische Grundverständnis und den pflegerischen Alltag. (Theologische Anthropologie)
- Für die Einrichtungen und Dienste der Caritas und der Diakonie ist das Selbstverständnis ihrer Verbände eine normative Grundlage. Diese ist unter den aktuellen Gegebenheiten stets neu zu plausibilisieren: Was ist das Verständnis von Caritas als konkrete Form christlicher Liebestätigkeit? Welche Professionalität ist heute im Sozial- und Gesundheitswesen gefordert? Wie hat sich Caritas als Wesensfunktion und Lebensäußerung der Kirche entwickelt und was ist ihr aktueller Beitrag in der Gesellschaft wie in der Kirche? Welche Relevanz haben biblische Text für die Arbeit in Caritas und Diakonie? (Caritaswissenschaftliche Vergewisserung)
- Caritas und Diakonie bieten als kirchliche Träger von Krankenhäusern, Altenhilfe-, Behinderten- oder Kinder- und Jugendeinrichtungen, Beratungs- und Pflegediensten heute als Unternehmen unter ökonomisierten Rahmenbedingungen ihre spezifische Dienstleistung an. Diese Entwicklung erfordert, dass es eine angemessene Ausgestaltung des Managements gibt. Es gilt die Besonderheiten eines caritativen Managements zu formulieren und die Rezeptionsmöglichkeiten gegenwärtiger Managementtheorien zu prüfen. In diesem Kontext ist auch die Verhältnisbestimmung theologischer und ökonomischer Diskurse zu führen und eine Übertragung auf die gegenwärtigen Praxisanforderungen der Unternehmensleitungen zu leisten. (Diakonie- bzw. Caritasmanagement)
- Je schneller und weiter die Erkenntnis der Medizin in Diagnostik und Therapie voranschreitet, umso dringlicher werden theologisch-ethische Orientierungen aufgrund der sich neu eröffnenden Möglichkeiten (vgl. Schockenhoff 2009). Notwendige Orientierungen beziehen sich nicht nur auf den Anfang und das Ende des menschlichen Lebens, sondern auf viele grundsätzliche Fragen entlang einer Lebensethik. (Moraltheologische Fundierung)
- In der Weiterentwicklung des Seelsorgeverständnisses in einer zunehmend säkularisierten Gesellschaft sind religionssoziologische Erkenntnisse unerlässlich, um die zeitgenössische Befindlichkeit zu verstehen. Auch die Plausibilität des christlichen Seelsorgeverständnisses ist im Zusammenhang mit Konzepten der Psychologie, der Therapie und im Hinblick auf neue spirituelle Bewegungen sowie auf einen zunehmenden

interkulturellen Kontext erneut zu bedenken und in die Praxis umzusetzen.[60] (Seelsorgelehre)

- Die Tätigkeit in caritativen Einrichtungen hat eine lange biblische und kirchliche Tradition. Erst auf der Grundlage historischer, biblischer und kirchengeschichtlicher Erkenntnis werden Identität und der Auftrag kirchlicher Einrichtungen deutlich. (Historische Rückbindung)

Es geht hier nicht um eine Vollständigkeit, sondern um den Hinweis auf die Bedeutung der Theologie als Weggefährtin. Weggefährt:innen nehmen einander wahr, achten auf ihre gegenseitige Bedürftigkeit, geben Hilfestellung und üben, wenn notwendig und hilfreich, angemessene Kritik. Als Weggefährt:in möchte man niemanden bei sich haben, der oder die nörgelnd alles besser weiß, moralisch aufgerüstet im Grundsatz die idealen Lösungen zu kennen glaubt, aber dessen Vorstellungen auf dem konkreten Weg leider nicht zur Anwendung kommen können. Die Weggefährtenschaft endet, wenn man gar latent das Gefühl hat, der Weggefährte wäre eigentlich am liebsten zu Hause geblieben. Als Weggefährten wünscht man sich auch niemanden, der bedingt durch die Strapazen des mühsamen Weges sich nicht anfragen lässt, weil ohnehin schon genug Probleme und Sorgen vor den Füßen liegen, und er das Ziel, den Zeitplan und die Marschroute fest im Blick und im Griff hat und daher Anfragen nur missliebigen Irritationen gleichkommen. Nein, solche Weggefährt:innen will man und braucht man nicht. Dann fällt die Entscheidung leicht, doch lieber getrennt weiterzumarschieren.

Dass es gemeinsam besser ginge – auch wenn man ohnehin aufeinander verwiesen ist – bedarf keiner Erklärung. Die Theologie ist gut beraten, sich nicht nur auf die Detailprobleme der Verantwortungsträger:innen in kirchlichen Einrichtungen einzulassen, sondern auch deren Anwendungs- und Wissenskontexte gründlich zu studieren. Nur so kann sie ihr Wissen kontextbezogen weiterentwickeln und die Voraussetzung dafür schaffen, dass es produktiv aufgegriffen wird. Freilich ist damit nicht nur anwendungsbezogenes Wissen gemeint. Auch die Verantwortungsträger:innen der kirchlichen Einrichtungen sind gut beraten, gedankliche Atempausen einzulegen, um dem kurzatmigen Gesundheits- und Sozialsystem nicht unreflektiert weiter Vorschub zu leisten. Trotz aller findigen Kenntnisse, um die Einrichtungen sicher durch die bewegten Gewässer zu führen, ist der orientierende Blick an den Horizont notwendig. Grundsätzliches und Konkretes muss hinterfragt werden, auch wenn am Ende des Tages sich vielleicht auf der Stirn eine

60 Hier sei auf die Studie von Michael Schüssler und Dara Straub hingewiesen: Dies. (Hg.), Seelsorgliche Ressourcen.

Sorgenfalte mehr eingegraben hat. Im Idealfall entstehen für beide Seiten neue Ideen und Rückbindungen, die vieles aus einer anderen Perspektive erscheinen lassen und für das konkrete Alltagshandeln Orientierung geben.

14 Professionalisierung und die wahre Liebe

Rolf Zerfaß hat bereits vor über 30 Jahren auf einen weitreichenden Gedanken hingewiesen. Er schrieb: „Die Professionalisierung caritativer Arbeit beschleunigt die Säkularisierung der Einrichtungen, weil es an theologischen Gesprächspartnern fehlt, die den Bezug zur kirchlichen Tradition herstellen können.“[61] Der Gedanke von Zerfaß war nicht, dass die Professionalisierung selbst der Grund für eine Säkularisierung sei, sondern der Umgang seitens der Kirche damit.

Dieser Gedanke hat sich bewahrheitet und ist zu einem Stolperstein für die Kirche geworden. In vielen kirchlichen Dokumenten wird auf der einen Seite die Kultur des Helfens allgemein als ein Wirken des Geistes bezeichnet und auf der anderen Seite zwei Formen der Liebe unterschieden: die wahre Liebe, die sich nur aus der Begegnung mit Christus ereignen kann und eine andere, die nur eine bloß technisch richtige Behandlung bleibt.

Diese Spannung sollte etwas näher beleuchtet werden. Dazu ist es hilfreich, sich zunächst die Bedeutung und den Sinn der Professionalisierung von Handlungsfeldern zu vergegenwärtigen. Die allgemeine Definition von Harald Mieg ist in unserem Kontext sehr hilfreich: „Professionalisierung bedeutet im engeren Sinn den Prozess der Entwicklung einer Berufsgruppe in Richtung einer Profession, d. h. einer Berufsgruppe mit einer gewissen Autonomie in der Leistungskontrolle. In einem weiten Sinn bedeutet Professionalisierung den Übergang von Tätigkeiten zu bezahlter Arbeit, die gewissen einklagbaren Qualitätsstandards unterliegt.“[62]

Gerne wird die Professionalisierung als ein Prozess verstanden, dem ein Phasenmodell zugrunde liegt. Die Phasen einer Professionalisierung sind nach Harold Wilensky: „(1) ein Job wird zu Vollzeittätigkeit (2) es gibt eine Ausbildungsstätte (3) es gibt einen Studiengang (4) ein lokaler Berufsverband

---

61 Zerfaß, R., Lebensnerv, 21.
62 Mieg, H., Professionalisierung, 452.

entsteht (5) ein nationaler Berufsverband wird gegründet (6) die staatliche Anerkennung folgt (7) ein berufsethischer Kodex entsteht."[63] Dieser Prozess muss sich nicht notwendigerweise in dieser Reihenfolge ereignen.[64]

Die Professionalisierung hat das Ziel, ein definiertes Niveau von Qualität in einer Tätigkeit zu sichern. Die Notwendigkeit einer Professionalisierung in den meisten beruflichen Handlungsfeldlern im Gesundheits- und Sozialwesen stellt heute niemand mehr in Frage. Vielmehr ist sie die Voraussetzung für die Ausübung einer Tätigkeit, wie auch die Grundordnung für den kirchlichen Dienst ausdrücklich betont.[65] Bei einer Professionalisierung geht es nicht bloß um die Aneignung von Techniken und Wissen, sondern es geht dabei auch um Haltungen, die jeder Profession zugrunde liegen. Dass die Entwicklung von Haltungen sich im Laufe des gesamten Berufslebens formt, ist naheliegend. Sie abhängig von Erfahrungen, Erlebnissen und entsprechenden Reflexionsräumen.

Das kompetente Einbringen von Fachwissen wird in kirchlichen Dokumenten sehr hoch geschätzt und sogar als ein Wirken des Geistes bezeichnet. So wird bspw. in der Verlautbarung ‚Caritas als Lebensvollzug der Kirche und als verbandliches Engagement in Kirche und Gesellschaft' der deutschen Bischöfe aus dem Jahr 1999 betont, dass zunächst jeder Mensch von Grund auf Mitmensch sei. Caritas bedeute tatkräftige und hilfsbereite Liebe. „Darum hat jeder Mitmensch, jeder Christ seine ureigene Möglichkeit und Aufgabe zu helfen."[66] Im Helfen zeigt sich das Wirken des Geistes: „In all diesen vielfältigen und unübersehbaren Spuren einer Kultur des Helfens erkennt die Kirche bereits das Wirken des Geistes Gottes (1 Joh 4,7). Wo immer Gerechtigkeit, Barmherzigkeit und Treue (Mt. 23,23) geübt werden, ist Gott bereits verborgen am Werk."[67]

Im gleichen Dokument wird aber die Qualität der Hilfe in zwei Formen unterschieden. So schreiben die Deutschen Bischöfe weiter: „Caritas im umfassenden Sinn meint die Liebe Gottes zu den Menschen und ihre Antwort, nämlich die Liebe zu Gott und zugleich die Liebe zum anderen Menschen, zum Nächsten. Erst auf diesem Hintergrund bezeichnet das Wort Caritas im engeren Sinne die christliche Nächstenliebe."[68]

---

63 Mieg, H., Professionalisierung, 453. Nach C. Nussle-Stein sind die Attribute einer Professionalisierung „eine wissenschaftliche Ausbildung und Lizensierung, berufsethische Selbstkontrolle, eigenständige Fachlichkeit und berufsständische Solidarität (…)". Siehe Nussle-Stein, C., Professionalität, 49.
64 Vgl. dazu Fischer, M., Zukunft, S. 65–74.
65 Vgl. Die deutschen Bischöfe, GrO 2022, Art. 6 Abs. 1.
66 Die deutschen Bischöfe, Caritas als Lebensvollzug, 6.
67 Ebd., 7.
68 Ebd., 12.

In der Enzyklika ‚Deus caritas est' von Papst Benedikt XVI kommt diese Denkfigur deutlich zum Ausdruck. Dort heißt es: „Die praktische Aktion bleibt zu wenig, wenn in ihr nicht die Liebe zum Menschen selbst spürbar wird, die sich von der Begegnung mit Christus nährt. (Art. 34) – Dieser Satz Papst Benedikts XVI. in seiner Enzyklika ist ein Schlüsselsatz des Textes."[69] Reinhard Feiter bemerkt dazu: „Die Enzyklika richtet sich gegen die ‚bloße Aktion' und ‚drohenden Säkularismus vieler in der karitativen Arbeit beschäftigten Christen', wie der Papst es pointiert noch in Artikel 37 formuliert.. Denn worauf der Papst abheben will, ist eben das Ungenügen des eigenen Tuns, genauer: des Tuns nur aus dem Eigenen heraus (vgl. Art. 36) – und reiche es bis hin zur Selbstaufopferung bis zum ‚Absehen von jeglichen Bedachtsein auf das eigene Leben." [70] Papst Benedikt verknüpft also die Fähigkeit, einen anderen Menschen um seiner selbst willen zu lieben an eine zweite Bedingung: eine Begegnung mit Christus.

Die Fachkompetenz wird in Deus caritas est als Wissen um eine „bloß technisch richtige Behandlung" (Art. 31) betrachtet, in der die Zuwendung des Herzens noch keine Rolle spielt. Das ist eine Wahrnehmung, die den geltenden Ausbildungsstandards in den sozialen, pflegerischen, pädagogischen und medizinischen Berufen nicht gerecht wird. Die Mitarbeiter der Caritas müssten aber gemäß Papst Benedikt VIV „nicht nur auf gekonnte Weise das jetzt Anstehende tun", sondern „zu jener Begegnung mit Gott in Christus geführt werden, die in ihnen die Liebe weckt und ihnen das Herz für den nächsten öffnet" (Art. 31). In diesem Verständnis hätte der barmherzige Samariter nicht in christlicher Nächstenliebe gehandelt, weil darin nicht die Liebe zum Ausdruck kam, die sich aus der Beziehung zu Christus nährt. [71]

Hier klingt an, dass die Liebe zu Gott die Voraussetzung sei, anderen Menschen umfassende Liebe zu schenken. Wer also kein Gottes-Bekenntnis oder keine Mitgliedschaft zur Kirche hat, kann sich nicht wahrhaftig in sorgender Liebe um anderen Menschen kümmern. Dies bleibt nur jenen Menschen vorbehalten, die Gott lieben. An dieser kirchlich geformten Hybris der Caritas, so hat es Rolf Zerfaß schon vor vielen Jahren formuliert, wird die Caritas zugrunde gehen. Von diesen zwei Klassen der Liebe, die Menschen anderen Menschen in sorgender Hingabe geben können, sollte sich die Kirche und die Caritas verabschieden. In dieser Form der Argumentation widersprechen

---

69 Feiter, R., Schlüsselsatz, 79.

70 Ebd., 82.

71 Hermann-Josef Kracht folgert zu Recht daraus, dass in diesem Fall „sich die Verantwortlichen der kirchlichen Caritasarbeit neben der Feststellung der fachlichen Qualifikation auch um eine Hinführung dieser Mitarbeiter zur Gottesbegegnung bemühen müssen. Ein striktes Kriterium, nur solche Mitarbeiter einzustellen, die in ihrer persönlichen Lebensführung schon lange aus dieser Gottesbegegnung heraus leben, hat Benedikt XVI aber nicht formuliert." Kracht, H.-J., Barmherzigkeit und Recht, 142.

sich nicht nur die theologischen Grundlegungen, sondern diese Annahme wird dem Auftrag Jesu, „Dann geh und handle genauso (Lk 10,37) und somit den hochengagierten Kolleginnen und Kollegen nicht gerecht. Sie sind im Sinne Jesus barmherzig in den vielfältigen Handlungsfeldern von Diakonie und Caritas tätig.

Die Deutschen Bischöfe weisen in derselben Verlautbarung auf die Darstellung des Weltgerichts (Mt 25, 40) als Magna Charta der Caritas hin. In dieser Bibelstelle wird in einem grandiosen Bild gezeichnet, was die Kriterien des letzten Gerichtes sind: „Ich war hungrig, ihr gabt mir zu essen; ich war durstig, ihr gabt mir Wasser; ich war fremd, und ihr habt mich aufgenommen. Ich war nackt, ihr habt mich gekleidet; ich war krank, ihr habt mich gepflegt; ich war im Gefängnis, und ihr seid zu mir gekommen. ... Wahrhaftig, ich sage euch, alles, was ihr für eines dieser meiner geringsten Geschwister getan habt, habt ihr für mich getan“ (Mt 25, 35-40, Bibel in gerechter Sprache)

Alle Menschen stehen vor Gericht. Allen Menschen werden dieselben Fragen gestellt. Bei allen wird nach denselben Kriterien gerichtet. Auf die Gegenfrage der vor Gericht Stehenden: „Wann haben wir dich hungrig gesehen und haben dir zu essen gegeben ...?“ beschrieben und deuten die Deutschen Bischöfe die Situation: „Die Christen sind erstaunt, weil sie den Menschensohn zu kennen glaubten, ihn aber nicht in den geringsten Brüdern erkannten. Die Nichtchristen fragen erstaunt, weil sie mit einer solchen Anrechnung ihrer ehrlichen Liebe nicht gerechnet haben. Für alle gilt als Maßstab die praktizierte Liebe zum Nächsten.“[72]

Wo immer Menschen sich der vorbehaltlosen Liebe öffnen, werden sie dem biblischen Anspruch gerecht. Das ist die gemeinsame Basis für eine Zusammenarbeit für Christ:innen und andere Menschen.[73] Verabschiedet sich die Kirche von der Hybris der Zwei-Klassen-Liebe, erkennt sie die vorbehaltlose Liebesfähigkeit grundsätzlich aller Menschen an. Sie weitet damit den Blick auf die vielfältigen Formen der Liebe, die in einer Einrichtung der Caritas vereint sind und zusammenspielen können, um den Selbstanspruch der Caritas umzusetzen. Es gilt anzuerkennen, dass es eine selbstlose Kraft der Liebe gibt, die Gott jedem Menschen eingestiftet hat und ohne kirchlichen Auftrag realisiert, was im Sinne Jesu zu geschehen hat: Eine Zivilisation der Liebe.[74]

---

72 Die deutschen Bischöfe, Caritas als Lebensvollzug, 13.
73 Fischer, M., Lebensglaube.
74 „Baut eine Zivilisation der Wahrheit und der Liebe auf“, Papst Johannes Paul II., Ansprache. Johannes Paul II benutzt diesen Begriff wie eine Chiffre für das Reich Gottes.

15 Kirche und Caritas könnten ein starkes Team sein

Man stellt sich mit Recht die Frage, wohin die gemeinsame Reise von der verfassten Kirche und der verbandlichen Caritas noch führen wird. Wird sich die eine von der anderen möglicherweise nach und nach entfernen? Wird man sich zur gegenseitigen Last? Oder ist es möglich, sich auf dem gemeinsamen Weg mit unterschiedlichen Aufgaben zu stärken, weil sie im Innersten zusammengehören und sich gemeinsam stärken können?

Zunächst hat die kirchliche Wohlfahrtspflege eine wichtige Bedeutung im Zusammenspiel mit anderen Anbietern. Sie ist ein relevanter Akteur in der Zivilgesellschaft und im Gesundheitswesen. Sie hält wichtige soziale und zugleich christliche Fragen in der Gesellschaft wach. Dies muss nicht zum Gefallen aller sein, aber auch nicht in sektiererischer Arroganz münden. Sie bringt bspw. eine wichtige Deutung des Verständnisses von Leben, Gesundheit und Krankheit in den gesundheitspolitischen Diskurs und Praxis ein. Ihr ist es ein wichtiges Anliegen, dass Wert-, Gerechtigkeits- und Wahrheitsfragen nicht verdrängt werden und auf der Strecke bleiben. Und sie versteht sich als ein Werkzeug und Zeichen dafür, dass Gesundheit und Soziales nicht einer neoliberalen Gewinnoptimierung unterworfen werden dürfen. Das alles sind gute Gründe für eine starke kirchliche Wohlfahrtspflege.

In diesem Buch sind Bruchstellen zwischen Caritas und der Kirche angesprochen worden, die einer grundlegenden Reflexion bedürfen.[75] Die Transformation der Kirchen wie ihrer Diakonie und Caritas in einer plural-säkularen Gesellschaft bedarf neuer Zugehensweisen. Dies ist allerdings kein Plädoyer dafür, dass sie im Innersten nicht aufeinander verwiesen sind. Man kann die Frage auch einmal von der anderen Seite her stellen: Was würden die Caritas und die Kirche verlieren, gingen sie in Zukunft getrennte Wege?

Was würde also die katholische Kirche ohne die Caritas verlieren?[76] Zunächst würde sie einen wesenhaften und wesentlichen Teil ihrer selbst verlieren. Darüber hinaus einen festen und glaubwürdigen Ort inmitten der gesellschaftlichen Nöte und Herausforderungen, eines ihrer derzeit glaubwürdigsten Zeichen und Werkzeuge. Sie stände v. a. in der Gefahr, ihren sakramentalen Charakter und damit ihren ureigensten Auftrag zu verlieren, denn wie sollte sie noch „Zeichen und Werkzeug für die innigste Vereinigung mit Gott wie für die Einheit der ganzen Menschheit“ sein. (LG1) Gottesliebe und

---

75 Solche Bruchstellen müssen auch in anderen Bereichen fruchtbar verbunden werden. Vgl. dazu den Kitabereich: Fischer, M., Beisenkötter, D., Kita.

76 Die gleiche Diskussion ist in der Schwesterkirche der EKD und in der Diakonie virulent.

Nächstenliebe gehören untrennbar zusammen. Verlöre sie diese Zeichen und Werkzeuge, würde nicht nur ihre gesellschaftliche Relevanz vollends schwinden, sondern ein wesentlicher Teil ihrer Glaubwürdigkeit. Die in Gaudium et Spes geforderte „enge Verbundenheit der Kirche mit der ganzen Menschheitsfamilie" stände auf dem Spiel, denn diese bedeutet eine Praxis: „Freude und Hoffnung, Trauer und Angst der Menschen von heute, besonders der Armen und Bedrängten aller Art, sind auch Freude und Hoffnung, Trauer und Angst der Jünger Christi." (Gaudium et Spes 1) Andernfalls wäre die Kirche eben nur „fromm"[77] wie Benedikt XVI sagt.

Und was würde die Caritas ohne die Kirche verlieren? Auch sie würde einen Teil ihrer selbst verlieren. Vielleicht auch ihre Seele, den innersten Identitätskern. Jedenfalls einen Teil, der bspw. Fragen wachhält wie: Woher kommen wir?, Wohin wollen wir gehen?, Was ist der Anfang und das Ende?' und Warum machen wir das? All diese Fragen bilden einen wichtigen Bezugspunkt der eigenen Identität. Die Caritas würde auf lange Sicht ihre spirituellen Wurzeln verlieren und somit die ideelle Grundlage ihres sozialen Engagements wie auch die handlungsleitenden Orientierungen.

Die gegenseitige Verwiesenheit zeigt sich in der immer schon vorhandenen Spannung zwischen verschiedenen Spiritualitätsmustern, die sich alle auf Jesus Christus berufen dürfen. Wer mag da nicht an Maria und Martha denken (Lk 10,38–42), die jede auf ihre Weise Jesus zugetan sind. Die eine müht sich und dient dem Herrn und die andere sitzt zu seinen Füßen und hört ihm zu. Die oft eher in sakralen Sonderraum liturgisch und verkündigend wahrgenommene Kirche braucht ihre Caritas, um nicht einfach fromm zu sein, sondern realistisch das Evangelium in die Tat umzusetzen. Und die

77 Deus Caritas est Art. 18: Wenn ich aber die Zuwendung zum Nächsten aus meinem Leben ganz weglasse und nur „fromm" sein möchte, nur meine „religiösen Pflichten" tun, dann verdorrt auch die Gottesbeziehung. Dann ist sie nur noch „korrekt", aber ohne Liebe. Papst Benedikt XVI, Deus caritas est.

Caritas mit ihrer sozial-diakonischen Haltung, oft an Grenzen des Lebens und der Gesellschaft, braucht den Diskurs mit ihrer eher liturgisch-katechetischen Kirche, um die Verborgenheit Gottes in ihrem Tun aufzudecken.[78]

Daher braucht die Kirche die helfende Caritas, um ihre innere wie äußere Beziehungswirklichkeit im Sinne Gottes und seines Sohnes Jesus Christi sowie in ihrem Geist zu gestalten. Und die Caritas braucht den Dialograum der Kirche, um mit dem Ursprung ihres helfenden Handelns, der liebenden Gegenwart Gottes, und seiner sich in der Geschichte der Menschheit und insbesondere in Jesus von Nazareth sich zeigenden Orientierungen und Idealen, verbunden zu bleiben. Kirche und Caritas sind im Ursprung und im Ziel ein starkes Team, das zeigen jeden Tag unzählige engagierte Menschen einfach durch ihr professionelles zugewandtes Handeln zu Gunsten der und des Nächsten.

---

78 Michael Groß verweist hier auf Dietmar Mieth und seine Auslegung zu Meister Eckhard, denn „Christus erschließt die Barmherzigkeit Gottes als Innenstruktur der Welt und die Solidarität als Innenstruktur des Menschen. (…) Die alte Unterscheidung von Vertikale – Gottes Dienst am Menschen und des Menschen Dienst an Gott – und Horizontale – des Menschen Dienst am Menschen – ist hier nicht mehr am Platz." Er kommt zum Schluss: „Christus, (…) verkörpert als dynamisches Prinzip der kontinuierlichen Inkarnation der Schöpfung das Ineinander von sozialer und theologischer Perspektive, er verknüpft das Soziale und Transzendente als untrennbare Komponenten des einen Seins und des einen Handelns in der Geschichte. (…) Diese das Welt- und Gottesverhältnis ineinander denkende beziehungshafte Grundstruktur des Seins, Mieth nennt sie ‚Christus – das Soziale im Menschen'." Groß spricht daher von einer „impliziten Spiritualität" aus der Barmherzigkeit Gottes kommend und sich in Christus offenbarend im Gegensatz zu einer expliziten christlichen Spiritualität im Sinne eines geistigen Herrschaftsanspruchs, mit der heute viele nichts mehr anfangen können. Spiritualität der Barmherzigkeit Gottes erschließt sich somit als innerste Mitte der Sozialen Arbeit. In dieser Perspektive ist jede:r einzelne Mitarbeiter:in erfüllt von Gottes Geist und Teil des dynamischen Geschehens, das in sich göttlich ist, (…) und ihn zu engagiertem Sozialen Handeln motiviert. Eine Organisation, die diese Themen gemeinsam mit ihren Mitarbeitenden glaubwürdig erschließt, finde so zu ihrer eigenen lebendigen Mitte (…)" Hierzu Groß, M., Spiritualität, 300–305.

Letzte Seite

Wenn Sie jetzt diese (letzte) Seite aufschlagen, dann …

sollten Sie wissen,
… dass Ihre Professionalität hilft,
… dass dank Ihrer Hilfe Menschen Mut fassen und dem Leben vertrauen,
… dass dank ihrer Zuwendung, Menschen das Widerfahrene tragen können,
… dass dank ihres Da-Seins, Menschen getröstet und gehalten Abschied nehmen können,
… dass Sie ein Geschenk für Andere sind.

Daher
… achten wir mit Ihnen darauf, dass Sie auf sich achten,
… ahnen wir, dass wir gemeinsame Werte, Ziele und Visionen haben.

Bitten wir Sie,
… bleiben sie engagiert, eben sozial, caritativ und damit nah an der und dem Nächsten,
… bleiben Sie gewiss, dass die und der Nächste Sie braucht.

Glauben wir,
… dass wir gemeinsam Vieles zum Besseren verändern können,
… dass Sie mit uns Ihre Ideale verwirklichen können.

Erlauben Sie uns, Ihnen als Christ:innen zu sagen,
… Sie sind kein Zufall, sondern ein Glücksfall,
… Sie sind ein Teil einer Liebe, die das Leben ermöglicht und lebenswert macht,
… Sie sind einmalig und gestalten auf Ihre Weise an einer Zivilisation der Liebe mit,
… Sie sind ein Segen,
… Sie hat uns der Himmel geschickt.

Daher möchten wir Gott danken, dass es Sie gibt.

Ihre Caritas – ein starkes Stück Kirche

Literaturverzeichnis

Fischer/Schrage

Auer, A., Christsein im Beruf. Grundsätzliches und Geschichtliches zum christlichen Berufsethos, Düsseldorf 1966, zitiert als: Auer, A., Christsein.

Baumann, K., Europäische Antidiskriminierungsrichtlinie und kirchliches Arbeitsrecht, in: Brantl, J., (Hg.) Personen gestalten Institutionen. Institutionen prägen Personen. Leben im Spannungsfeld individueller und sozialer Verantwortung. (FS für Peter Fonk), Regensburg 2021, 117–138, zitiert als: Baumann, K., Europäische Antidiskriminierungsrichtlinie.

Beer, P., Loyalitätspflichten als Beitrag zur funktionellen Gewährleistung des Sendungsauftrags in der Dienstgemeinschaft, in: Reichold, H. (Hg.), Tendenz- statt Transzendenzschutz in der Dienstgemeinschaft? Aktuelle Anstöße zur Loyalitätsfrage durch den Europäischen Gerichtshof, Regensburg 2019, 45–59, zitiert als: Beer, P., Loyalitätspflichten.

Böckenförde, E.-W., Vom Ethos des Juristen, Berlin2 2012: Wissenschaftliche Abhandlungen und Reden zur Philosophie, Politik und Geistesgeschichte, Bd. 60, zitiert als: Böckenförde, E.-W., Ethos.

Caritas Deutschland, Die Caritas als Arbeitgeberin, www.caritas.de/fuerprofis/arbeitenbeidercaritas/arbeitgebercaritas/caritasalsarbeitgeber.aspx (Abruf 28.04.2024), zitiert als: Caritas Deutschland, Arbeitgeberin.

Caritas Deutschland, Merkmale verbandlicher Caritasidentität für berufliche Mitarbeitende, www.caritas.de/cms/contents/caritas.de/medien/dokumente/arbeiten-bei-der-car/merkmale-verbandlich/nc21_2015_doku_caritasidentitaet.pdf%3Fd%3Da%26f%3Dpdf&ved=2ahUKEwjbi-iS24mJAxVbgP0HHXKfFwgQFnoECBsQAQ&usg=AOvVaw-3JTvP1h8X4uMdXKdL2M9qV (Abruf 12.10.2024), zitiert als: Caritas Deutschland, Caritasidentität.

Caritas Deutschland, Zehn Zusagen für Mitarbeitende in der Caritas, www.caritas.de/fuerprofis/arbeitenbeidercaritas/arbeitgebercaritas/zehn-zusagen-an-mitarbeitende (Abruf 25.04.2024), zitiert als: Caritas Deutschland, Zehn Zusagen.

Caritasverband der Diözese Rottenburg-Stuttgart e. V., Caritas in Vielfalt. Handreichung zum Umgang mit der Grundordnung des kirchlichen Dienstes im Caritasverband der Diözese Rottenburg-Stuttgart 2019, www.caritas-rottenburg-stuttgart.de/cms/contents/caritas-rottenburg-s/medien/dokumente/was-uns-wichtig-ist/caritas-in-vielfalt/2024-05_handreichung_caritas_in_vielfalt_v2.pdf?d=a&f=pdf (Abruf 25.11.2024), zitiert als: DCV Rottenburg-Stuttgart, Vielfalt.

Die deutschen Bischöfe, Caritas als Lebensvollzug der Kirche und als verbandliches Engagement in Kirche und Gesellschaft, 23. September 1999, in: Sekretariat der Deutschen Bischofskonferenz (Hg.), (Die deutschen Bischöfe Nr. 64), Bonn, zitiert als: Die deutschen Bischöfe, Caritas als Lebensvollzug.

Die deutschen Bischöfe, Erklärung der Deutschen Bischöfe zum kirchlichen Dienst, Grundordnung des kirchlichen Dienstes im Rahmen kirchlicher Arbeitsverhältnisse, 22. September 1993, in: Sekretariat der Deutschen Bischofskonferenz (Hg.), (Die Deutschen Bischöfe Nr. 51), Bonn 1993, zitiert als: Die deutschen Bischöfe, GrO 1993.

Die deutschen Bischöfe, Erklärung der Deutschen Bischöfe zum kirchlichen Dienst, 27. Juni 1983, in: Sekretariat der Deutschen Bischofskonferenz (Hg.), (Die Deutschen Bischöfe Nr. 35), Bonn 1983, zitiert als: Die deutschen Bischöfe, Erklärung kirchl. Dienst.

Die deutschen Bischöfe, Grundordnung des kirchlichen Dienstes, 5. völlig überarbeitete Neuauflage, 22. November 2022, in: Sekretariat der Deutschen Bischofskonferenz (Hg.), (Die deutschen Bischöfe Nr. 95A), Bonn 2022, zitiert als: Die deutschen Bischöfe, GrO 2022.

Diözesan-Caritasverband für das Erzbistum Köln e. V., Diskussionspapier Kompetent, caritativ – eben christlich, 2021, www.caritasnet.de/export/sites/dicv/.content/.galleries/downloads/caritas-pastoral/Diskussionspapier_Kompetent_Caritativ_final.pdf (Abruf 25.11.2024), zitiert als: DiCV Köln, Diskussionspapier.

Diözesan-Caritasverband für das Erzbistum Köln e. V., Handreichung „Unser Handwerk – ein Blick in die christliche Werkstatt“, Facharbeitskreis NRW für christliche Grundlagen und Profil in der Caritas, 2015, www.caritasnet.de/export/sites/dicv/.content/.galleries/downloads/caritas-pastoral/christliche_werkstatt.pdf (Abruf 25.11.2024), zitiert als: DiCV Köln, Handreichung.

Diözesan-Caritasverband für das Erzbistum Köln e. V., Vielfalt begründet ein neues Verständnis von religiöser Bildung in den Berufen der Caritas, www.caritasnet.de/export/sites/dicv/.content/.galleries/downloads/caritas-pastoral/Religioese-Weiterbildung.pdf (Abruf 25.11.2024), zitiert als: DiCV Köln, religiöse Bildung.

Diözesan-Caritasverband für das Erzbistum Köln e. V., Erzbischöfliches Generalvikariat Köln, Kursmodell „Glauben Gestalt geben“ für die stationäre Alten-, Behindertenhilfe sowie die Hospize, https://caritas.erzbistum-koeln.de/export/sites/caritas/campus/Flyer_Glauben-Gestalt-geben_neu.pdf (Abruf 21.11.2024), zitiert als: DiCV Köln, Glauben Gestalt geben.

Diözesan-Caritasverband für das Erzbistum Köln e. V., Erzbischöfliches Generalvikariat Köln, Begleitende in der Seelsorge. Seelsorge hat ein vertrautes Gesicht, www.caritasnet.de/begleitende-in-der-seelsorge/home/ (Abruf 21.11.2024), zitiert als: DiCV Köln, EBGV Köln, Begleitende in der Seelsorge.

Diözesan-Caritasverband für das Erzbistum Köln e. V., Religiöse Bildung als Frage der christlichen Organisationskultur. Eine Handreichung, Köln 2013, zitiert als: DiCV Köln, Religiöse Bildung.

Ebertz, M. N., Ein dramatischer Epochenwandel, www.katholisch.de/artikel/7062-ein-dramatischer-epochenwandel 25.11.2025 (letzter Online-Abruf 02.04.2023), zitiert als: Ebertz, M. N., Epochenwandel.

Ebertz, M. N., Segler, L., Spiritualitäten als Ressource für eine dienende Kirche. Die Würzburg-Studie, Echter Verlag, Würzburg 20161, zitiert als: Ebertz, M. N., Segler, L., Die Würzburg-Studie.

Europäische Gemeinschaft, Richtlinie 2000/78/EG des Rates vom 27. November 2000 zur Festlegung eines allgemeinen Rahmens für die Verwirklichung der Gleichbehandlung in Beschäftigung und Beruf, https://eur-lex.europa.eu/LexUriServ/LexUriServ.do?uri=OJ:L:2000:303:0016:0022:de:PDF (Abruf 14.04.2023), zitiert als: EG, Gleichbehandlung.

Evangelische Kirche in Deutschland (Hg.), Wie hältst du's mit der Kirche? Zur Bedeutung der Kirche in der Gesellschaft, Evangelische Verlagsanstalt, Leipzig 2023, zitiert als: EKD, 6. KMU.

Evangelische Kirche in Deutschland, Richtlinie des Rates über die Anforderungen an die berufliche Mitarbeit in der Evangelischen Kirche in Deutschland und ihrer Diakonie, 01. Januar 2024 (Mitarbeitsrichtlinie). In der Bekanntmachung der Neufassung vom 20. Januar 2024, www.kirchenrecht-ekd.de/document/55297 (Abruf 26.04.2024), zitiert als: EKD, Mitarbeitsrichtlinie EKD-Diakonie 2024.

Feiter, R., „Die praktische Aktion bleibt zu wenig …“. Zu einem Schlüsselsatz von *Deus caritas est,* in: Liebe ist möglich, und wir können sie tun. Kontexte und Kommentare zur Enzyklika „Deus caritas est“ von Papst Benedikt XVI., Collet, G. u. a. (Hg.), Berlin 2008, 79–94, zitiert als: Feiter, R., Schlüsselsatz.

Felfe, J., Mitarbeiterbindung, Göttingen 22020, zitiert als: Felfe, J., Mitarbeiterbindung.

Fischer, M., Barmherzigkeit provoziert. Vom heilenden Dienst zum kirchlichen Dienstleistungsunternehmen, Rheinbach 22012, zitiert als: Fischer, M., Barmherzigkeit.

Fischer, M., Beisenkötter, D., Kita als Lebensort des Glaubens, Freiburg i. B. 2020, zitiert als: Fischer, M., Beisenkötter, D., Kita.

Fischer, M., Das konfessionelle Krankenhaus. Begründung und Gestaltung aus theologischer und unternehmerischer Perspektive, Münster 2019, zitiert als: Fischer, M., Das konfessionelle Krankenhaus.

Fischer, M., Die Qualität konfessioneller Krankenhäuser. Zwischen gesellschaftlicher Relevanz und Identität, in: Katholische Krankenhäuser – herausgeforderte Identität, Heimbach-Steins, M., Schüller, T., Wolf, J. (Hg.), Paderborn 2017, 107–129, zitiert als: Fischer, M., Qualität.

Fischer, M., Die Zukunft der Seelsorge im Gesundheitswesen. Zum Verständnis einer dynamischen Professionalität, Würzburg 2021, zitiert als: Fischer, M., Zukunft.

Fischer, M., Lebensglaube als Wegorientierung, in: Abweichen. Von einer Praxis, die findet, was sie nicht gesucht hat, Heidkamp, M. (Hg.), Münster 2022, 377–382, zitiert als: Fischer, M., Lebensglaube.

Fleischmann, C., Schmalenbach, M., Was hält Menschen in der Kirche?, in: Christ & Welt vom 16.11.2023, zitiert als: Fleischmann, C., Schmalenbach, M., Was hält Menschen in der Kirche?.

Fonk, P., Handeln aus christlicher Verantwortung. Theologie im Fernkurs. Der christliche Glaube. Grundkurs Lehrbrief, 23. Aufl. 2010, zitiert als: Fonk, P., Handeln aus christlicher Verantwortung.

Forschungsgruppe Weltanschauung, Religionszugehörigkeiten 2021, https://fowid.de/meldung/religionszugehoerigkeiten-2021 (Abruf 14.04.2023), zitiert als: Forschungsgruppe Weltanschauung, Religionszugehörigkeiten 2021.

Gemeinwohlatlas: www.gemeinwohlatlas.de/atlas#/dims%255Bweights%255D%255Bbenefit%255D=0.25&dims%255Bweights%255D%255Bsocial_cohesion%255D=0.25&dims%255Bweights%255D%255Bquality_of_life%255D=0.25&dims%255Bweights%255D%255Bethics%255D=0.25&dims%255Bselected%255D=&dims%255Bhighlighted%255D=&mode=list (Abruf 19.10.2024), zitiert als: Gemeinwohlatlas.

Groß, M., Spiritualität der sozialen Arbeit. Resonanz bei Hartmut Rosa und Sein bei Meister Eckhard als Verbundensein mit dem Anderen, Baden-Baden 2022, zitiert als: Groß, M., Spiritualität.

Großbölting, T., Der verlorene Himmel. Glaube in Deutschland seit 1945, Lizenzausgabe für die Bundeszentrale für politische Bildung, Bonn 2013, zitiert als: Großbölting, T., Der verlorene Himmel.

Hense, A., Vom personen- zum institutionsorientierten Verständnis kirchlichen Arbeitsrechts?, in: Schavan, A., Thüsing, G. (Hg.), Kirchlicher Dienst in säkularer Gesellschaft. Festschrift für Norbert Feldhoff zum 80. Geburtstag. Freiburg i. B. 2019, 253–274, zitiert als: Hense, A., Kirchliches Arbeitsrecht.

Hense, A., Warum sich das kirchliche Arbeitsrecht ändern muss: Herder Korrespondenz (1/2019), 42–45, zitiert als: Hense, A., Arbeitsrecht ändern.

Jäger, A., Leiten, Lenken, Gestalten. LIT Verlag, Münster, zitiert als: Jäger, A., Leiten, Lenken, Gestalten.

Kluxen, W., Ethik und Ethos, in: Herz, A. u. a. (Hg.) Handbuch der christlichen Ethik, Freiburg i. B. 1992, 518–532, zitiert als: Kluxen, W., Ethik und Ethos.

Korff, W., Religion und Ethos. Christlicher Glaube als Quelle konkreter Moral: Honnefelder, L. (Hg.) Sittliche Lebensform und praktische Vernunft, Paderborn 1992, 161–177, zitiert als: Korff, W., Religion und Ethos.

Kracht, H.-J., Zwischen Barmherzigkeit und Recht, in: Liebe ist möglich, und wir können sie tun. Kontexte und Kommentare zur Enzyklika „Deus caritas est" von Papst Benedikt XVI., Liebe ist möglich, und wir können sie tun. Kontexte und Kommentare zur Enzyklika „Deus caritas est" von Papst Benedikt XVI., Collet, G. u. a. (Hg.), Berlin 2008, zitiert als: Kracht, H.-J., Barmherzigkeit und Recht.

Krockauer, R., Bohlen, S., Lehner, M., Theologie und Sozialarbeit, Handbuch für Studium Weiterbildung und Beruf, München 2006, zitiert als: Krockauer, R., Bohlen, S., Lehner, M., Theologie und Sozialarbeit.

Laska, A., Wo Kirche drauf steht, muss auch Kirche drin sein, www.katholisch.de/artikel/21335-wo-kirche-drauf-steht-muss-auch-kirche-drin-sein (Abruf 24.03.2023), zitiert als: Laska, A., Wo Kirche drauf steht, muss auch Kirche drin sein.

Lesch, W., Ethik und Moral. Gut und Böse. Richtig und Falsch, in: Wils, J.-P. und Mieth, D., Grundbegriffe der christlichen Ethik, Paderborn 1992, 64–84, zitiert als: Lesch, W., Ethik und Moral.

Loffeld, J., Wenn nichts fehlt, wo Gott fehlt. Das Christentum vor der religiösen Indifferenz, Freiburg i. B. 2024, zitiert als: Loffeld, J., Wenn nichts fehlt.

Mayring, P., Qualitative Inhaltsanalyse. Grundlage und Techniken, Weinheim 2003, zitiert als: Mayring, P., Qualitative Inhaltsanalyse.

Metz, J. B., Weltverständnis im Glauben. Christliche Orientierung in der Weltlichkeit der Welt von heute, in: Geist und Leben 35 (3/1962), 175, zitiert als: Metz, J. B., Weltverständnis.

Michalke-Leicht, W., Sajak, C.-P., Vernünftig glauben, Arbeitsbuch für den katholischen Religionsunterricht. Oberstufe, Braunschweig 2020, zitiert als: Michalke-Leicht, W., Sajak, C.-P., Vernünftig glauben.

Mieg, H.A., Professionalisierung, in: Rauner, F., Grollmann, P., Handbuch der Berufsbildungsforschung, Bertelsmann, Bielefeld 32018, 452–462, zitiert als: Mieg, H., Professionalisierung.

Moos, T., Diakonische Kultur. Begriff, Forschungsperspektiven, Praxis Stuttgart 2018, zitiert als: Moos, T., Diakonische Kultur.

Morrison, T., Die Herkunft der Anderen. Über Rasse, Rassismus und Literatur, Reinbek 2018, zitiert als: Morrison, T., Herkunft.

Nussle-Stein, C., Professionalität und Qualität in Therapie und Beratung. Eine disziplinen- und theorie/praxisübergreifende Betrachtung, zitiert als: Nussle-Stein, C., Professionalität.

Papst Benedikt XVI, Enzyklika *Deus caritas est* an die Bischöfe, an die Priester und Diakone, an die gottgeweihten Personen und an alle Christgläubigen über die christliche Liebe, 25. Dezember 2005, in: Sekretariat der Deutschen Bischofskonferenz (Hg.), (Verlautbarungen des Apostolischen Stuhls Nr. 171), Bonn 20147, zitiert als: Papst Benedikt XVI, Deus caritas est.

Papst Johannes Paul II., „Baut eine Zivilisation der Wahrheit und der Liebe auf", Ansprache beim Meeting für die Freundschaft unter den Völkern in Rimini 29.08.1982, https://de.clonline.org/archiv/die-p%C3%A4pste-und-cl/baut-eine-zivilisation-der-wahrheit-und-der-liebe-auf (Abruf 25.11.2024), zitiert als: Papst Johannes Paul II., Ansprache.

Projekt SpECi, www.speci-deutschland.de (Abruf 12.10.2024), zitiert als: Projekt SpECi.

Reichhold, H., Beer, P., Eine „Abmahnung" des EuGHs mit Folgen, NZA 35 (11/2018), 681–686, zitiert als: Reichhold, H., Beer, P., Abmahnung.

Rüegg-Stürm, J, Grand, S., Das St. Galler Management-Modell. Management in einer komplexen Welt, Stuttgart 22020, zitiert als: Rüegg-Stürm, J, Grans, S., St. Galler Management-Modell.

Rüegg-Stürm, J., Konfession als Schlüsselreferenz des normativen Sinnhorizonts, in: Diversität und Identität. Konfessionsbindung und Überzeugungspluralismus in caritativen und diakonischen Unternehmen, Haas, H.-S., Starnizke, D. (Hg.), Stuttgart 2015, 169–186, zitiert als: Rüegg-Stürm, J., Konfession als Schlüsselreferenz.

Schmälzle, U., In den Armen ist Christus präsent. Der oft vergessene Blick auf diakonische Dienste und Ämter, in: Herder Korrespondenz (S1/2009) Arbeiten in der Kirche, 57–60, zitiert als: Schmälzle, U., In den Armen.

Schockenhoff, E., Art. Finis operis – finis operantis, in: LTHK 3 (20093), 1293 f., zitiert als: Schockenhoff, E., Finis operis.

Schockenhoff, E., Christliches Ethos und staatliches Recht, in: Albrecht, H.-J. u. a. (Hg.), Wechselwirkungen (Beiträge zum 65. Geburtstag von Albin Eser), Freiburg i. B. 2001, 45–60, zitiert als: Schockenhoff, E., Christliches Ethos.

Schrage, B. u. a., Wert mal praktisch. Christliche Caritaskultur professionell gestalten, Freiburg i. B. 2022, zitiert als: Schrage, B. u. a., Wert mal praktisch.

Schrage, B. und Giebel, A., Spirituelle und existenzielle Kommunikation. Eine Frage der Professionalität in Berufen des Gesundheitswesens, in: Wege zum Menschen 75 (4/2023), 318–31, zitiert als: Schrage, B. und Giebel, A., Kommunikation.

Schrage, B., Christlich Managen in säkularen Zeiten. Wer steuert die christliche Unternehmenskultur?, in: Koch, C. u. a. (Hg.), Mehr als Leitbilder. Ansprüche an eine christliche Unternehmenskultur, (Kopp, S. [Hg.], Kirche in Zeiten der Veränderung, Bd. 8), Freiburg i. B. 2021, 64–86, zitiert als: Schrage, B., Christlich Managen.

Schrage, B., Der Kirchenaustritt, Ein Fall für das Arbeitsrecht und den EuGH? Eine Neujustierung des kirchlichen Selbstverständnisses ist nötig, www.experteninitiative-religionspolitik.de/blog/der-kirchenaustritt-ein-fall-fuer-das-arbeitsrecht-und-den-eugh-eine-neujustierung-des-kirchlichen-selbstverstaendnisses-ist-noetig/ (Abruf 28.04.2024), zitiert als: Schrage, B., Kirchenaustritt.

Schrage, B., Mitarbeitendenpastoral. Eine Situationsanalyse zwischen Bedarfswechsel und fehlender Theoriebildung, in: PBlDA 72 (9/2020), 265–273, zitiert als: Schrage, B., Mitarbeitendenpastoral.

Schrage, B., Reif für das 21. Jahrhundert? Kritische Anfragen an die aktuelle Reform der Grundordnung, in: Reichold, H. (Hg.), Die Grundordnung 2022. Ein neues Narrativ im kirchlichen Arbeitsrecht, (Tübinger Beiträge zum kirchlichen Arbeitsrecht, Bd. 11), Berlin 2023, 79–125, zitiert als: Schrage, B., Reif für das 21. Jahrhundert.

Schrage, B., Seelsorge mitten im kirchlichen Transformationsprozess. Interdisziplinarität verlangt eine neue Rollenarchitektur, in: Knoll, F. u. a., Bewährtes bewahren. Neues Wagen. Stuttgart 2022, 211–222, zitiert als: Schrage, B., Seelsorge im kirchlichen Transformationsprozess.

Schrage, B., Sie haben den Reset-Knopf gedrückt! Identität wird zur Aufgabe, in: Neue Caritas 124 (19/2023), 9–13, zitiert als: Schrage, B., Reset-Knopf.

Schrage, B., Szillat, M., Neue kirchliche Arbeitsrechtsordnung, in: Neue Caritas 120 (21/2019), zitiert als: Schrage, B., Szillat, M., Arbeitsrechtsordnung.

Schüssler, M., Straub, D (Hg.), Seelsorgliche Ressourcen der Caritas. Ein Forschungsbeitrag zur Theologie christlicher Sozialunternehmen, Stuttgart 2022, zitiert als: Schüssler, M., Straub, D (Hg.), Seelsorgliche Ressourcen.

Smart, N., Dimensions of the Sacred. An anatomy of the world´s beliefs, Berkeley/Los Angeles 1996, zitiert als: Smart, N., Dimensions of the Sacred.

Theissen, G., Die Religion der ersten Christen. Eine Theorie des Urchristentums, Gütersloh 2000, zitiert als: Theissen, G., Religion der ersten Christen.

Turre, R., Hauptamtliche Mitarbeiterinnen und Mitarbeiter, in: Ruddat, G., Schäfer, G. K. (Hg.), Diakonisches Kompendium, Göttingen, 2005, 383–392, zitiert als: Turre, R., Hauptamtliche.

Windolph, J., Spiritualität und Soziale Arbeit, in: Altmeyer u.a. Christliche Spiritualität lehren, lernen und leben, Göttingen 2006, 239–246, zitiert als: Windolph, J., Spiritualität und Soziale Arbeit.

Witzel, A., Reiter, H., Das problemzentrierte Interview. Eine praxisorientierte Einführung, Weinheim 2020, zitiert als: Witzel, A., Reiter, H., Interview.

Zerfaß, R., Lebensnerv Caritas, Freiburg i. Br. 1992, zitiert als: Zerfaß, R., Lebensnerv.

Zutavern, M., Professionsethos, Die Lehrer*innenbildung ist herausgefordert!, in: Journal für LehrerInnenbildung 21 (3/2021), 14–31, zitiert als: Zutavern, M., Professionsethos.

Zweites Vatikanisches Konzil, Dogmatische Konstitution *Lumen gentium*. Über die Kirche in der Welt von heute, 21. November 1964, www.vatican.va/archive/hist_councils/ii_vatican_council/documents/vat-ii_const_19641121_lumen-gentium_ge.html (Abruf 12.10.2024), zitiert als: LG.

Zweites Vatikanisches Konzil, Pastorale Konstitution *Gaudium et spes*. Über die Kirche in der Welt von heute, 07. Dezember 1965, www.vatican.va/archive/hist_councils/ii_vatican_council/documents/vat-ii_const_19651207_gaudium-et-spes_ge.html (Abruf 12.10.2024), zitiert als: GS.

Hense

Beer, P., Loyalitätspflichten als Beitrag zur funktionellen Gewährleistung des Sendungsauftrags in der Dienstgemeinschaft, in: Reichold, H. (Hg.), Loyalität und Konfessionsbindung in der Dienstgemeinschaft, 2018, 121–135, zitiert als: Beer, P., Loyalitätspflichten 2018.

Beer, P., Loyalitätspflichten als Beitrag zur funktionellen Gewährleistung des Sendungsauftrags in der Dienstgemeinschaft, in: Reichold, H. (Hg.), Tendenz- statt Transzendenzschutz in der Dienstgemeinschaft? Aktuelle Anstöße zur Loyalitätsfrage durch den Europäischen Gerichtshof, Regensburg 2019, 45–59, zitiert als: Beer, P., Loyalitätspflichten 2019.

Beer, P., Vom personen- zum institutionenorientierten Ansatz. Der Beitrag der Grundordnung zu Profil-diskussion, Führungs- und Unternehmenskultur in kirchlichen Einrichtungen, in: Reichold, H. (Hg.), Führungskultur und Arbeitsrecht in kirchlichen Einrichtungen, 2017, 63–76, zitiert als: Beer, P., Institutionenorientierter Ansatz.

Bode, F-J., Projekt zur Unterstützung von Leitungsverantwortlichen und Einrichtungsträgern bei der Anwendung der neuen Grundordnung des kirchlichen Dienstes" (vom Februar 2023), 337 (Art. 141), in: Bischöfliches Generalvikariat Osnabrück, Kirchliches Amtsblatt für die Diözese Osnabrück Nr. 16 vom 3. März 2023, zitiert als: Bode, F-J., Projekt.

Bringmann, K., Kleine Kulturgeschichte der Antike, München 2011, zitiert als: Bringmann, K., Kleine Kulturgeschichte.

Caritas Deutschland, Diskussionspapier: Gedanken und Aspekte zu Kirchenaustritt und zu Kirchenbindung, verabschiedet am 15. Februar 2023 von der Kommission für Caritasprofil des Deutschen Caritasverbandes e.V., www.caritas.de/neue-caritas/heftarchiv/jahrgang2023/artikel/wer-aus-der-kirche-austritt-kann-bei-der-caritas-christliche (Abruf 24.08.2023), zitiert als: Caritas Deutschland, Diskussionspapier.

Damberg, W., Religiöse Dynamiken der Gegenwart. Thesen zum Thema „Religion übersetzen", in Historisches Jahrbuch 142 (2022), 478, zitiert als: Damberg, W., Religiöse Dynamiken.

Deckers, D., Auf der Suche nach einer neuen Grundordnung, FAZ – Nr. 272 – vom 22. November 2014, zitiert als: Deckers, D., Grundordnung.

Die deutschen Bischöfe, Musterordnung für die Erteilung der Missio canonica für den katholischen Religionsunterricht aufgrund eines Beschlusses des Ständigen Rates, 23. Januar 2023, in: Sekretariat der Deutschen Bischofskonferenz (Hg.), (Die deutschen Bischöfe, Nr. 112) Bonn 2023, zitiert als: Die deutschen Bischöfe, Musterordnung.

Diözesan-Caritasverband für das Erzbistum Köln e.V., online unter: https://kirchliche-Grundordnung.de (Abruf 06.12.2024), zitiert als: DiCV Köln, Grundordnung.

Dreier, H., Vom Stabilitätsgaranten zum Gefahrenherd: Kirchen und Religionen als Beratungsgegenstand der Staatsrechtslehrervereinigung, in: P. Cancik u.a. (Hg.), Streitsache Staat, 2022, 498–518, zitiert als: Dreier, H., Vom Stabilitätsgaranten.

Erzbistum Berlin, erzbischöfliche Dokument „Christliches Profil katholischer Prägung für die Einrichtungen des Erzbistums Berlin und für die Einrichtungen katholischer Träger im Erzbistum Berlin" (zu Art. 3 GrO 2023) vom 22. März 2024 , in: KirchlABl. (4/2024), 63 f. (Nr. 52), zitiert als: Erzbistum Berlin, Christliches Profil.

Evangelische Kirche in Deutschland (Hg.), Wie hältst du's mit der Kirche? Zur Bedeutung der Kirche in der Gesellschaft, Leipzig 2023, zitiert als: EKD, 6. KMU.

Fink-Jachmann, D., Das Antidiskriminierungsrecht und seine Folgen für die kirchliche Dienstgemeinschaft, Lausanne/Berlin/Brüssel/Oxford/New York 2009, zitiert als: Fink-Jachmann, D., Antidiskriminierungsrecht.

Fuhrmann, M., Zeitenwende im kirchlichen Arbeitsrecht? – Anmerkungen zur jüngsten Novelle der ‚Grundordnung des kirchlichen Dienstes' aus der Werkstatt des Gesetzgebers, in: ZAT 2023, 42–48, zitiert als: Fuhrmann, M., Zeitenwende.

Giehl, A.-L., Die Europäisierung des kirchlichen Individualarbeitsrechts. Der Einfluss von EMRK und Unionsrecht unter Berücksichtigung seiner verfassungsrechtlichen Grenzen, Tübingen 2022, zitiert als: Giehl, A.-L., Europäisierung.

Görres, A., Pathologie des katholischen Christentums, in: Handbuch der Pastoraltheologie, Bd. II/1, 1970, 277–343, zitiert als: Görres, A., Pathologie.

Greimer, S., EMRK, Beamtenstreik und Daseinsvorsorge, DÖV 2013, 623–630, zitiert als: Greimer, S., EMRK.

Heinig, H. M. u. a. (Hg.), Christlicher Religionsunterricht (CRU). Rechtswissenschaftliche und theologisch-religionspädagogische Perspektiven auf ein Reformmodell in Niedersachsen, Tübingen 2024, zitiert als: Heinig, H. M. u. a., Christlicher Religionsunterricht.

Hense, A., Kirche und Staat in Deutschland, § 120, in: Haering/Rees/Schmitz (Hg.), Handbuch des katholischen Kirchenrechts, Regensburg 32015, 1830, zitiert als: Hense, A., Kirche und Staat.

Hense, A., Staat und Religion. Einführendes zum Tagungsthema, in: Bitburger Gespräche-Jahrbuch 2017, München 2018, 7, zitiert als: Hense, A., Staat und Religion.

Hense, A., Vom personen- zum institutionsorientierten Verständnis kirchlichen Arbeitsrechts?: Schavan, A., Thüsing, G. (Hg.), Kirchlicher Dienst in säkularer Gesellschaft. Festschrift für Norbert Feldhoff zum 80. Geburtstag. Freiburg i. B. 2019, 253–274, zitiert als: Hense, A., Kirchliches Arbeitsrecht.

Hense, A., Warum sich das kirchliche Arbeitsrecht ändern muss: Herder Korrespondenz (1/2019), 42–45, zitiert als: Hense, A., Arbeitsrecht ändern.

Hilp, U., „Den bösen Schein meiden". Zu Ethos und Recht des Amtes in Kirche und Staat, Berlin 2004, zitiert als: Hilp, U., „Den bösen Schein meiden".

Hirschman, A. O., Abwanderung und Widerspruch, Tübingen 1974, zitiert als: Hirschman, A. O., Abwanderung.

Isak, A., Das Selbstverständnis der Kirchen und Religionsgemeinschaften, Berlin 1994, zitiert als: Isak, A., Das Selbstverständnis.

Isensee, J., Affekte gegen Institutionen – überlebt das Berufsbeamtentum?, Verantwortung und Leistung 34 (Juli/ 1998), 22, zitiert als: Isensee, J., Affekte.

Isensee, J., Das katholische Krankenhaus und die Verfassung des sozialen Rechtsstaats (1982), in: Hense, A. (Hg.), Staat und Religion. Abhandlungen aus den Jahren 1974–2017, Berlin 2019, 490–507, zitiert als: Isensee, J., Katholisches Krankenhaus

Isensee, J., Die Amtsverantwortung der Hierarchen. Von der Missbrauchskrise zur Bischofskrise, FAZ – Nr. 220 – vom 21. September 2023, zitiert als: Isensee, J., Die Amtsverantwortung.

Isensee, J., Die karitative Betätigung der Kirchen und der Verfassungsstaat (1995), in: Hense, A. (Hg.), Staat und Religion. Abhandlungen aus den Jahren 1974–2017, Berlin 2019, 403, zitiert als: Isensee, J., Karitative Betätigung.

Isensee, J., Gemeinwohl und öffentliches Amt, Heidelberg 2014, zitiert als: Isensee, J., Gemeinwohl.

Isensee, J., Kirchliche Loyalität im Rahmen des staatlichen Arbeitsrechts (1986), in: Hense, A. (Hg.), Staat und Religion. Abhandlungen aus den Jahren 1974–2017, Berlin 2019, 741, zitiert als: Isensee, J., Kirchliche Loyalität.

Isensee, J., Rezension, in: ZevKR 43 (1998) 133–137, zitiert als: Isensee, J., Rezension.

Isensee, J., Transformation von Macht in Recht – das Amt, ZBR 2004, 3–12, zitiert als: Isensee, J., Transformation.

Joussen, J., bei einem Online-Vortrag am 29. November 2023: Die neue kirchliche Grundordnung in der Diskussion. „Dialog-Forum kirchliches Arbeitsrecht“: www.kirchliche-grundordnung.de/ (Abruf 06.12.2024), zitiert als: Joussen, J., Grundordnung.

Joussen, J., Kirchliches Arbeitsrecht zwischen Grundrechte und Drittem Weg – Reformperspektiven, in: Ley/Stein/Essen (Hg.), Semper Reformanda, Das Verhältnis von Staat und Religionsgemeinschaften auf dem Prüfstand, Freiburg i. B. 2023, 236, zitiert als: Joussen, J., Kirchliches Arbeitsrecht.

Jullien, F., Es gibt keine kulturelle Identität. Wir verteidigen die Ressourcen einer Kultur, Berlin 2017, zitiert als: Jullien, F., Identität.

Jullien, F., Ressourcen des Christentums. Zugänglich auch ohne Glaubensbekenntnis, Gütersloh 2019, zitiert als: Jullien, F., Ressourcen.

Kaufmann, F.-X., Katholische Kirchenkritik, Luzern 2022, zitiert als: Kaufmann, F.-X., Kirchenkritik.

Kaufmann, F.-X., Kirche als religiöse Organisation, in: Concilium 10 (1974), 30–36, in: Ders., Kirchenrecht und Kirchenorganisation, in: Diakonia 13 (1982), 221–231, zitiert als: Kaufmann, F.-X., Kirche.

Kehlen, D., Europäische Antidiskriminierung und kirchliches Selbstbestimmungsrecht: zur Auslegung von Art. 13 EG und Art. 4 der Richtlinie 2000/78/EG, Lausanne 2003, zitiert als: Kehlen, D., Europäische Antidiskriminierung.

Knoepffler, N., Angewandte Ethik, Köln 2010, zitiert als: Knoepffler, N., Angewandte Ethik.

Kollig, M., Bevor niemand mehr am Tisch sitzt: Viele Gründe für eine Reform der Kirche, auch beim Arbeitsrecht, in: Ley/Stein/Essen (Hg.), Semper Reformanda, Das Verhältnis von Staat und Religionsgemeinschaften auf dem Prüfstand, Freiburg i. B. 2023, 253, zitiert als: Kollig, M., Bevor niemand mehr am Tisch sitzt.

Kongregation für das Katholische Bildungswesen, Instruktion „Die Identität der Katholischen Schule – Für eine Kultur des Dialogs", 25. Januar 2022, in: Sekretariat der Deutschen Bischofskonferenz (Hg.), (Verlautbarungen des Apostolischen Stuhls Nr. 235), Bonn 2022, zitiert als: Kongregation für das Katholische Bildungswesen, Instruktion

Kühl, S., Der ganz formale Wahnsinn. 111 Einsichten in die Welt der Organisationen, München 2022, zitiert als: Kühl, S., Formaler Wahnsinn.

Kuhlmann, H., Konfessorische Identität als Gestalt religiöser Differenz – quer zu den Grenzen von Konfessionalität und Religionszugehörigkeit, in: Weiße/Gutmann (Hg.), Religiöse Differenz als Chance? Positionen, Kontroversen, Perspektiven, Münster/New York/München/Berlin 2010, 131–144, zitiert als: Kuhlmann, H., Identität.

Lepsius, M. R., Die „Moral" der Institutionen (1999), in: ders. Institutionalisierung politischen Handelns, Heidelberg 2013, 40–54, zitiert als: Lepsius, M. R., Die „Moral".

Liedhegener, A., Kösters, C., Katholisch sein, katholisch bleiben?, in: Herder-Korrespondenz (9/2022). Zitiert als: Liedhegener, A., Kösters, C., Katholisch.

Losem, U., Viel besser als sein Ruf, in: Herder Korrespondenz 76 (4/2022), 24–26, zitiert als: Losem, U., Viel besser.

Luhmann, N., Unterwachung oder die Kunst Vorgesetzte zu lenken, in: Ders., Klaube, J. (Hg.), Der neue Chef, Berlin 2016, 90–106, zitiert als: Luhmann, N., Unterwachung.

Mathy, R., Arbeit an der ‚katholischen Identität' – was heißt das für die Beschäftigten und die Mitarbeitervertretung?, in: Reichold, H. (Hg.), Die Grundordnung 2022. Ein neues Narrativ im kirchlichen Arbeitsrecht, (Tübinger Beiträge zum kirchlichen Arbeitsrecht, Bd. 11), Berlin 2023, zitiert als: Mathy, R., „Katholischen Identität".

Meyer-Blanck, M., Kirche, Göttingen 2022, zitiert als: Meyer-Blanck, M., Kirche.

Morgenbrodt, K., Loyalitätsobliegenheiten und Grundrechte. Eine Analyse zur Kündigung kirchlicher Arbeitnehmer im europäischen Mehrebenensystem, Baden-Baden 2021, zitiert als: Morgenbrodt, K., Loyalitätsobliegenheiten.

Morlok, M., Art. 140 GG/137 WRV Rn. 53, in: H. Dreier (sg.), Grundgesetz-Kommentar, Bd. III. 32018, zitiert als: Morlok, M., Art. 140 GG.

Morlok, M., Selbstverständnis als Rechtskriterium, Tübingen 1993, zitiert als: Morlok, M., Selbstverständnis.

Müller, M., Religion im Rechtsstaat. Von der Neutralität zur Toleranz, Tübingen 2017, zitiert als: Müller, M., Religion.

Neumann, V., Individuelle Religionsfreiheit und kirchliches Selbstbestimmungsrecht – am Beispiel der karitativen Tätigkeit, in: Rechtstheorie und Rechtsdogmatik im Austausch. Gedächtnisschrift für Bernd Jeand'Heur, Berlin 1999, 247–264, zitiert als: Neumann, V., Individuelle Religionsfreiheit.

Nothelle-Wildfeuer, U., Gesellschaftliche Herausforderungen für das kirchliche Arbeitsrecht, in: Renate Oxenknecht-Witsch, R. (Hg.), Wie solidarisch ist das kirchliche Arbeitsrecht? (Eichstätter Schriften zum kirchlichen Arbeitsrecht, Bd. 7), Köln 2022, 11–23, zitiert als: Nothelle-Wildfeuer, U., Herausforderungen.

Reichold, H. (Hg.), Die Grundordnung 2022. Ein neues Narrativ im kirchlichen Arbeitsrecht, (Tübinger Beiträge zum kirchlichen Arbeitsrecht, Bd. 11), Berlin 2023, zitiert als: Reichold, H., Die Grundordnung 2022.

Röser, S., Das neue kirchliche Arbeitsrecht: Ein Schnellschuss, in: Herder Korrespondenz 77 (1/2023), 25, zitiert als: Röser, S., Neues kirchliche Arbeitsrecht.

Sammet, K., Religiöse Profession, in: Pollack u. a. (Hg.), Handbuch Religionssoziologie, Heidelberg 2018, 543–566, zitiert als: Sammet, K., Religiöse Profession.

Sautermeister, J., Loyalität und Organisationsverantwortung (vom 1. Februar 2023), publiziert: feinschwarz.net/organisationsverantwortung (Abruf 01.12.2023), zitiert als: Sautermeister, J., Loyalität.

Schelsky, H., Ist die Dauerreflexion institutionalisierbar? Zum Thema einer modernen Religionssoziologie, in: ders., Auf der Suche nach Wirklichkeit. Gesammelte Aufsätze, München 1965, 250–275, zitiert als: Schelsky, H., Dauerreflexion.

Schrage, B., Das kirchliche Arbeitsrecht – Kirche will Einfluss auf die Identität der Mitarbeitenden behalten (vom 25. August 2022), www.experteninitiative-religionspolitik.de/blog/das-kirchliche-arbeitsrecht-kirche-will-einfluss-auf-die-identitaet-der-mitarbeitenden-behalten (Abruf 23.08.2024), zitiert als: Schrage, B., Kirchliches Arbeitsrecht.

Schrage, B., Reif für das 21. Jahrhundert? Kritische Anfragen an die aktuelle Reform der Grundordnung, in: Reichold, H. (Hg.), Die Grundordnung 2022. Ein neues Narrativ im kirchlichen Arbeitsrecht, (Tübinger Beiträge zum kirchlichen Arbeitsrecht, Bd. 11), Berlin 2023, 79–125, zitiert als: Schrage, B., Reif für das 21. Jahrhundert.

Schrage, B., Sie haben den Reset-Knopf gedrückt! Identität wird zur Aufgabe, in: Neue Caritas 124 (19/2023), 9–13, zitiert als: Schrage, B., Reset-Knopf.

Schüller, T., Unheilige Allianz. Warum sich Staat und Kirche trennen müssen, München 2023, zitiert als: Schüller, T., Unheilige Allianz.

Schützeichel, R., Kontexte religiöser Praxis, in: Schnabel/Reddig/Winkel (Hg.), Religion im Kontext. Handbuch für Wissenschaft und Studium, Baden-Baden 2018, 85, zitiert als: Schützeichel, R., Kontexte.

Seibel, W., Arbeitender Staat und Amtsethos. Über Verantwortung und Bürokratie, in: Mittelweg 36, 32. Jg. (2/2023), 65–80, zitiert als: Seibel, W., Arbeitender Staat.

Smeddinck, U., Gesetzgebungsmethodik und Gesetzestypen, in: Kluth/Krings (Hg.), Gesetzgebung, 2014, § 3 Rdn. 36–44, zitiert als: Smeddinck, U., Gesetzgebungsmethodik.

Spelge, K., Die novellierte Grundordnung des kirchlichen Dienstes – Eine erste Annäherung aus der Perspektive des Unions- und Verfassungsrechts, ZAT 2023, 11–26., zitiert als: Spelge, K., Novellierte Grundordnung.

Supreme Court of Ireland, Employment Equity, online unter: http://www.supremecourt.ie/supremecourt/sclibrary3.nsf/(WebFiles)/EB802820AD644CFC802575F3003323B1/$FILE/Employment%20Equality_%5B1997%5D%202%20IR%20321.htm (321/359) (Abruf 31.10.2023), zitiert als: Supreme Court of Irland, Employment Equity.

Synodaler Weg, Beschluss der Synodalversammlung vom 9. September 2022: Handlungstext Grundordnung des kirchlichen Dienstes, in: Sekretariat des Synodalen Weges (Hg.), Beschlüsse des Synodalen Weges der katholischen Kirche in Deutschland (Der Synodale Weg, 20), 2023, 245–252., zitiert als: Synodaler Weg, Beschluss.

Tanner, K., Ekklesiologie – Sensible Schnittstelle von Empirie und Theologie, in: Polke, C. u. a., Niemand ist eine Insel. Menschsein im Schnittpunkt von Anthropologie, Theologie und Ethik (FS Wilfried Härle), Berlin 2011, 509–530, zitiert als: Tanner, K., Ekklesiologie.

Treiber, H., Steiner, H., Die Fabrikation des zuverlässigen Menschen. Über die „Wahlverwandtschaft" von Kloster- und Fabrikdisziplin, München 1980, zitiert als: Treiber, H., Steiner, H., Fabrikation.

Tribunal Delegatum et a supremo Signaturae Apostolicae Tribunali Constitutum v. 31. 3. 2010 – 42676, 09 VT – [GesR 2010, 497–503, mit Anm. Stefan Muckel, ebd., 503–505].

Triebel, M., Das europäische Religionsrecht am Beispiel der arbeitsrechtlichen Anti-Diskriminierungsrichtlinie 2000/78/EG, 2005, zitiert als: Triebel, M., Religionsrecht.

Unruh, P., Rezension in: ZevKR 68 (2023), 317–324, zitiert als: Unruh, P., Rezension.

Weinert, R., Intermediäre Institutionen oder die Konstruktion des „Einen“, in: B. Nedelmann (Hg.), Politische Institutionen im Wandel, KfSS-Sonderheft 35/1995, zitiert als: Weinert, R., Intermediäre Institutionen.

Bleyer

Bätzing, G., Vorwort, in: Sekretariat der Deutschen Bischofskonferenz (Hg.), Grundordnung des kirchlichen Dienstes, Bonn 52023, 5–7, zitiert als: Bätzing, G., Vorwort.

Brandt, J., Der Dritte Weg in der Retroperspektive. Entstehung und Entwicklung des kollektiven Arbeitsrechts in verfasster katholischer Kirche und Caritas, Freiburg i. B. 2021, zitiert als: Brandt, J., Der Dritte Weg.

Caritas Internationalis, Caritas Internationalis Management Standards. Reference Guide for Coordinators and Assessors, Vatikan 2021: zitiert als: Caritas Internationalis, Management Standards.

Colombi Ciacchi, A., The Direct Horizontal Effect of EU Fundamental Rights, in: European Constitutional Law Review 15 (2019) 2, 294–305, zitiert als: Colombi Ciacchi, A., Direct Horizontal Effect.

De Vos, M., The European Court of Justice and the March Towards Substantive Equality in European Union Antidiscrimination Law, in: International Journal of Discrimination and the Law 20 (2020) 1, 62–87, zitiert als: De Vos, M., European Court of Justice.

Deutsche UNESCO-Kommission e. V., Bildung für nachhaltige Entwicklung. Eine Roadmap. BNE 2030, Bonn 2021, zitiert als: Deutsche UNESCO-Kommission e. V., Bildung.

Deutscher Public Corporate Governance-Musterkodex, Friedrichshafen 2022, zitiert als: Deutscher Public Corporate Governance-Musterkodex.

Die deutschen Bischöfe, Allen Völkern sein Heil. Die Mission der Weltkirche, 23. September 2004, in: Sekretariat der Deutschen Bischofskonferenz (Hg.), (Die deutschen Bischöfe Nr. 76), Bonn 2004, zitiert als: Die deutschen Bischöfe, Allen Völkern.

Die deutschen Bischöfe, Grundordnung des kirchlichen Dienstes, 5. völlig überarbeitete Neuauflage, 22. November 2022, in: Sekretariat der Deutschen Bischofskonferenz (Hg.), (Die deutschen Bischöfe Nr. 95A), Bonn 52023, zitiert als: Die deutschen Bischöfe, GrO 2022.

Hense, A., Vom personen- zum institutionsorientierten Verständnis kirchlichen Arbeitsrechts?, in: Schavan, A., Thüsing, G. Hg., Kirchlicher Dienst in säkularer Gesellschaft. Festschrift für Norbert Feldhoff zum 80. Geburtstag, Freiburg i. B. 2019, 253–274: zitiert als: Hense, A., Kirchliches Arbeitsrecht.

Hien, J., Kneip, S., The Rise of Faith-Based Welfare Providers in Germany and Its Consequences, in: German Politics 29 (2020) 2, 244–261, zitiert als: Hien, J., Kneip, S., Rise.

Jähnichen, T, Kirchliches Arbeitsrecht auf dem Prüfstand. Zur Diskussion um mögliche Angleichungen an das allgemeine Arbeitsrecht, in: Zeitschrift für Evangelische Ethik 67 (2023) 4, 244–249, zitiert als: Jähnichen, T, Kirchliches Arbeitsrecht.

Körtner, U. H. J., Diakonie und Öffentliche Theologie. Diakoniewissenschaftliche Studien, Göttingen 2017, zitiert als: Körtner, U. H. J., Diakonie.

Moll, A., Khayati, S. (Hg.), Excellence-Handbuch. Grundlagen und Anwendungen des EFQM Modells 2020, Kissing 2021, zitiert als: Moll, A., Khayati, S. (Hg.), Excellence-Handbuch.

Nerdinger, F. W., Organisationsentwicklung, in: Nerdinger, F. W., Binkle, G., Schape, N. (Hg.), Arbeits- und Organisationspsychologie, Berlin 42019, 179–191, zitiert als: Nerdinger, F. W., Organisationsentwicklung.

Petrat, N., Wer gehört wirklich zur katholischen Kirche? Kirchenzugehörigkeit zwischen Kanonistik und Dogmatik, Paderborn 2018, zitiert als: Petrat, N., Kirchenzugehörigkeit.

Rüegg-Stürm, J, Grand, S., Das St. Galler Management-Modell. Management in einer komplexen Welt, utb., Stuttgart 22020, zitiert als: Rüegg-Stürm, J, Grans, S., St. Galler Management-Modell.

Schouppe, J.-P., Hacia un régimen jurídico de las empresas de tendencia a la luz de la jurisprudencia europea, in: Ius Canonicum 59 (2019), 121–158, zitiert als: Schouppe, J.-P., régimen jurídico.

Schubert, J., Die Kirchen als Arbeitgeber – Die Folgen von „Egenberger" und „Chefarzt" für Diakonie und Caritas, in: Europäische Zeitschrift für Arbeitsrecht (2020), 320–354, zitiert als: Schubert, J., Die Kirchen als Arbeitgeber.

Sekretariat der Deutschen Bischofskonferenz (Hg.), Soziale Einrichtungen in katholischer Trägerschaft und Aufsicht, Bonn 32014, zitiert als: DBK: Soziale Einrichtungen.

Świątkowski, A. M., The Religious Ethos and Differences of Treatment in Employment on Grounds of Belief (EU), in: European Employment Law Cases 3 (2019), 179–187, zitiert als: Świątkowski, A. M., Ethos and Differences.

United States Conference of Catholic Bishops (Hg.), Ethical and Religious Directives for Catholic Health Care Services, Washington D. C. 62018, zitiert als: USCCB, Directives for Catholic Health Care.

Van den Brink, M., When can Religious Employers Discriminate? The Scope of the Religious Ethos Exemption in EU Law, in; European Law Open 1 (2022), 89–112, zitiert als: Van den Brink, M., Religious Employers.

Verband der Diözesen Deutschlands, Bischöfliche Erläuterungen zum kirchlichen Dienst, in: Sekretariat der Deutschen Bischofskonferenz (Hg.), Grundordnung des kirchlichen Dienstes, Bonn ^{5}2023, 25–75, zitiert als: VDD, Bischöfliche Erläuterungen.

Verband der Diözesen Deutschlands, Kirchliche Corporate Governance. Grundsätze guter Finanzwirtschaft in deutschen (Erz-)Bistümern, Bonn 2021, zitiert als: VDD, Kirchliche Corporate Governance.

Verband Katholischer Tageseinrichtungen für Kinder – Bundesverband e. V. (Hg.), KTK-Gütesiegel. Bundesrahmenhandbuch, Freiburg i. B. 2019, zitiert als: KTK, KTK-Gütesiegel.

Vickers, L., Religious Ethos, Employers and Genuine Occupational Requirements Related to Religion: the Need for Proportionality, in: International Labor Rights Case Law Journal 5 (2019), 75–79, zitiert als: Vickers, L., Religious Ethos.

Watson, P., Oliver, P., Is the Court of Justice of the European Union Finding its Religion?, in: Fordham International Law Journal 42 (3/2019), 847–874, zitiert als: Watson, P., Oliver, P., Court of Justice.

Wieland, J. u. a., CSR Performance: managen und messen, Marburg 2017, zitiert als: Wieland, J. u. a., CSR Performance.

Witte, J. Jr., Pin, A., Faith in Strasbourg and Luxembourg? The Fresh Rise of Religious Freedom. Litigation in the Pan-European Courts, in: Emory Law Scholarly Commons 70 (3/2021), 587–661, zitiert als: Witte, J. Jr., Pin, A., Faith.

Schmälzle

Deutscher Caritasverband (Hg.), Meinungsbild Caritas. Die Allensbacher Studien zum Leidbildprozess, Lambertus, Freiburg i. B. 1997, Bd. 1: Köcher, R., Ergebnisse, 1997, Bd. 2: Baldas, E., Gleich, J. M., Schmälzle, U., Perspektiven 1997, Bd. 3: Dies., Tabellarische Ergebnisse, 1997, zitiert als: Deutscher Caritasverband (Hg.), Meinungsbild Caritas.

Köcher, R., Ergebnisse, in: Deutscher Caritasverband (Hg.), Meinungsbild Caritas, Bd. 1, 1997, 166–217, zitiert als: Köcher, R., Ergebnisse.

Metz, J. B., Compassion – Weltprogramm des Christentums, in: Forum Schulstiftung. Die Zeitschrift der Schulstiftung der Erzdiözese Freiburg 10 (1999), www.schulstiftung-freiburg.de/eip/media/forum/pdf_156.pdf (Abruf 06.12.2024), zitiert als: Metz, J. B., Compassion.

Schmälzle, U., „Gott nicht im Wege stehen!“, in: Heitkamp, M. u. a. (Hg.), Abweichen. Von einer Praxis, die findet, was sie nicht gesucht hat. Für Reinhard Feiter, Münster 2022, 351–361, zitiert als: Schmälzle, U., Gott nicht im Wege stehen.

Schmälzle, U., Caritasmitarbeiter verwirklichen Kirche, in: Deutscher Caritasverband (Hg.), Meinungsbild Caritas, Bd. 2, 1997, 92–108, zitiert als: Schmälzle, U., Caritasmitarbeiter.

Schmälzle, U., Leerformel oder Zauberformel? Die Wiederentdeckung des Spiritualitätsbegriffs, in: Bibel und Liturgie 67 (2/3/1994), (Rolf Zerfaß zum 60. Geburtstag), 102–106, zitiert als: Schmälzle, U., Leerformel.

Schrödter, H., Die Religion der Religionspädagogik. Untersuchung zu einem vielgebrauchten Begriff und seiner Rolle für die Praxis, Zürich/Einsiedeln/Köln 1975, zitiert als: Schrödter, H., Religion.

Zerfaß, R., Lebensnerv Caritas, Freiburg i. Br. 1992, zitiert als: Zerfaß, R., Lebensnerv.

Giebel

Baumann, K., Zur Zukunft des kirchlichen Arbeitsrechts in Caritas und Diakonie, in: Neue Caritas (9/2019), 9–13, zitiert als: Baumann, K., Zur Zukunft.

Dabrock, P., Diakonie: Die Gabe der Dienstgemeinschaft und die Aufgabe ihres Managements., in: Oelschlägel, C., Diakonische Einblicke. DWI Jahrbuch Bd. 41, Diakoniewissenschaftliches Institut der Theologischen Fakultät Heidelberg 2010, 204–247, zitiert als: Dabrock, P., Diakonie.

Diakonie, Einrichtungsstatistik, www.diakonie.de/informieren/infothek/2023/september/032023-einrichtungsstatistik-2022 (Abruf 06.12.2024), zitiert als: Diakonie, Einrichtungsstatistik.

Diakonisches Werk der EKD (Hg.), Theologische Konsultation. Gemeinsame theologische Grundlagen von Diakonie und Entwicklungsdienst. Dokumentation, Dezember 2011, zitiert als: Diakonisches Werk, Theologische Konsultation.

Diakonisches Werk der EKD (Hg.), Theologische Leitaussagen zu Diakonie und kirchlichem Entwicklungsdienst, Berlin/Bonn/Stuttgart 2011, zitiert als: Diakonisches Werk, Leitaussagen.

Diözesan-Caritasverband für das Erzbistum Köln e.V., https://kirchliche-Grundordnung.de (Abruf 06.12.2024), zitiert als: DiCV Köln, Grundordnung.

Evangelische Kirche in Deutschland (Hg.), Amtsblatt der Evangelischen Kirche in Deutschland, Nr. 1, Jahrgang 2024, Hannover den 20. Januar 2024, zitiert als: EKD, Amtsblatt.

Joussen, J., Die Kirchen müssen jetzt ihr Profil schärfen, in: Neue Caritas (9/2019), zitiert als: Joussen, J., Profil schärfen.

Oesselmann, D., Spiritualität und soziale Veränderung. Die Bedeutung einer Liturgie des Lebens in der Arbeit mit Randgruppen, Gütersloh 1999, zitiert als: Oesselmann, D., Spiritualität und soziale Veränderung.

Projekt SpECi, www.speci-deutschland.de (Abruf 19.10.2024), zitiert als: Projekt SpECi.

Reichold, H. (Hg.), Die Grundordnung 2022. Ein neues Narrativ im kirchlichen Arbeitsrecht, (Tübinger Beiträge zum kirchlichen Arbeitsrecht, Bd. 11), Berlin 2023, zitiert als: Reichold, H., Die Grundordnung 2022.

Schneedorf, A., Diskriminierungsschutz nach dem EUGH. Bröckelt das Fundament des kirchlichen Arbeitsrechts? In: Neue Juristische Wochenschrift 72 (4/2019), 177–256, 72 Jahrgang, zitiert als: Schneedorf, A., Diskriminierungsschutz.

Schrage, B., Reif für das 21. Jahrhundert? Kritische Anfragen an die aktuelle Reform der Grundordnung, in: Reichold, H. (Hg.), Die Grundordnung 2022. Ein neues Narrativ im kirchlichen Arbeitsrecht, (Tübinger Beiträge zum kirchlichen Arbeitsrecht, Bd. 11), Berlin 2023, 79–125, zitiert als: Schrage, B., Reif für das 21. Jahrhundert.

Schrage, B., Sie haben den Reset-Knopf gedrückt! Identität wird zur Aufgabe, in: Neue Caritas 124 (19/2023), 9–13, zitiert als: Schrage, B., Reset-Knopf.

Ulrich, L., Rechtssicherheit für die diakonische Arbeit, in: Neue Caritas (9/2019), zitiert als: Ulrich, L., Rechtssicherheit.

Wendland, H.-D., Christos Diakonos, Christos Doulos. Zur theologischen Begründung der Diakonie (1962), https://jochenteuffel.com/wp-content/uploads/2022/08/wendland-christos-diakonos-christos-doulos.-zur-theologischen-begruendung-der-diakonie.pdf (Abruf 15.04.2024), zitiert als: Wendland, H.-D., Christos Diakonos.

Die Autor:innen

Prof. Dr. Bernhard Bleyer, Lehrstuhl für Theologische Ethik (Passau), Leiter des Studiengangs Caritaswissenschaft und wertorientiertes Management sowie des Instituts für angewandte Ethik I in Wirtschaft, Aus- und Weiterbildung.

Prof. Dr. Michael Fischer, Referent Christliche Identität und Werte, St. Franziskus-Stiftung Münster,Lehrstuhlinhaber für Qualitätsmanagement an der UMIT Tirol und Privatdozent am Institut für Religionspädagogik und Pastoraltheologie der Katholisch-Theologischen Fakultät der Universität Münster.

Dr. Astrid Giebel, Theologin im Vorstandsbüro der Diakonie Deutschland im Evangelischen Werk, Krankenschwester, Dipl. Theologin, Dipl. Diakoniewissenschaften, Beirat der Agaplesion Akademie.

Prof. Dr. iur. Ansgar Hense, Direktor des Instituts für Staatskirchenrecht der Diözesen Deutschlands und apl. Professor der Rechts- und Staatswissenschaftlichen Fakultät der Rheinischen Friedrich-Wilhelms-Universität Bonn.

Prof. em. Dr. Udo Fr. Schmälzle ofm, Pastoraltheologie (Münster).

Bruno Schrage, Dipl. Theologe, Dipl. Caritaswissenschaftler, Referent für Caritaspastoral und Grundsatzfragen im Diözesan-Caritasverband für das Erzbistum Köln e. V., Aufsichtsratsmitglied Bethanien-Kinderdörfer gGmbH und Bonner Verein für Pflege- und Gesundheitsberufe e. V.

Qualität und Dokumentation in der Krankenhausseelsorge

Das Buch untersucht, wie weit sich Seelsorge in Krankenhausstrukturen integrieren und mit anderen Berufsgruppen zusammenarbeiten oder Distanz behalten möchte. Zudem geht es um praktische Fragen, wie Qualität in der Seelsorge überhaupt erfasst werden kann und Bedenken hinsichtlich Verschwiegenheit bei der Dokumentation. Der Autor beschreibt die aktuelle Situation, die Entwicklungen im Gesundheitssystem und welche Antworten die Seelsorge darauf gibt. Leitend ist die Frage, ob QM ein sinnvolles Instrument für Krankenhausseelsorge ist und welchen Nutzen sie daraus ziehen kann, aber auch, ob es dem Krankenhaus und den Mitarbeitenden dienlich ist und wie sich das Verhältnis zwischen Krankenhaus und Seelsorge dadurch entwickelt. In Zentrum stehen die Patient*innen und Krankenhausseelsorge muss sich daran messen lassen, ob sie deren Wohl dient.

Uwe Hemmers

Qualität und Dokumentation in der Krankenhausseelsorge

1. Auflage, 2024
Kartoniert/Broschiert, 132 Seiten
26,00 €
ISBN 978-3-7841-3620-2